वाल्मीकि कृत रामायण
का
सांगीतिक विश्लेषण

वाल्मीकि कृत रामायण
का
सांगीतिक विश्लेषण

डॉ. आशु गौतम

कनिष्क पब्लिशिंग हाउस
नई दिल्ली-110 002

कनिष्क पब्लिशिंग हाउस
4695/5-21 ए, अंसारी रोड, दरियागंज
नई दिल्ली-110 002
फोन: 2327 0497, 2328 8285
फैक्स : 011-2328 8285
E-mail: kanishka_publishing@yahoo.co.in

वाल्मीकि कृत रामायण का सांगीतिक विश्लेषण
प्रथम संस्करण—2022

ISBN: 978-93-93322-10-4

भारत में मुद्रित

कनिष्क पब्लिशिंग हाउस, 04695/5-21 ए, अंसारी रोड, दरियागंज, नई दिल्ली-110 002 से चैतन्य सचदेवा द्वारा प्रकाशित; क्वालिटी प्रिंटर्स, दिल्ली द्वारा शब्द-संयोजन तथा नाइस प्रिंटिंग प्रेस, दिल्ली द्वारा मुद्रित।

भूमिका

संगीत मनुष्य की जन्मजात प्रवृत्ति है। सृष्टि के आदि काल से ही या यूँ कहें कि मानव सभ्यता के उन्मेष के साथ ही यह अस्तित्व में आया और उसके विकास के साथ–साथ विकसित होता चला गया। आज भले ही संगीत के क्रमिक विकास को पूर्ण रूप से दिग्दर्शित करने वाला कोई ऐतिहासिक ग्रन्थ उपलब्ध न हो किन्तु समय–समय पर रचे गये साहित्य ग्रन्थ इसकी विकसनशील स्थिति का ज्ञान अवश्य कराते हैं। भारतीय संगीत के इतिहास में वैदिक युग तथा उस समय में रचित साहित्य जिसे आज वैदिक साहित्य कहा जाता है, का अपना एक स्थान है। यह साहित्य उस समय में संगीत के सर्वांगीण विकसित रूप का परिचायक है। इसके अध्ययन से हमें शास्त्रीय संगीत, लोक, संगीत, नृत्य, विभिन्न प्रकार के वाद्य तथा सांगीतिक तत्त्वों का उच्चस्तरीय ज्ञान प्राप्त होता है। भरत आदि आचार्यों से शास्त्रीय संगीत की परम्परा प्रचलित हुई, यह सर्वमान्य है किन्तु, वैदिक युग एवं भरत आदि के युग के बीच में एक बहुत बड़ा अन्तराल है। इस अन्तराल की पूर्ति किसी शास्त्रीय ग्रन्थ से नहीं होती। ऐसे में संगीत की स्थिति और तत्वों का ज्ञान कराने वाले साहित्य में रामायण एवं महाभारत का नाम विशेष रूप से उल्लेखनीय है। भारतीय संगीत का इतिहास लिखने वाले विद्वानों ने इस काल को रामायण काल तथा महाभारत काल की संज्ञा दी है। रामायण तथा महाभारत, महाकाव्य तथा आर्षकाव्य भी कहलाते हैं इसलिये इस काल को महाकाव्य काल भी कहते हैं। संगीत के इतिहास की रचना में इनका महत्त्वपूर्ण स्थान है।

रामायण में वर्णित सन्दर्भों के आधार पर यह ज्ञात होता है कि संगीत उस समय दैनिक जीवन का अंग था। राजा, नागरिक, आर्य, तपस्वी, वानर, राक्षस सभी संगीत जानते थे। मार्ग, गलियां, भवन, उद्यान सब ही समय–समय पर संगीत से गुंजायमान रहते थे। राम का जन्म हुआ तो गान्धर्वों ने मधुर गीत सुनाए **'जगुः कलं च गन्ध्र्वा'** (1.18.17) अयोध्या की गलियां भी गायन से गूंजने लगी। **रथ्या.... गायनैश्च विराविण्यः** (1.18.19) इसी तरह राम के विवाहोत्सव पर अप्सराओं का नृत्य और गान्धर्वों का गान होने लगा था। राम के राज्याभिषेक का शुभ समाचार सुनते ही गाते हुए गायकों की, मन एवं कानों को सुख देने वाले गीत जनता सुनने लगी। **'गायकानां च गायतां। मनः कर्णसुखा वाचः शुश्राव जनता ततः'** (2. 6.14)। एक अन्य सन्दर्भ में ऐसा उल्लेख है कि राजा एवं राजपुत्र प्रातःकाल मंगल गीत सुनकर निद्रा त्यागा करते थे (2.65.2)। इसी तरह वन के मार्ग में राम की कुश शय्या देख कर व्यथित भरत ने 'निषादराज गुह' से यही तो कहा था कि बहुमूल्य शय्या पर शयन करके जो राम प्रातःकाल गीतों और वाद्यों की ध्वनि से जगाये जाते थे, वे भूमि पर शयन कैसे करते होगें। संगीत की मनोहारी शक्ति के कारण ही गणिकाओं ने सरल स्वभाव ऋष्यश्रृंग को अपनी ओर आकृष्ट कर लिया था (1.10.11)।

भरद्वाज ऋषि ने भरत एवं उनकी सेना का स्वागत अप्सराओं और गन्धर्वों के नृत्य–गीत–वाद्यादि से किया था (1.91.25–26)। राम ने लवकुश का गान सुनने के लिए 'गीत नृत्य विशारदों' को भी आमन्त्रित किया था (7.94.9) आदि। इस तरह के अनेक उदाहरण रामायण में प्राप्त होते हैं जोकि गीत, वाद्य, नृत्य एवं शास्त्रीय संगीत के सिद्धान्तों पर प्रकाश डालते हैं। इन्हीं सन्दर्भों का आश्रय लेकर विद्वानों ने इतिहास लेखन किया या इतिहास के ग्रन्थ लिखें हैं। जिनमें शरदचन्द्र श्रीधर परांजपे कृत 'भारतीय संगीत का इतिहास', धर्मावती कृत 'प्राचीन भारत में संगीत' ठाकुर जयदेव कृत 'भारतीय संगीत का इतिहास' आदि ग्रन्थ विशेष रूप से उल्लेखनीय हैं।

मैंने इन इतिहास के ग्रन्थों का अध्ययन करते हुए यह अनुभव किया कि संगीत के अध्ययन में रामायण का अत्यन्त महत्त्वपूर्ण स्थान है। सर्वप्रथम रामायण स्वयं एक गेयकाव्य है। यह छन्दोबद्ध रचना है। इसमें संगीत की पारिभाषिक शब्दावली उपलब्ध होती है। गायन, वादन, नृत्य तथा विभिन्न प्रकार के वाद्यों का उल्लेख, गायन–वादन की तकनीक तथा शास्त्र सम्बन्धी तत्त्वों का उल्लेख इसमें प्राप्त होता है। यही नहीं, संगीत के अनेक शास्त्रकारों का उल्लेख तथा शास्त्रीय सिद्धान्तों का उल्लेख भी मिलता है। मैंने यह अनुभव किया कि ऐतिहासिक दृष्टि के अतिरिक्त रामायण का अध्ययन सांगीतिक तत्त्वों के सन्दर्भ में अभी तक नहीं हुआ है। इस

आवश्यकता को दृष्टि में रख कर मैंने वाल्मीकि कृत रामायण का सांगीतिक विश्लेषण नामक विषय का चयन किया। यह विषय नवीन है तथा संगीत के विषय में अनेक महत्वपूर्ण तत्त्वों एवं रहस्यों का उद्घाटन करने वाला है। अपने इस शोध कार्य को मैंने सात अध्याय में बाँटा है।

प्रथम अध्याय वाल्मीकि रामायण का परिचय है। इस अध्याय में रामायण एक विकसनशील काव्य के सन्दर्भ में चर्चा की है। वाल्मीकि कृत रामायण के अन्तर्गत रामायण का महात्मय, स्वरूप तथा प्रत्येक काण्ड में कितने सर्ग हैं तथा इन सर्गों के अन्तर्गत वर्णित श्लोकों की क्या संख्या है का वर्णन तालिका द्वारा दर्शाने का प्रयास किया गया है। इससे आगे रामायण के रचना काल पर विभिन्न विद्वानों के मतों की चर्चा की गई है। वाल्मीकि रामायण के पाठ एवं संस्करण के अन्तर्गत रामायण के मुख्य चार पाठों एवं सस्करण पर चर्चा की गई है। इस प्रकार अध्याय के अन्त में वाल्मीकि का परिचय पर चर्चा करके रामायण की टीकाओं का वर्णन करने का प्रयास इस अध्याय में किया गया है।

द्वितीय अध्याय रामायण का काव्यात्मक सौन्दर्य है। इस अध्याय के अन्तर्गत सर्वप्रथम रामायण की कथावस्तु पर प्रकाश डालने का प्रयास किया गया है तदोपरान्त रामायण में वर्णित पात्र चित्रण पर प्रकाश डाला गया है। इसके बाद रामायण में किन–किन अंलकारों और छन्दों का प्रयोग किया गया है। इस सन्दर्भ में चर्चा की गई है। इसके बाद अध्याय के अन्त में वाल्मीकि की रामायण में क्या भाव सृष्टि रही का वर्णन किया है अन्त में रामायण में वर्णित रसों की चर्चा की गई है।

तृतीय अध्याय रामायण में सांगीतिक तत्त्वों के अन्तर्गत गायन के तत्त्व जाति, मूर्च्छना आदि पर चर्चा की है। तथा रामायण में वर्णित गायन के सन्दर्भों को उभारने का प्रयास किया गया है। इसी प्रकार आगे वादन के तत्त्व, वादन के सन्दर्भ तथा वादन के सिद्धान्तों के विषय में चर्चा की गई है। अध्याय के अन्त में नृत्य के तत्त्व, सन्दर्भ तथा सिद्धान्त पर प्रकाश डालने का प्रयास किया गया है।

चतुर्थ अध्याय रामायण में वर्णित वाद्य है। इस अध्याय में वाद्यों के चार प्रकार (तत्, अवनद्ध, सुषिर तथा घन) पर रामायण में वर्णित सन्दर्भों के आधार पर चर्चा की गयी है।

पंचम अध्याय रामायण में संगीत का व्यवहार है। इसके अन्तर्गत रामायण काल में यज्ञों में सामगान की परम्परा पर प्रकाश डाला है। तथा सामाजिक उत्सवों पर गान्धर्व संगीत के व्यवहार पर प्रकाश डालने का प्रयास किया है, तथा अन्य अवसरों पर जो संगीत का व्यवहार होता था, की चर्चा की है। अध्याय के अन्त में संगीत एवं नागरिक जीवन पर प्रकाश डाला गया है तथा समाज में संगीतकारों की क्या स्थिति थी इस पर चर्चा की गई है।

षष्टम अध्याय रामायण कालीन संगीत शिक्षा है। इसके अन्तर्गत संगीत शिक्षा का स्वरूप, रामायण कालीन शिक्षा का स्वरूप, शिक्षक तथा शास्त्रकारों के विषय में चर्चा की गई है।

सप्तम अध्याय परवर्ती संगीत पर रामायण का प्रभाव है। इस अध्याय के अन्तर्गत रामायण कालीन गायन, वादन, तथा नृत्य का परवर्ती संगीत पर क्या प्रभाव पड़ा है। इस विषय में चर्चा की गई है। अध्याय के अन्त में पारिभाषिक शब्दावली का परवर्ती संगीत पर क्या प्रभाव पड़ता है। इस विषय पर चर्चा की गई है तथा अन्त में रामायण के कुछ श्लोकों की स्वर लिपि दी गई है।

शोध कार्य के अन्तिम चरण में उपसंहार दिया गया है। जिसमें पूरे शोध के विस्तृत एवं व्यवस्थित अध्ययन से जो तथ्य सामने आए हैं, उनका समस्त सार सारांश रूप में प्रस्तुत किया गया है।

उपसंहार के उपरान्त परिशिष्ट दिया गया है। जिसमें पारिभाषिक शब्दों के सूची तथा रामायण के महत्त्व तथा संगीत सम्बन्धी श्लोकों की स्वर लिपि दी गई है। परिशिष्ट के उपरान्त संदर्भ ग्रन्थ सूची दी गई है।

मुझे उम्मीद है, कि संगीत विषय के आगामी विद्यार्थियों के लिए मेरी यह पुस्तक उपयोगी सिद्ध होगी, आगामी शोध छात्रों के लिए मेरी यह पुस्तक नए मार्ग प्रशस्त कर सका तो यह मेरा परम सौभाग्य एवं सफल प्रयास होगा।

श्री हरि कृपा, माता–पिता तथा गुरुजनों के आशीर्वाद और प्रेरणा बल, महानुभावों की कृपा दृष्टि के कारण ही मैं इस पुस्तक के लेखन कार्य को पूर्ण कर पाया हूँ।

सम्भव है कि इस पुस्तक का अध्ययन करते हुए मुझसे कोई त्रुटि एवं कुछ विचार क्षेत्र अछूते रह गये हों, जिन पर विचार करना अभी शेष है। उसके लिए मैं विद्वानों से क्षमा याचना करता हूँ। तथा यह आशा करता हूँ कि विद्वतजन इसे मेरा प्रथम प्रयास जानकर मुझे विशेष प्रोत्साहन तथा कुछ सम्भावित क्षेत्रों की ओर मेरा ध्यान अवश्य आकृष्ट करवायेंगे ताकि उन्हें भविष्य में दूर किया जा सके।

डॉ. आशु गौतम

अनुक्रमणिका

1

वाल्मीकि रामायण का परिचय

संगीत मनुष्य की जन्मजात प्रवृत्ति है। सृष्टि के प्रारम्भ से या यूँ कहें कि सभ्यता के उन्मेष के साथ ही यह अस्तित्व में आया। मानव समाज के विकसित होने के साथ–साथ यह भी विकसित होता चला गया। संगीत का प्रारम्भिक रूप भले ही आज हमें प्राप्त न होता हो, लेकिन विभिन्न स्रोतों के माध्यम से हम यह अनुमान अवश्य लगा सकते हैं कि संगीत का क्रमिक विकास हुआ है। इन स्रोतों में शिलालेख, मूर्तियां, सिक्के, सभ्यताओं के अवशेष आदि की गणना होती है। इनके अतिरिक्त एक अन्य महत्वपूर्ण स्रोत साहित्य है। भारत की यह प्रवृत्ति रही है कि घटनाओं को क्रमबद्ध रूप से इतिहास के रूप में कहीं नहीं रचा गया। इसका मतलब यह नहीं कि यहां के लोग चिन्तक नहीं थे। वस्तुतः भारतीय सभ्यता अत्यन्त प्राचीन है। इसने समय के अनेक करवट बदलते देखें हैं। किस समय, किस समाज में नैतिक सिद्धान्तों का प्रतिपादन करने के लिए जिन तरीकों को अपनाया गया। फिर उन्हीं सिद्धान्तों को भाषाबद्ध किया गया। भाषाबद्ध करते समय इस बात का भी ध्यान रखा गया है कि सत्य का उद्‌घाटन भी हो जाये और विषय प्रतिपादन में सरसता हो। जिन ऋषियों ने सत्य रूपी ज्ञान का दर्शन किया, उन्होंने उस ज्ञान को गद्य, पद्य तथा गान–वाणी की तीन विधाओं के रूप में अभिव्यक्त किया।

ये ही क्रमशः ऋक्, यजुष तथा साम के नाम से प्रसिद्ध हुए, जिन्हें परवर्ती काल में वेद कहा गया। इस प्रकार इस भाषा शैली के अनुसार रचा गया साहित्य और

इसके व्याख्यान सभी वैदिक साहित्य कहलाए। एक समय के पश्चात् ऐसा साहित्य निर्मित होना स्थिर हो गया और उसी का पठन–पाठन परवर्ती पीढ़ियों द्वारा होता रहा। भाषा के विकास तथा समाज में परिवर्तनशीलता के कारण वेद में प्रतिपादित सिद्धान्तों को अलग रूप से समाज में प्रस्तुत किया गया। इस तरह आज जब हम अपने प्राचीन साहित्य पर दृष्टिपात करते हैं तो हमें यह ज्ञात होता है कि समय–समय पर रचा गया साहित्य मात्र काव्य का नमूना नहीं, अपितु यह भारतीय संस्कृति का शाश्वत् प्रवाह है। अलग–अलग समय पर रचे गये साहित्य मानों अलग–अलग समय के इतिहास का दर्शन कराते हैं। अतः ये संस्कृति के प्रवाहक हैं। किसी भी साहित्य को पढ़ने या पढ़ाने में वाणी की आवश्यकता होती है। वाणी का उच्चारण करते ही उसमें दो तत्त्व समाहित हो जाते हैं। एक तो स्वर का उच्चारण स्थान एवं ढंग तथा दूसरा उच्चारण का समय। संगीत की भाषा में ये दो तत्त्व स्वर एवं लय हैं, जोकि संगीत का प्राण है। साहित्य के उच्चारण के कारण संगीत के ये घटक तत्त्व उसमें स्वतः समाहित हो जाते हैं। इसलिए जिस साहित्य का अध्ययन किया जाता है उसका सांगीतिक वैशिष्टय भी होता है।

वेद के पश्चात एक ऐसा साहित्य रचित हुआ, जो छन्दोबद्ध था तथा स्वरबद्ध था। इसलिए उस विशाल साहित्य को महाकाव्य कहा गया तथा जिस समय वह रचा गया उस समय को महाकाव्य काल कहा गया। रामायण एवं महाभारत ये दो ग्रंथ इस महाकाव्य काल की महान रचनाएं हैं। महर्षि वाल्मीकि तथा महर्षि कृष्ण द्वैपायन व्यास ने इन दोनों रचनाओं में भारतीय धर्म, समाज, राजनीति एवं संस्कृति का उन्नत स्वरूप प्रस्तुत किया है। आदिकवि वाल्मीकि की मनोरम कृति रामायण है। रामायण में भारतीय संस्कृति की मधुर झांकी मिलती है और यह काव्य, संगीत, नाटक, आदि विद्याओं का उत्स है। महान ऋषियों के द्वारा रचे जाने के कारण इन दोनों काव्य को आर्षकाव्य भी कहते हैं। इस तरह ऋग्वेद से प्रारम्भ होने वाली संस्कृत वाङ्मय की अजस्र धारा महाकाव्य में प्रवाहित हुई। ऋग्वेद में प्राप्त सम्वाद् सूक्तों तथा आख्यानों का ब्राह्मण ग्रन्थों में कुछ विस्तार मिलता है। किन्तु ये आख्यान तब तक पूर्ण नहीं होते, जब तक इतिहास और पुराण का अनुशीलन न किया जाये। पुराणों से भी पूर्व इतिहास ग्रन्थों का विवरण प्राप्त होता है। **'इति ह आस'** ऐसी निरूक्ति के द्वारा पूर्व में घटित घटनाओं का प्रत्यक्ष वर्णन इतिहास ग्रन्थों का प्रमुख विषय है। प्राचीन वाङ्मय में इतिहास–पुराण शब्दों का उल्लेख प्राप्त होता है। यह प्रतिपादित करना कठिन है कि दोनों शब्द किस वास्तविक अर्थ में प्रयुक्त हुए हैं। यद्यपि इतिहास, पुराण, आख्यान, गाथा, नाराशंसी आदि का उल्लेख वैदिक वाड़मय में भी हुआ है। परन्तु कहीं इतिहास को पुराण, आख्यान आदि नामों से और कहीं पुराण को इतिहास संज्ञा से अभिलिखित किया है। ब्राह्मण तथा परवर्ती साहित्य में

इन दोनों शब्दों को स्पष्ट किया गया है। रामायण इतिहास होते हुए भी महाकाव्य है। राजशेखर ने इतिहास के दो भेद किये है—परिक्रिया और पुराकल्प—परिक्रियात्मक इतिहास एक नायक से संबद्ध होता है। तथा पुराकल्पात्मक इतिहास अनेक नायकों से संबद्ध होता है।[1]

इस प्रकार रामायण केवल एक नायक विषयक होने से परिक्रिया इतिहास स्वीकार किया जा सकता है। महाभारत में अनेक नायक की कथाएं होने से उसे पुराकल्प इतिहास मानना चाहिए।

महाभारत स्वयं को कहीं पुराण और कही इतिहास बताता है।[2] रामायण अपने को काव्य मानता है। बालकाण्ड द्वितीय के सर्ग के 35वें श्लोक में लिखा है

न ते बागनृता काव्ये काचिदत्र भविष्यति
कुरू रामकथां पुण्यां श्लोकबद्धां मनोरमाम्

अर्थात् इस काव्य में लिखित तुम्हारी कोई बात झूठी नहीं होगी। इसलिए तुम श्री रामचन्द्र जी की पवित्र एवं मनोरम् कथा को श्लोकबद्ध रूप में लिखो। यहां ब्रह्मा द्वारा ऋषि वाल्मीकि को आदेश दिया जाना, जहां रामकथा लिखने का संकेत करता है वहां यह भी स्पष्ट होता है कि यह रचना महाकाव्य है। यही नहीं, इस काव्य शाश्वतता का उल्लेख भी वहां पर किया गया है। और कहा है कि यह काव्य, जब तक पृथ्वी पर नदियों तथा पर्वतों की सत्ता रहेगी, तब तक संसार में इस रामकथा का प्रचार होता रहेगा। यहां दो तत्त्व विचारणीय हैं, एक तो राम के द्वारा आदर्श एवं नैतिक मूल्यों की अवधारणा तथा समाज में उनकी सर्वकालिक प्रासंगिकता, दूसरा रामायण की रचना में काव्यात्मक एवं संगीतात्मक रस तत्व।

बालकाण्ड के द्वितीय सर्ग में ***'कृत्स्नं रामायण काव्यमीदृशैः करवाण्यहम्' तथा 'यशस्करं काव्यमुदारदर्शन :'*** भी रामायण के काव्यात्मक होने का प्रमाण है।[3]

रामायण का उत्स

रामायण तथा रामकथा का उत्स क्या हो सकता है? यहां यह विचारणीय है। यह प्रश्न उत्पन्न होता है कि क्या कोई समकालिक लोक श्रुति इसका आधार है या पूर्व में वर्णित रामचरित्र ? जब हम इस विषय पर विचार करते हैं तो हमारा ध्यान वेद की तरफ आकर्षित होता है। यद्यपि सर्वप्राचीन ग्रन्थ ऋग्वेद में 'राम' तथा 'सीता' शब्दों का उल्लेख प्राप्त होता है।[4] परन्तु इसका रामकथा से कोई सम्बन्ध नहीं होना

चाहिए। महाभारत के टीकाकार नीलकण्ठ भट्ट ने वैदिक मन्त्रों के द्वारा निर्मित 'मन्त्ररामायण' ग्रन्थ लिखकर राम–कथा को वेदों में ढूंढने का प्रयास किया है। परन्तु वह कार्य अतिसमीचीन नहीं लगता है।[5]

'इक्ष्वाकुवंश प्रभावो रामो नाम जनैः श्रुतः' ऐसे कथन से रामकथा का तत्कालीन स्रोत जनश्रुति ही रही होगी। बेवर ने रामायण तथा यजुर्वेद में कतिपय सम्बन्धों से रामायण की ओर संकेत किया है।[6] कौशिक गृह सूत्र में काली आंखों वाली, कमल के मुकुट वाली तथा ज्योति स्वरूप अंगों वाली सीता का वर्णन है। उपनिषदों में विदेह का उल्लेख प्राप्त होता है, उन्हें सीता के पिता जनक मानना इत्यादि तथ्यों का अभी विद्वानों ने स्पष्ट तथा समाधान नहीं किया है। अतः रामाख्यान को वैदिक मानना एक बहुत बड़ी विसंगति होगी। महाभारत में प्राप्त रामाख्यान वाल्मीकि रामायण पर ही आधारित प्रतीत होता है। महाभारत में वाल्मीकि रामायण के युद्धकाण्ड (81–28) के श्लोक का अक्षरश उल्लेख है। इससे वाल्मीकि रामायण की महाभारत से प्राचीनता प्रमाणित होती है। महाभारत के खिलभाग हरिवंशपुराण में रामायण महाकाव्य को लक्षित करके नाटक रचने का उल्लेख मिलता है।[7]

इसके अतिरिक्त स्कन्दमहापुराण में ***'रामायण माहात्म्य'*** पद्मपुराण के पातालखण्ड में 'रामकथा', अग्निपुराण का 'रामायणसार', गरूड़पुराण के पूर्वखण्ड में ***'रामायणसार'*** का वर्णन, भागवतपुराण तथा बृहद् धर्मपुराण में रामविषयक आख्यान, आदिकवि वाल्मीकि रचित रामायण से आविर्भूत हुए हैं। परवर्ती संस्कृत साहित्य में रचित अनेक काव्य, नाटक, चम्पू तथा गद्य का मूलोत्स रामायण ही है। हिन्दी तथा अन्य भारतीय भाषाओं तथा मलयालम, तमिल, कन्नड़ तथा तेलुगु इत्यादि भाषाओं में रचित रामायणों का आधार यही रामायण रही है। बौद्ध जातकों तथा जैन पुराणों में रामकथा किन्चित तोड़–मरोड़कर लिखी गयी है। परन्तु यह कार्य भी वाल्मीकि रामायण के बिना अशक्य था।[8]

रामायण एक विकसनशील काव्य

आदिकवि वाल्मीकि से लेकर, आज तक यह काव्य धारा अनेक कवियों, रचनाकारों द्वारा अनेक रूपों में, अनेक भाषाओं में भिन्न–भिन्न देशों–प्रदेशों में प्रवाहित हुई है और देश–काल की दृष्टि से इसने विकास की अनेक मंजिलें पार की है। इसका व्यापक प्रभाव भारतीय धर्म, दर्शन, काव्य–कला, संस्कृति, और संगीत पर पड़ा है। राम और उनका चरित्र हमारे लौकिक–अलौकिक सभी जीवन–आयामों को सर्वत्र

सर्व प्रभावित करता आया है और करता रहेगा। संस्कृत, प्राकृत, अपभ्रंश तथा समस्त आधुनिक आर्य–भाषाओं एवं द्रविड़ भाषाओं में राम–काव्य की समृद्ध परम्परा का विकास हुआ है। हिन्दी में यह संस्कृत और अपभ्रंश से होती हुई आई है। प्रायः यह समझा जाता है कि रामकथा का जो रूप–स्वरूप वाल्मीकि रामायण में पाया जाता है, वही आज तक सब कथाकारों के लिए अनुकरणीय हुआ। किन्तु हम देखते हैं कि बौद्ध जातक कथाओं तथा जैन–आगम ग्रन्थों में ही रामकथा के भिन्न–भिन्न रूप भिन्न–भिन्न स्रोतों से प्रकट हुई है। कृष्ण की तरह राम भी हमारी लौकिक–अलौकिक चेतना के प्रतीक रहें हैं। अतः उनका अत्यन्त व्यापक और बहुविध चित्रण भारतीय साहित्य में पाया जाता है।

सारी सृष्टि में रमे राम युग–युग से सात्विक रसिक जनों की रस साधना का केन्द्र बने हैं। राम हमारे सुपरिचित हैं। इतने अधिक परिचित कि जन सामान्य में न तो उनके सम्बन्ध में कोई शंका है, ना कौतुहल। खुले पृष्ठ के समान उनके जीवन से सम्बद्ध हर घटना जनमानस के लिए आँख मूँद कर विश्वास किये जा सकने की सीमा तक प्रामाणिक है। किन्तु इसी का परिणाम है, प्रमाणों का ओझल हो जाना। रामकथा की एक स्पष्ट परम्परा हमें मिलती है। किन्तु उस श्रृंखला की पहली कड़ी कब और कहां निर्मित हुई, यह काफी उलझी हुई समस्या है। रामायण को प्रामाणिक रूप से सर्वप्रथम छन्दोबद्ध कर काव्य के रूप में वाल्मीकि के कथानक का गठन और रामायण के विभिन्न पाठ इस अनुमान की पुष्टि करते हैं कि वाल्मीकि से पूर्व भी रामकथा वर्तमान थी। सम्भवतः यह मौखिक रूप में रही होगी और पर्याप्त समय तक लोक–कथा रहने के पश्चात् ही इसे वाल्मीकि ने ग्रहण किया होगा। स्वयं वाल्मीकि इसे स्वीकार करते हैं, उन्होंने नारद से पूछे गये अपने प्रश्न, **समग्रारूपिणी लक्ष्मी : कमेकं संश्रिता नरम्?** के उत्तर में सुनी हुई कथा को रामायण का रूप दिया है।

गीतं सनत्कुमाराय नारदेन महात्मना।
रामायणं महाकाव्यं सर्ववेदेषु सम्मतम्।।

अध्यात्म रामायण के अयोध्याकाण्ड में राम के वन जाते समय सीता साथ जाने का आग्रह करती है और राम से कहती है कि आपने बहुत से ब्राह्मणों के मुख से बहुत सी रामायणें सुनी होगी। मानस में तुलसी ने रामकथा के अन्य स्रोतों का जो उल्लेख किया है वह सम्भवतः अध्यात्म रामायण में उल्लिखित ब्राह्मणों द्वारा सुनाई जाने वाली रामकथाऐं हो सकती हैं।[9]

इस आधार पर हम कह सकते है कि वाल्मीकि से पूर्व रामकथा आख्यानों के रूप में लोकमुख में प्रचलित रही होगी। धीरे–धीरे बढ़ते–बढ़ते ये आख्यान वाल्मीकि

को मिले, जिन्होंने बिखरे सूत्रों का संयोजन कर, उन्हें कथा का रूप प्रदान किया। यह भी अनुमान लगाया जा सकता है कि इससे पूर्व छन्द के न रहने से रामकथा विरचित रूप में उपलब्ध न हो सकी।

वाल्मीकि कृत रामायण

संस्कृत साहित्य में महर्षि वाल्मीकि कृत रामायण आदिकाव्य माना जाता है। और वाल्मीकि आदिकवि के रूप में समादृत हैं। 'रामायण' सचमुच एक महान कवि की महती कृति है, जिसमें एक ओर इसके रचयिता की विलक्षण काव्य प्रतिभा का समावेश है। और दूसरी ओर जिस देश में इसकी रचना हुई, वहां के सामाजिक, धार्मिक, सांस्कृतिक, आध्यात्मिक और आदर्श जीवन की समग्रताओं का समवेत समन्वय है। रामायण के चिरस्थायी अस्तित्व के विषय में महर्षि वाल्मीकि की यह उक्ति सर्वथा सार्थक है 'जब तक पर्वतों और सरिताओं का अस्तित्व इस धरती पर विद्यमान रहेगा, तब तक रामायण की कथा संसार में बनी रहेगी।'[10] जीवन को ओजस्वी तथा उदात्त बनाने के लिए रामायण में जिन आदर्शों को वाल्मीकि ने अमर तूलिका से चित्रित किया है, वे भारतवर्ष के लिए ही मान्य और समादरणीय नहीं हैं, अपितु मनुष्य मात्र के समक्ष उच्च नैतिक स्तर तथा सामाजिक एवं सांस्कृतिक उदात्त भावना को भी प्रस्तुत करते हैं। रामायण की एक विलक्षणता यह है कि इसके गायक और कोई नहीं, स्वयं वाल्मीकि के शिष्य और राम के पुत्र लव–कुश हैं। इन दोनों भाईयों ने राम के समक्ष सम्पूर्ण रामायण का मधुर स्वरों में गायन किया था। अपनी इसी मौलिक विशेषता के कारण देश–काल की सीमाओं से ऊपर उठकर रामायण आज विश्व साहित्य की महती कृति और आदिकवि वाल्मीकि विश्वकवि के रूप में पूजित हैं। वाल्मीकि राम के समकालिक थे उन्हें दिव्य–दृष्टि प्राप्त थी। उसी दिव्य–दृष्टि से उन्होंने राम के अतीत, वर्तमान और भविष्य चरित का अवलोकन करके उसे काव्यबद्ध किया था। इसलिए आदिकवि ने राम के समग्र चरित के यथार्थ एवं आदर्श पक्ष का आकलन किया। 'आदिकाव्य रामायण को **'चतुर्विंशतिसाहस्रीसंहिता'** कहते है, अर्थात् इसमें 24000 श्लोक हैं–ठीक उतने ही हजार जितने गायत्री के अक्षर हैं प्रत्येक हजार श्लोक का प्रथम अक्षर गायत्री मन्त्र के ही अक्षर से क्रमशः आरम्भ होता है, ऐसी विद्वज्जनों की मान्यता है।[11] वाल्मीकि रामायण में लगभग 350 ऐसे सांगीतिक सन्दर्भ मिलते है जिनमें गायन, वादन तथा नृत्य के तत्त्व तथा सिद्धान्तों का उल्लेख मिलता है। इन सन्दर्भों से हमें रामायण कालीन संगीत की स्थिति का पूर्ण बोध होता है।

वाल्मीकि रामायण एक लोकप्रिय काव्य है। इसकी कथा जन–मानस में संचरित होती रही है। इसके अतिरिक्त रामायण का ऐतिहासिक ग्रन्थ होने से वेदों के उपबृंहण में सहायक है। राम–रावण का युद्ध वेद में वर्णित इन्द्र तथा वृत्र के संग्राम का स्वरूप माना जा सकता है। वाल्मीकि ने रामायण को वेदों का उपबृंहण करने वाला बतलाया है।

स तु मेधविनौं दृष्टवा वेदेषु परिनिष्ठतौ।
वेदोपबृहंणार्थाय तावग्राहयत प्रभुः।।[12]

अतः रामायण पुराणों की भान्ति वेदों का पद–पद पर उपबृहंण करती है, यह रामायण के अन्तर्गत वर्णित तथ्यों से सर्वथा प्रमाणित भी होता हैं। रामायण का महत्व एक शास्त्रीय ग्रंथ के रूप में भी अंगीकार किया जा सकता हैं। कथाओं के मध्य–मध्य में धर्मशास्त्रीय, नीतिशास्त्रीय तथा राजनीतिक विषयक सन्दर्भ के साथ रहने वाले साधु पितृ देवताओं का तर्पण करके अग्निहोत्र करने के पश्चात् अमृत के समान हविष्य का भक्षण करते थे।[13] रामायण में अनेक स्थलों पर संध्या तथा हवन करने के उल्लेख प्राप्त होते हैं। देवमन्दिरों में पूजन तथा ध्वज फहराने का वर्णन भी रामायण में प्राप्त होता है। इसके अतिरिक्त 'वैदिक यज्ञीय' सामग्रियों का वर्णन रामायण में मिलता है।[14] यज्ञों में विहित दक्षिणा का प्रचलन रामायणकाल में भी था।[15] यज्ञीय पशुबलि का भी उल्लेख रामायण में प्राप्त होता है। इस प्रकार वैदिक धर्म की जानकारी हेतु वाल्मीकि रामायण का महत्व अक्षुण्ण है जो काव्य के रूप में शास्त्र की पिपासा को शान्त करता हुआ देखा जा सकता है।

वाल्मीकि रामायण दार्शनिक दृष्टि से भी कम नहीं है। उपनिषद् की विशाल वेदान्त परम्परा के बीज रामायण में यत्र तत्र उपन्यस्त है। 'जो व्यक्ति शुभ अथवा अशुभ जिन कर्मों का आचरण करता है, उन कर्मों के अनुसार उसे फल की प्राप्ति होती है।'[16] वाल्मीकि के राम विग्रहवान धर्म हैं। '**रामों विग्रहवान् धर्मः।**'[17] इस प्रकार धार्मिक दृष्टि से रामायण एक सफल रचना है हालांकि रामायण प्रत्येक मानव से सम्बन्धित है इसमें वर्णित मूल्य समाज में सबके लिये है। हिन्दुओं की यह धरोहर है, इसलिये आज भी प्रत्येक हिन्दू इस ग्रन्थ को धार्मिक ग्रन्थ मानकर पाठ करता है। रामायण नीतिशास्त्र तथा राजनीति की दृष्टि से भी अपनी महत्ता का ख्यापन करती है। रामायण के पात्रों का समालोचन करने से सामाजिक कर्त्तव्यता का बोध होता है। राम अपने पिता के वचनों की रक्षा हेतु राज्यसिंहासन का परित्याग करके चौदह वर्ष तक वनवास स्वीकार कर लेते है। यह पिता की आज्ञा का उदात्त रूप है। वे कहते हैं कि पिता की सेवा तथा उनकी आज्ञा का पालन ही परम धर्माचरण है।

वाल्मीकि ने राम के जीवन को इतना उदात्त चित्रित किया है कि इससे बढ़कर और कोई आदर्श हो ही नहीं सकता। राम कभी दो तरह की बातें नहीं करते **'रामो द्विर्नाभिभाषते।'**[18] राम की पत्नी सीता भी पतिव्रता हैं। वे भी राम के साथ वन में जाना चाहती है। भ्राता लक्ष्मण भी एक आदर्श भाई की भूमिका रामायण में वहन करते हैं। लक्ष्मण में भाई के आदर्श के साथ–साथ एक देवर का भी परम आदर्श विद्यमान है। रामायण इसीलिए विश्व का आदर्श काव्य है। क्योंकि इसमें पारिवारिक सामाजिक सभी दायित्वों का उदात्त चित्रण है। पुत्र का पिता के प्रति, भाई का भाई के प्रति, पति का पत्नी के प्रति, माता पिता का पुत्र के प्रति, देवर का भाभी के प्रति तथा सभी का समाज के प्रति क्या कर्त्तव्य हो सकता है, इसे रामायण में देखा जा सकता है। भरत, शत्रुघ्न, हनुमान, सुग्रीव तथा दशरथ आदि के भी चरित्र इतने आदर्शात्मक हैं कि इनसे सभी को प्रेरणा प्राप्त होती है। रामायण अनेक नीतिवाक्यों, सुभाषितों तथा राजनीतिपरक तथ्यों का संग्रह भी है। ऋषि जाबलि के वचनों में नीति के साथ चार्वाक दर्शन का भी वर्णन हो जाता है।' रामायण में राजनीति विषयक सन्दर्भों की संख्या कम नहीं है। एक सन्दर्भ में जटायु रावण से कहता है कि राजा, धर्म, काम तथा द्रव्यों की उत्तम निधि है। अतः धर्म, पुण्य तथा पाप की प्रवृत्ति का मूल राजा ही होता है।[19] इस प्रकार रामायण में अनेक ऐसे सन्दर्भ देखे जा सकते है। रामायण का महत्त्व इसलिए भी है कि इसके द्वारा प्राचीन भारतीय संस्कृति तथा इतिहास की झाँकी उन्मीलित होती है। रामायण के विषय में उदात्तता भाषा का सारल्यपूर्ण सौष्ठव, पात्रों का आदर्श, रस की अन्विति तथा मनोहारी अलंकार आदि उत्तम काव्य के तत्त्व विद्यमान है अतः रामायण एक विश्वकाव्य है। इसकी किसी भाषा के अन्य काव्यों से तुलना नहीं की जा सकती है क्योंकि यह आर्ष आदिकाव्य है। इसमें अनुभवैकगम्य सिद्धरसता के दर्शन होते हैं। भारतीय संस्कृति की मानव मनोवृत्तियों का विशद तथा उदात्त वर्णन जैसा इस महाकाव्य में मिलता है वैसा अन्यत्र दुर्लभ है।

रामायण का स्वरूप

वाल्मीकि कृत रामायण का संपादन 19वीं शताब्दी में हुआ है। एक संस्करण काशीनाथ पाडुंराम द्वारा संपादित निर्णय सागर प्रेस बम्बई से 1902 में प्रकाशित हुआ है। दूसरा संस्करण ओरिऐन्टल इन्सीटियूट बड़ौदा से हुआ है। जिसके सम्पादक पी. एल. वैदय है। ये दो भागों में सन 1960 एवं 1962 में प्रकाशित हुआ है। एक अन्य संस्करण गीता प्रेस गोरखपुर से 2 भागों में संवत 2017 से 2047 तक 9 संस्करण निकले और 10वां 2048 में प्रकाशित हुआ। इसी दसवें संस्करण को आधार बनाकर हम यहां रामायण के स्वरूप की चर्चा करेगें।

वाल्मीकि रामायण में कुल सात काण्ड प्राप्त होते हैं। इनके नाम इस प्रकार है। (1) बालकाण्ड (2) अयोध्या काण्ड (3) अरण्य काण्ड (4) किष्किन्धा काण्ड (5) सुन्दर काण्ड (6) युद्धकाण्ड (7) उत्तर काण्ड।

प्रत्येक काण्ड सर्गों में विभक्त है तथा प्रत्येक सर्ग में श्लोक हैं। प्रथम संर्ग बालकाण्ड है, इसमें 77 सर्ग है तथा इसके अन्तगर्त श्लोकों की संख्या 2263 है। निर्णय सागर द्वारा प्रकाशित रामायण में 2280 श्लोक प्राप्त होते है वहां ये श्लोक दिया गया है।

बालकाण्डे तु सर्गाणां कथिता सप्तसप्ततिः।
श्लोकानां द्वे सहस्त्रे च साशीति शतकद्वयम्।।

द्वितीय काण्ड अयोध्या काण्ड है। इसमें 119 सर्ग हैं, बम्बई संस्करण के अनुसार श्लोक संख्या 4286 तथा गोरखपुर संस्करण के अनुसार 4985 है।

तृतीय काण्ड अरण्यकाण्ड है, इसमें 75 सर्ग हैं यहां भी श्लोक संख्या भिन्न–भिन्न प्राप्त होती है। गीता प्रेस संस्करण में 2469 तथा बम्बई संस्करण में 2440 श्लोक हैं। यह बात देखने योग्य है कि गीता प्रेस संस्करण में एक सर्ग प्रक्षिप्त सर्ग है जोकि 58वें सर्ग के बाद आता है। इसमें 26 श्लोक हैं। यदि 2469 में से इन श्लोकों को निकाल दिया जाए तो श्लोक संख्या 2443 होती है।

चतुर्थ काण्ड किष्किन्धा काण्ड में 67 सर्ग हैं गीता प्रेस संस्करण के अनुसार 2462 तथा बम्बई संस्करण में 2455 श्लोक है जो लगभग एक समान है।

पंचम काण्ड सुन्दर काण्ड है। इस काण्ड में 68 सर्ग हैं और 2857 गीता प्रेस संस्करण के अनुसार तथा 2855 बम्बई संस्करण के अनुसार श्लोक संख्या प्राप्त होती है। सुन्दर काण्ड में सब कुछ सुन्दर है और रमणीय है। इसलिए इसका नाम सम्भवतः सुन्दर रखा गया है।

सुन्दरे सुन्दरी सीता सुन्दरे सुन्दरः कपिः।
सुन्दरे सुन्दरो रामः सुन्दरे किन्न सुन्दरम्।।

अर्थात् सुन्दर काण्ड में राम को सीता का शुभ सन्देश और सीता को राम का सन्देश प्राप्त होना सुन्दर है। इसी प्रकार हनुमान का राम के कार्य को करने से प्रसन्न होना सुन्दर है यह सुन्दर काण्ड रामायण का प्राण समझा जाता है। 'रामायण की तिलककृत टीका में भी इसी भाव को अभिव्यक्त किया गया है।'

षष्टम काण्ड युद्ध काण्ड है। इसमें 128 सर्ग तथा इसमें हमें सबसे अधिक श्लोक प्राप्त होते हैं। गीता प्रेस तथा बम्बई संस्करण में श्लोक संख्या 5768 तथा 5692 है।

उत्तर काण्ड में 111 सर्ग हैं जिसकी श्लोक संख्या, गीता प्रेस संस्करण में 3538 तथा बम्बई संस्करण में 3432 प्राप्त होती है।

यहां यह ध्यान देने योग्य है कि उत्तर काण्ड में भी दो प्रक्षिप्त सर्ग गीता प्रेस संस्करण में प्राप्त होते हैं। जोकि 59वें सर्ग के पश्चात् है इन दोनों सर्गों की श्लोक संख्या 80 है। इस प्रकार हम यह देखते है कि बम्बई संस्करण में श्लोकों की कुल संख्या 23440 है। जो 24 हजार से 560 श्लोक कम है। इस संख्या में प्रक्षिप्त सर्ग और श्लोकों की गणना नहीं की गई है। यदि उन प्रक्षिप्त सर्गों के श्लोक भी इसमें सम्मिलित कर लिए जाएं तो कदाचित 24000 श्लोकों की संख्या पूर्ण हो सकती है।

गोविन्द राज कृत रामायण की टीका में श्लोकों की संख्या 24242 दी गई है।[20] गीता प्रेस के संस्करण में श्लोकों की संख्या 24342 है जिसमें प्रक्षिप्त सर्ग के श्लोक भी सम्मिलित है।

रामायण में प्रक्षिप्तांश तथा उत्तरकाण्ड

आज जिस रामायण की उपलब्धि होती है विद्वानों ने इसमें अनेक प्रक्षिप्तांश स्वीकार किये हैं। अयोध्या काण्ड से युद्ध काण्ड तक रामायण की प्राचीनता में कोई सन्देह नहीं है। बालकाण्ड तथा उत्तर काण्ड में कतिपय अर्वाचीन तथ्यों का समावेश होने से इन्हें प्रक्षिप्त माना जा सकता है। प्रक्षिप्त अंशों का उल्लेख केवल आधुनिक भारतीय तथा पाश्चात्य विद्वानों ने ही नहीं किया है। अपितु रामायण के कुछ संस्कृत के टीकाकार भी इन प्रक्षिप्त श्लोकों को निदृष्ट करते हैं। इन टीकाकारों में शिव सहाय, माधव योगी तथा नागेश आदि प्रमुख हैं। इसके लिए वे अनेक तर्क भी प्रस्तुत करते हैं। पाश्चात्य विद्वानों में विन्टरनित्स, जैकोबी तथा मेक्डानल बालकाण्ड को प्रक्षिप्त मानते हैं। इसी तरह विन्टरनित्स उत्तरकाण्ड के विषय में कहते हैं कि वह उत्तर कालिक है। विस्तार के भय से यहां सभी पक्षों और प्रतिपक्षों का उल्लेख करना अपेक्षित नहीं है।

रामायण के किसी काण्ड को प्रक्षिप्त कहना हमें समीचीन प्रतीत नहीं होता। कुछ अंश अवश्य ही प्रक्षिप्त हो सकते हैं। जैसे कुछ श्लोक एवं कुछ सर्ग। लेकिन पूरा काण्ड ही प्रक्षिप्त हो ऐसा उचित नहीं प्रतीत होता। क्योंकि रामायण में यदि उत्तर काण्ड में सम्मिलित नहीं किया जाए तो रामायण में श्लोकों की संख्या 24000 नहीं हो सकती है। इसलिए बालकाण्ड से लेकर उत्तरकाण्ड तक रामायण के स्वरूप को मानना युक्तियुक्त प्रतीत होता है। निन्म तालिका से प्रत्येक काण्ड, सर्ग तथा उसके अन्तर्गत श्लोकों की संख्या स्पष्ट है।

वाल्मीकि रामायण

काण्ड संख्या	सर्ग	गीता प्रेस संस्करण	निर्णय प्रेस बम्बई संस्करण
1.	77	2263	2280
2.	119	4985	4286
3.	75	2469	2440
4.	67	2462	2455
5.	68	2857	2855
6.	128	5768	5692
7.	111	3538	3432
योग	**685**	**24342**	**23440**

बालकाण्ड

सर्ग संख्या	श्लोक संख्या	सर्ग संख्या	श्लोक संख्या
1.	100	13.	41
2.	43	14.	60
3.	39	15.	34
4.	36	16.	32
5.	23	17.	37
6.	28	18.	59
7.	24	19.	22
8.	24	20.	28
9.	20	21.	22
10.	33	22.	24
11.	31	23.	22
12.	22	24.	32

(क्रमशः...)

25.	22	48.	33
26.	36	49.	22
27.	28	50.	25
28.	22	51.	28
29.	32	52.	23
30.	26	53.	25
31.	24	54.	23
32.	26	55.	28
33.	26	56.	24
34.	23	57.	22
35.	24	58.	24
36.	27	59.	22
37.	32	60.	34
38.	24	61.	24
39.	26	62.	28
40.	23	63.	26
41.	26	64.	20
42.	25	65.	40
43.	41	66.	26
44.	23	67.	27
45.	45	68.	19
46.	23	69.	19
47.	22	70.	45

(क्रमशः...)

71.	24	75.	28
72.	25	76.	24
73.	40	77.	29
74.	24		
योग		**2263**	

अयोध्या काण्ड

सर्ग संख्या	श्लोक संख्या	सर्ग संख्या	श्लोक संख्या
1.	51	16.	47
2.	54	17.	22
3.	49	18.	41
4.	45	19.	40
5.	26	20.	55
6.	28	21.	64
7.	36	22.	30
8.	39	23.	41
9.	66	24.	38
10.	40	25.	47
11.	29	26.	38
12.	112	27.	24
13.	26	28.	26
14.	69	29.	24
15.	48	30.	47

(क्रमशः...)

31.	37	54.	43
32.	45	55.	33
33.	31	56.	35
34.	61	57.	34
35.	37	58.	37
36.	33	59.	34
37.	37	60.	23
38.	17	61.	27
39.	41	62.	20
40.	51	63.	53
41.	21	64.	78
42.	35	65.	29
43.	21	66.	29
44.	31	67.	38
45.	33	68.	22
46.	34	69.	21
47.	19	70.	30
48.	37	71.	46
49.	18	72.	54
50.	51	73.	28
51.	27	74.	36
52.	102	75.	65
53.	35	76.	23

(क्रमशः...)

77.	26	99.	42
78.	26	100.	76
79.	17	101.	27
80.	22	102.	09
81.	16	103.	49
82.	32	104.	32
83.	26	105.	46
84.	18	106.	35
85.	22	107.	19
86.	25	108.	18
87.	24	109.	39
88.	30	110.	37
89.	23	111.	32
90.	24	112.	31
91.	83	113.	24
92.	40	114.	29
93.	27	115.	27
94.	27	116.	26
95.	19	117.	29
96.	30	118.	54
97.	31	119.	22
98.	18		
योग		**4985**	

अरण्य काण्ड

सर्ग संख्या	श्लोक संख्या	सर्ग संख्या	श्लोक संख्या
1.	23	23.	34
2.	26	24.	36
3.	26	25.	47
4.	34	26.	38
5.	43	27.	20
6.	26	28.	33
7.	24	29.	28
8.	20	30.	41
9.	33	31.	50
10.	22	32.	25
11.	94	33.	24
12.	37	34.	26
13.	25	35.	42
14.	36	36.	24
15.	37	37.	25
16.	43	38.	33
17.	29	39.	25
18.	26	40.	27
19.	26	41.	20
20.	25	42.	35
21.	22	43.	51
22.	24	44.	27

(क्रमशः...)

45.	40	61.	31
46.	38	62.	20
47.	50	63.	20
48.	24	64.	77
49.	40	65.	16
50.	28	66.	21
51.	46	67.	29
52.	44	68.	38
53.	26	69.	51
54.	30	70.	19
55.	37	71.	34
56.	36	72.	27
57.	23	73.	46
58.	20	74.	35
59.	23	75.	30
60.	38		
योग		**2469**	

किष्किन्धा काण्ड

सर्ग संख्या	श्लोक संख्या	सर्ग संख्या	श्लोक संख्या
1.	130	6.	27
2.	29	7.	25
3.	39	8.	46
4.	35	9.	26
5.	31	10.	35

(क्रमशः...)

11.	93	35.	23
12.	42	36.	20
13.	30	37.	37
14.	22	38.	34
15.	31	39.	44
16.	39	40.	71
17.	54	41.	49
18.	66	42.	58
19.	28	43.	62
20.	26	44.	17
21.	16	45.	17
22.	32	46.	24
23.	30	47.	14
24.	44	48.	24
25.	54	49.	22
26.	42	50.	41
27.	48	51.	19
28.	66	52.	32
29.	33	53.	27
30.	85	54.	22
31.	51	55.	23
32.	22	56.	24
33.	66	57.	19
34.	19	58.	37

(क्रमशः...)

59.	28	64.	22
60.	21	65.	35
61.	17	66.	38
62.	15	67.	49
63.	5		
योग		**2462**	

सुन्दरकाण्ड

सर्ग संख्या	श्लोक संख्या	सर्ग संख्या	श्लोक संख्या
1.	213	17.	32
2.	58	18.	32
3.	51	19.	22
4.	30	20.	36
5.	27	21.	34
6.	44	22.	46
7.	17	23.	19
8.	08	24.	47
9.	73	25.	20
10.	54	26.	49
11.	48	27.	54
12.	25	28.	19
13.	69	29.	08
14.	52	30.	44
15.	54	31.	19
16.	32	32.	14

(क्रमशः...)

33.	31	51.	45
34.	40	52.	28
35.	90	53.	44
36.	47	54.	51
37.	68	55.	35
38.	70	56.	51
39.	54	57.	53
40.	25	58.	169
41.	21	59.	32
42.	44	60.	20
43.	25	61.	24
44.	20	62.	38
45.	17	63.	33
46.	41	64.	45
47.	38	65.	28
48.	61	66.	25
49.	20	67.	44
50.	19	68.	29
योग		**2857**	

युद्धकाण्ड

सर्ग संख्या	श्लोक संख्या	सर्ग संख्या	श्लोक संख्या
1.	19	4.	121
2.	24	5.	23
3.	33	6.	18

(क्रमशः...)

7.	25	31.	45
8.	24	32.	44
9.	23	33.	38
10.	29	34.	28
11.	31	35.	37
12.	40	36.	22
13.	21	37.	37
14.	22	38.	20
15.	24	39.	28
16.	26	40.	30
17.	68	41.	99
18.	39	42.	47
19.	41	43.	46
20.	34	44.	39
21.	35	45.	28
22.	89	46.	50
23.	16	47.	24
24.	44	48.	37
25.	33	49.	33
26.	47	50.	65
27.	48	51.	36
28.	42	52.	38
29.	29	53.	32
30.	35	54.	37

(क्रमशः...)

55.	32	79.	41
56.	39	80.	43
57.	44	81.	34
58.	61	82.	28
59.	146	83.	44
60.	98	84.	23
61.	40	85.	36
62.	24	86.	35
63.	58	87.	30
64.	36	88.	77
65.	57	89.	53
66.	33	90.	94
67.	177	91.	29
68.	24	92.	68
69.	96	93.	39
70.	67	94.	41
71.	116	95.	54
72.	19	96.	36
73.	74	97.	38
74.	77	98.	26
75.	69	99.	51
76.	94	100.	62
77.	24	101.	56
78.	21	102.	70

(क्रमशः...)

103.	31	116.	36
104.	27	117.	32
105.	31	118.	22
106.	36	119.	39
107.	37	120.	24
108.	34	121.	30
109.	25	122.	27
110.	26	123.	57
111.	124	124.	23
112.	26	125.	46
113.	53	126.	55
114.	36	127.	64
115.	25	128.	125
योग	**5768**		

उत्तर काण्ड

सर्ग संख्या	श्लोक संख्या	सर्ग संख्या	श्लोक संख्या
1.	41	9.	48
2.	34	10.	49
3.	36	11.	52
4.	32	12.	32
5.	47	13.	41
6.	70	14.	30
7.	55	15.	44
8.	29	16.	49

(क्रमशः...)

17.	43	41.	22
18.	36	42.	36
19.	32	43.	23
20.	33	44.	21
21.	46	45.	25
22.	51	46.	33
23.	54	47.	18
24.	42	48.	26
25.	52	49.	23
26.	60	50.	20
27.	52	51.	30
28.	49	52.	19
29.	42	53.	26
30.	54	54.	19
31.	44	55.	21
32.	73	56.	29
33.	23	57.	21
34.	46	58.	25
35.	65	59.	23
36.	63	60.	18
37.	24	61.	24
38.	33	62.	21
39.	30	63.	31
40.	31	64.	18

(क्रमशः...)

65.	39	89.	25
66.	17	90.	24
67.	26	91.	29
68.	20	92.	19
69.	40	93.	19
70.	17	94.	32
71.	24	95.	17
72.	21	96.	24
73.	19	97.	26
74.	33	98.	28
75.	19	99.	20
76.	51	100.	25
77.	21	101.	18
78.	29	102.	17
79.	20	103.	17
80.	18	104.	19
81.	22	105.	18
82.	20	106.	18
83.	20	107.	21
84.	18	108.	38
85.	22	109.	22
86.	21	110.	28
87.	29	111.	25
88.	24		
योग		**3538**	

रामायण का रचना काल

आर्ष काव्य रामायण के रचनाकाल का स्पष्टतया निर्णय करना सुगम नहीं है। अनेक मनीषियों की विचारधारा का पल्लवन करते हुए, यहां रामायण का आविर्भावकाल अपेक्षित है। अनेक पाश्चात्य तथा भारतीय विद्वानों ने रामायण में प्रक्षिप्तांश स्वीकार किये हैं। अतः उनके अनुसार सम्पूर्ण रामायण एककालिक रचना नहीं हो सकती है। विन्टरनित्स ने रामायण के रचनाकाल को निर्धारित करने हेतु अधोलिखित तथ्य उपस्थापित किये है–

(क) रामायण में बालकाण्ड तथा उत्तरकाण्ड परवर्ती प्रतीत होते हैं। अयोध्या से युद्धकाण्ड पर्यन्त रामायण उपर्युक्त दो काण्डों से मेल नहीं रखती। राम को प्रथम तथा सप्तम काण्डों में विष्णु का अवतार कहा गया है। यह जैकोबी का भी मत है।[21] महाभारत के रामोपाख्यान में परवर्ती रामायण का रूप देखा जा सकता है। महाभारत राम को मनुष्य रूपधारी विष्णु मानता है।[22]

(ख) सम्पूर्ण रामायण उस समय प्रसिद्ध ग्रन्थ के रूप में अवस्थित था, जब महाभारत अपने पूर्णरूप में विद्यमान नहीं था। महाभारत में द्रौपद्री–हरण से दुखी युधिष्ठिर को सांत्वना देने के लिए राम–कथा आयी है। द्रौपदी–हरण का वृतान्त रामायण के सीता हरण पर आश्रित रहा होगा। बारह वर्षों का वनवास भी राम के चौदह वर्षों के वनवास पर आधृत है।[23] महाभारत में यह श्लोक प्राप्त होता है–

न हन्तव्या स्त्रिपश्चेति यद् ब्रवीषि प्लवङ्.गम।
पीडाकरममित्राणां यच्च कर्त्तव्यमेव तत्।।[24]

महाभारत में वाल्मीकि ऋषि का नाम अन्य वशिष्ठ आदि प्राचीन ऋषियों के साथ आया है। वाल्मीकि युधिष्ठिर से कहते हैं कि एक बार किसी विवाद में मुनियों ने ब्रह्महत्या का दोषी मुझे ठहराया था। इस पाप को दूर करने के लिए वाल्मीकि को शिव की पूजा करने पड़ी थी।[25] महाभारत के खिलांश हरिवंशपुराण में रामायण के नाटक खेलों का उल्लेख है।[26] इस प्रकार रामायण, महाभारत से पहले ही रचा है। अतः महाभारत की रचना से एक दो शताब्दी पूर्व रामायण का रचनाकाल होना चाहिए। यदि महाभारत की रचना ईसा की चतुर्थ शताब्दी में पूर्ण हो चुकी होगी तो रामायण की रचना ईसा की द्वितीय शताब्दी के अन्त तक हो गयी होगी।[27] महाभारत के कुछ अंश रामायण से भी प्राचीन हो सकते हैं।

(ग) वेद में रामकथा का कोई संकेत नहीं प्राप्त होता है। ऋग्वेद[28] में प्राप्त 'राम' शब्द से रामायण के राम का कोई सम्बन्ध दृष्टिगोचर नहीं होता है। वहां

उसका यह अर्थ नहीं है। पाणिनि की अष्टाध्यायी में महाभारत के पात्र वासुदेव, अर्जुन तथा युधिष्ठिर का निर्देश है। परन्तु राम का उल्लेख प्राप्त नहीं होता। ईसा के पूर्व के शिलालेखों में भी राम का निर्देश प्राप्त नहीं होता है।[29] अतः रामायण महाभारत के बाद की रचना हो सकती है। परन्तु इस कथन में कोई अन्य प्रमाण प्राप्त नहीं है।

(घ) त्रिपिटक के प्राचीन बौद्ध ग्रन्थों से रामायण का कोई विशेष आभास प्राप्त नहीं होता, परन्तु इसमें राम–सम्बद्ध उन गीतों का चिन्ह प्राप्त होता है। जिसमें राम की कथाएं गायी जाती है। जैकोबी ने भाषा के अनुसार रामायण को बुद्ध के पूर्व की रचना मानी है।

त्रिपिटक के दसरथजातक[30] में तेरह श्लोकों में रामकथा का रूप देखा जा सकता है। इसके दो रूप है। सत्तपिटकखुदकनिकाय के अन्तर्गत श्लोकात्मक तथा जातकत्थवण्णाना में गद्य पद्यात्मक। गद्यात्मक दशरथ जातक में पद्य वहीं है जो खुदकनिकायगत दशरथ जातक में प्राप्त होते हैं। इसमें गाथाएं वाल्मीकि रामायण प्राप्त श्लोकों के अनुसार प्रतीत होती है। अन्तिम गाथा राम के दस हजार वर्ष तथा साठ सौ वर्ष राज्य करने का उल्लेख है। यहां दस हजार वर्ष तो स्पष्ट है। परन्तु साठ सौ अर्थात् 6000 वर्षों का उल्लेख किया गया है। इस प्रकार राम के 10000+6000=16000 वर्षों का उल्लेख है।[31]

इसी जातक ग्रन्थ में 'सामजातक' भी है, जो वाल्मीकि रामायण में वर्णित श्रवण कुमार की कथा को मुनि बालक, की कथा के रूप में प्रस्तुत करता है।[32] कतिपय अन्य जातकों में भी रामकथा का संकेत प्राप्त होता है। किन्तु अनेक कल्पित पशु पक्षियों की कथायें कहने वाले जातक ग्रन्थों में राक्षस रावण, हनुमान, सुग्रीव वानर आदि का उल्लेख ही नहीं है। इन सब तथ्यों से ज्ञात होता है कि ई. पूर्व चतुर्थ और तृतीय शताब्दी में जब त्रिपिटक ग्रन्थ बन चुके थे, उस समय तक रामायण का ज्ञान बौद्ध लेखकों को नहीं था। केवल राम विषयक आख्यान लोक में प्रचलित थे। बौद्ध पालि–साहित्य में प्राप्त छन्दों की अपेक्षा रामायण के छंद बाद में विकसित हुए हैं।[33] अतः रामायण बुद्ध के पश्चात लिखी गयी, ऐसा विद्वानों का मन्तव्य हो सकता है।

(ङ) बुद्धघोषाचार्य द्वारा निर्मित जातक कथाओं में रामकथा का विकृत रूप प्राप्त होता है। बुद्धघोष का समय ईसवीं पंचम शताब्दी हैं। कुछ विद्वान इसे और अधिक अर्वाचीन मानते हैं। सम्प्रदाय के विद्वेष से रामायण में आगत रामकथा को ऐसा रूप प्रदान किया गया होगा।[34]

(च) जैकोबी ने भाषा के आधार पर रामायण को बुद्ध के पूर्वकाल की रचना माना है। रामायण तब रची गयी, जब संस्कृत बोलचाल में थी। अशोक ने ईसा पूर्व

260 के लगभग अपने शिलालेख संस्कृत में न लिखवाकर पालि भाषा में लिखवाये। बुद्ध ने ईसवीं पूर्व छठी तथा पांचवीं शताब्दी में संस्कृत में उपदेश न देकर पालि भाषा में अपने उपदेश दिये थे। इससे यह पता चलता है कि बुद्ध तथा अशोक के समय संस्कृत जन–भाषा नहीं थी। रामायण के कतिपय प्रसंगों में संस्कृत भाषा जन भाषा के रूप में सुमुल्लिखित है। इल्वल असुर ब्राह्मण का रूप धारण करके संस्कृत बोलता हुआ, ब्राह्मणों को श्राद्ध में निमंत्रित करता था।[35] उस समय शिष्टजनों या ब्राह्मणों की संस्कृत भाषा थी, जो क्लिष्ट तथा व्याकरण के नियमों से बद्ध रही होगी। जनसाधारण की संस्कृत सरल भाषा थी। इसलिए हनुमान जी सुन्दर काण्ड में सीता जी से मानुषी (जन–साधारण) संस्कृत भाषा का व्यवहार करते है। यदि ब्राह्मणों वाली क्लिष्ट संस्कृत का प्रयोग हनुमान जी करते, तो सीता उन्हें परिवर्तित रूप में रावण समझकर डर जाती है।[36] इससे स्पष्ट प्रतीत होता हैं कि वाल्मीकि रामायणकालीन जन–साधारण भाषा संस्कृत थी। इसलिए रामायण के गान की परम्परा राजकुलों में रही होगी। इन बातों से रामायण बुद्ध पूर्व की रचना है।

(छ) अश्वघोष कनिष्क के समकालीन थे, उन्हें रामायण की कथा ज्ञात थी। अतः ईसा की द्वितीय शताब्दी के प्रारम्भ में रामायण प्रचलित हो चुकी थी। चीनी बौद्ध ग्रन्थों से ज्ञात होता है कि ईसा की चतुर्थ शताब्दी में रामायण बौद्धों में प्रसिद्ध हो चुकी थी। ईसा की प्रथम शताब्दी के उत्तरार्द्ध में जैनाचार्य विमलसूरिविरचित प्राकृत काव्य 'पउम चरिय' में रामायण के अनुरूप रामकथा का स्वरूप प्राप्त होता है।[37]

(ज) बेवर रामायण की कविता पर होमर की कविता का प्रभाव मानते है। परन्तु यह कहना समीचीन नहीं है क्योंकि सीता हरण तथा हेलेन के अपहरण के मध्य और लंका पर आक्रमण तथा ट्राय पर चढ़ाई के मध्य कोई सम्बन्ध दूर से भी दृष्टिगत नहीं होता है। राम के द्वारा धनुष का नमन तथा यूलिसिस के द्वारा धनुष झुकाने में समानता होते हुए भी समीपता का आभाव है। सीता अथवा राम का वैदिकत्व भी प्रमाणित नहीं होता है। अतः बेवर का कथन नितान्त भ्रामक है, ऐसा जैकोबी का भी मत है। इन उपयुक्त तथ्यों के आधार पर रामायण की रचना ईसा पूर्व तीसरी शताब्दी में स्वीकार करना उचित है। ऐसा विण्टरनित्स का मत है।[38] डॉ. ए. बी. कीथ के अनुसार रामायण का रचना काल ईसवीं पूर्व 400–200 होना चाहिए। वाल्मीकि राजश्रित महाकवियों के वास्तविक आदिपूर्वज थे। ऐसा कथन उचित ही है।[39] ए. मैक्डानल ने विभिन्न तथ्यों के आधार पर रामायण का आविर्भाव काल 500 ई. पूर्व माना है। उस समय वाल्मीकि रामायण में ई पूर्व द्वितीय शताब्दी तथा बाद तक कुछ नवीन अंश जोड़े नहीं गये थे।[40]

- आचार्य बलदेव उपाध्यायजी के अनुसार, रामायण में अयोध्या का वर्णन अत्यन्त उन्नत दशा में किया गया है। इसमें अयोध्या के लिए साकेत

का नाम नहीं आया है। बौद्धों के समय अयोध्या नगरी ज्ञात नहीं थी। वहीं पास में साकेत नामक दूसरा नगर स्थापित हो चुका था। इसी प्रकार मगध की राजधानी का नाम पाटलिपुत्र (पटना) न होकर राजगृह है। इतिहास में प्रसिद्ध है कि राजगृह ई. पूर्व षष्ट शतक में शैशनाग वंश के विम्बिसार तथा अजातशत्रु के समय में स्थापित किया गया था। अतः रामायण का समय ई. पूर्व 400 या 500 के समीप मानना चाहिए।[41]

- रायबहादुर श्री चिन्तामणि विनायक वैद्य रामायण का रचनाकाल ईसवीं सन के लगभग दो शतक पूर्व मानतें हैं।
- डॉ. एच. डी. संकालिया ने आर्कालोजिकल सर्वे के आधार पर रामायण का काल ईसा पूर्व प्रथम, द्वितीय शतक से लेकर ईसा की पंचम शताब्दी का मध्य माना है। रामायण के प्राचीन अंश निश्चित ही ईसा पूर्व प्रथम तथा द्वितीय शताब्दी के हैं। ईसा की पंचम शताब्दी तक रामायण में कुछ अंश प्रक्षिप्त होते रहें, ऐसा अनुमान लगाया जाता है।
- जैकोबी ने रामायण के मूल भाग की रचना छठी शताब्दी ई. पूर्व मानी है।
- प्रसिद्ध इतिहासकार डॉ. जयंशकर मिश्र ने रामायण की घटनाएं 3000 ई. पूर्व मानी हैं। तथा रामायण का रचना काल 600 ई. पूर्व स्वीकार किया है। रामायण में अनेक प्रक्षिप्तांश भी जोड़े गये है। ईश्वरावतार की चर्चा करने वाले बाल तथा उत्तरकाण्ड प्रक्षिप्त तथा अर्वाचीन है।[42]

इस प्रकार यहां वाल्मीकि रामायण के काल–निर्धारण अनेक मत हमारे सामने प्रस्तुत होते है। कतिपय अंग्रेजी विद्वानों बेवर आदि का मत नितान्त भ्रामक हो सकता है। जिन्होंने बौद्धत्रिपिटक में प्राप्त 'दशरथजातक' के आधार पर रामायण की रचना मानी है। वास्तव में रामायण का प्रभाव बौद्ध जातक ग्रन्थों पर अवश्य पड़ा है। 'दशरथजातक' आदि रामायण से सम्बद्ध कथाओं वाले ग्रन्थ रामायण के पश्चात् निर्मित हुए! इसलिए रामायण का आज सर्वसम्मत मत छठी शताब्दी ई. पूर्व है। छठी शताब्दी ईं पूर्व के पश्चात् भी रामायण में प्रक्षिप्तांश जोड़े गये हैं। बालकाण्ड में कर्क आदि राशियों का उल्लेख महाभारत के बाद जोड़ा गया है। क्योंकि महाभारत पर्यन्त ज्योतिष में विहित राशियों का उल्लेख प्राप्त नहीं होता है।[43] ग्रहों की स्थिति नक्षत्रों द्वारा बतलाई जाती थी। रामायण में राशियों के नाम आने से उसका समय महाभारत के पश्चातवर्ती माना जा सकता है। परन्तु यह बात सम्पूर्ण रामायण पर लागू नहीं होती है। बालकाण्ड आदि कतिपय प्रक्षिप्तांशों को छोड़कर शेष रामायण की रचना महाभारत से पूर्व हुई। अतः वाल्मीकि रामायण ईसा पूर्व 600 शताब्दी के लगभग रची

गयी होगी, ऐसी प्रकल्पना विभिन्न तथ्यों से प्रमाण–पदवी पर अवतरित होती है। वाल्मीकि रामायण भारतवर्ष की संस्कृति, धर्म तथा अध्यात्म से जुड़ी है और भारतीय चरित के उदात्त तथा आर्दश रूप को प्रस्तुत करती है।

वाल्मीकि रामायण के पाठ एवं संस्करण

वाल्मीकि रामायण के मुख्यतया चार पाठ उपलब्ध होते हैं। ये पाठ सम्प्रदाय तथा देश के अनुसार रखे गये है। जिन–जिन स्थानों पर वाल्मीकि रामायण की मातृकायें प्राप्त होती हैं, प्रायः वे विभिन्न लिपियों में लिखी गयी है। अतः लिपि तथा देश के अनुरूप रामायण के पाठ प्राप्त होते हैं। जिनका उल्लेख इस प्रकार है।

1. दाक्षिणात्य पाठ।
2. गौड़ीय पाठ।
3. पाश्चात्य पाठ।
4. काश्मीरक पाठ।

1. दाक्षिणात्य पाठ

आन्ध्र, ग्रन्थ, मलयालम आदि दक्षिण भारतीय लिपियों में प्राप्त पाण्डुलिपियों के द्वारा सम्पादित रामायण दाक्षिणात्य पाठ को उपस्थापित करती है। रामायण का दाक्षिणात्य पाठ ही प्राचीन माना जाना चाहिए। विण्टरनित्स ने यह अंगीकार किया है कि रामायण का परम्परागत पाठ कण्ठस्थ ही रहा होगा।[44] इसीलिए विभिन्न पाठों में परस्पर अन्तर प्रतीत होता है। परंतु विभिन्न लिपियों में प्राप्त दाक्षिणात्य पाठ प्रायः समरूप ही है। गोविन्दराज तथा महेश्वरतीर्थ के द्वारा रचित टीका के साथ रामायण मद्रास से ग्रन्थ लिपि में प्रकाशित हुई। इसके बाद इस पाठ का प्रकाशन देवनागरी लिपि में मुम्बई से हुआ है। यह एक प्रामाणिक संस्करण है।

ग्रन्थ लिपि में प्रकाशित उक्त रामायण के सम्पादक के. वेंकटकृष्ण शास्त्री हैं तथा यह 1889 ई. में प्रकाशित हुई थी। देवनागरी लिपि में प्रकाशित रामायण के सम्पादक टी. आर. कृष्णाचार्य हैं। और यह निर्णयसागर प्रेस से 1905 ई में प्रकाशित की गई है।

2. गौड़ीय पाठ

गौड़ीय पाठ बंगाल में प्राप्त रामायण की बंगाली लिपियों में लिखित पाण्डुलिपियों से तैयार किया गया है। रामायण के बालकाण्ड तथा अयोध्याकाण्ड का अंग्रेजी

अनुवाद के साथ सर्वप्रथम प्रकाशन बंगाल के श्रीरामपुर नगर 1806–1810 ई में हुआ। इसका सम्पादन तथा अनुवाद विलियम कैरी तथा जोशव मर्शमन ने किया था। इन्ही दो काण्डों का पुनः प्रकाशन लैटिन भाषा के अनुवाद सहित जर्मन देश के वन् नगर से 1829–1838 के मध्य हुआ। इस संस्करण के संपादक तथा अनुवादक अगस्तुस गोइलेलमस थे। सम्पूर्ण गौड़ीय पाठ वाली रामायण का मुद्रण इटली देश में 1843–1867 के मध्य सम्पन्न हुआ। पुनः इस संस्करण का प्रकाशन 'इडियन हैरिटैंज ट्रस्ट मद्रास' से 1980–1983 में किया गया है। इसके अनन्तर इस संस्करण के बंगाली भाषा में अनुवाद के साथ कई बार प्रकाशन हो चुका है।

3. पाश्चात्य पाठ

देवनागरी लिपि में प्राप्त रामायण की मातृकाओं से सम्पादित पाठ पाश्चात्य पाठ के नाम से अभिहित है। यह दक्षिणात्य तथा काश्मीरक पाठ का समन्वय रूप स्वीकार किया जा सकता है।[45]

सन् 1888 ई. में निर्णयसागर प्रेस मुम्बई से तिलक टीका के साथ रामायण का पाश्चात्य पाठ प्रकाशित हुआ। इसके सम्पादक वासुदेव लक्ष्मण शास्त्री पणशीकर थे। पुनः यह अब तक चार बार प्रकाशित हो चुका है इस संस्करण का अभी नवीन प्रकाशन इन्डोलाजिकल बुक हाऊस दिल्ली से 1983 में हुआ है। पाश्चात्य पाठ का मूल संस्करण निर्णयसागर मुद्रणालय मुम्बई से 1907 ई में भी प्रकाशित हुआ था। रामायणतिलक, रामायणशीरोमणि तथा रामायणभूषण इन तीन टीकाओं के साथ रामायण का एक पाश्चात्य संस्करण परिमल पब्लिकेशन्स दिल्ली से 1991 में प्रकाशित हुआ है। इसके पाठान्तरकार तथा संशोधन श्रीनिवासशास्त्री कट्टी हैं। गीताप्रेस गोरखपुर से हिन्दी अनुवाद के साथ रामायण का दो भागों में प्रकाशन सन् 2017 वि. में हुआ था, तब से इसके दर्जनों संस्करण निकल चुकें हैं। यह भी प्रायः पाश्चात्य पाठानुसार ही है।

4. काश्मीरक पाठ

काश्मीरक पाठ को पश्चिमोन्तर पाठ भी कहते हैं। क्योंकि भारत के पश्चिम क्षेत्र लाहौर इत्यादि से लेकर काश्मीर पर्यन्त रामायण की जो पाण्डुलिपियां प्राप्त हुई, उनसे संशोधित तथा सम्पादित पाठ पश्चिमोन्तर पाठ कहलाया। देवनागरी, नागरा तथा शारदा आदि लिपियों में लिखित रामायण की मातृकाएं काश्मीरक पाठ में प्रयुक्त की गयी है। काश्मीरक पाठ का आश्रय लेकर श्री भगवतदत्त आदि विद्वानों ने एक रामायण का संस्करण तैयार किया था, जो दयानन्द महाविद्यालय लाहौर के

शोध विभाग से सन् 1923–1931 के मध्य प्रकाशित हुआ। इस पाठ के अन्य संस्करण प्रायः प्राप्त नहीं होते हैं।[46]

आदिकवि वाल्मीकि का परिचय

रामायण के प्रणेता आदिकवि वाल्मीकि हैं। रामायण के जितने भी पाठ या संस्करण उपलब्ध है, सबमें वाल्मीकि को रामायण का रचयिता कहा गया है। यह वाल्मीकि कौन है? इनके विषय में बहुत अधिक उल्लेख प्राप्त नहीं होता है। कतिपय सन्दर्भों और पौराणिक किंवदन्तियों के आधार पर विद्वानों ने अनुमान लगाये है। कहीं उन्हें मृगव्याध नामक नीच ब्राह्मण कहा है, तो कहीं डाकू, कहीं प्रचेता का पुत्र कहा है। यहाँ हम इन्हीं सन्दर्भों के आधार पर आदिकवि वाल्मीकि का परिचय प्रस्तुत करने का प्रयास कर रहें है।

आदिकवि वाल्मीकि के विषय में बहुत अधिक उल्लेख प्राप्त नहीं होता है। भविष्यपुराण के प्रतिसर्ग पर्व[47] में वाल्मीकि के विषय में एक कथा का उल्लेख किया गया है। इस कथा के अनुसार मृगव्याध नामक एक नीच ब्राह्मण था, जो धनुष बाण को धारण करके नित्य ब्राह्मणों का वध करता था। तथा उनके धन को लूटकर अपना भरण–पोषण करता था। ब्राह्मण के धन को अमृत के समान, क्षत्रिय के द्रव्य को मधुर तथा वैश्य के द्रव्य को अन्न के सदृश समझकर वह मृगव्याध तीनों वर्णों की हत्या करता था, विशेष रूपेण ब्राह्मणों की हत्या करता था। शूद्र की वस्तु को रूधिर के समान अनिष्टकर समझकर। वह शूद्रों का धन नहीं लूटता था। ब्राह्मणों की हत्या से भयभीत देवता ब्रह्मा के पास जाकर बोले कि हे देव! आप इसका निदान कीजिए। अन्यथा वह प्रदेश, ब्राह्मणों से शून्य हो जायेगा। ब्रह्मा ने सप्तर्षियों को बुलाकर कहा कि तुम लोग मृगव्याध के पास जाकर उसे उपदिष्ट करो। ब्रह्मा की बात सुनकर मरीचि ऋषि वसिष्ठादि महर्षियों के साथ मृगव्याध के पास गये। मृगव्याध ने इन ऋषियों को देखकर कहा कि मैं अभी तुम लोगों की हत्या करूंगा। ऐसी वाणी सुनकर मरीच्यादि ऋषियों ने कहा कि किसलिए हमें मारोगे? अपने परिवार वालों के लिए अथवा अपने लिए हम ऋषियों की हत्या करोगे, शीघ्र मुझे बतलाओ। ऐसी बात सुनकर मृगव्याध ने कहा कि अपने कुल (परिवार) के लिए तथा स्वयं अपने लिए मैं ब्राह्मणों की हत्या करता हूँ। ऐसा सुनकर सप्तर्षियों ने कहा कि पाप का भोग कौन करेगा? परिवार वाले अथवा स्वयं तुम? घर जाकर शीघ्र पूछकर आओ। इस प्रकार सप्तर्षियों के कहने पर वह मृगव्याध घर गया और अपने परिवार से पूछा कि मैं पाप करके जो धन लाता हूँ, उसका भोग करने वाले तुम लोग मेरे पाप के भागी होगे। मृगव्याध की ऐसी बात सुनकर परिवारीजन बोले कि हम लोग तुम्हारे किये गये पाप का भोग नहीं करेंगे, ऐसा सुनकर वह मृगव्याध स्तब्ध होता हुआ मुनियों के पास

आकर बोला कि कोई मेरे पाप को भोगना नहीं चाहता। अतः मेरे किये गये पाप के नाशार्थ आप लोग कोई उपाय बताएं। ऐसा सुनकर सप्तर्षियों ने राम–नाम जप करने का आदेश दिया और कहा कि तुम तप करो, इससे तुम्हारे सम्पूर्ण पाप नष्ट हो जायेंगे। मृगव्याध को अपनी वृति के अनुकूल राम नाम विस्मृत होकर 'मरा–मरा' ही स्मरण आया, ऐसे विपरीत अक्षरों का सहस्र वर्षों तक तपपूर्वक जप किया। जप के प्रभाव से वहां कमलों का सुन्दर वन उत्पन्न हो गया–

मरामरारेत्येवं सहस्त्रावदं जजाप ह।
जपप्रकावादभवदनमुत्पलसडकुलम्।।[48]

मृगव्याध इतने तप के लीन हो गये कि उनके शरीर पर वल्मीक (दीमकों) ने अपना स्थान बना लिया। वल्मीक से निकलने के कारण इनका नाम वाल्मीकि हुआ।[49] इसी प्रकार की कथा किंचित्परिवर्तन के साथ अध्यात्म रामायण[50] तथा आन्नदरामायण में आयी है।[51] संकन्दमहापुराण के वैशाखमहात्मय में भी ऐसी कथा आयी है। जहां इन्हें जन्मान्तर में व्याध कहा गया है। व्याध जन्म से पूर्व ये स्तम्भ नामक वत्सगोत्रीय ब्राह्मण थे। व्याध–जन्म में शंखऋषि के यहां सत्संग करने तथा राम–नाम जप से ये दूसरे जन्म में अग्निशर्मा हुए पूर्व संस्कार के कारण कुछ दिन तक ये व्याधकर्म में सशक्त रहकर सप्तर्षियों की संगति से मरा–मरा जपकर मुनि हुए और बॉबीं से निकलने के कारण वाल्मीकि कहलाये।[52] इस प्रकार ये कथाएं कहाँ तक सत्यता का स्पर्श करती है, कहा नहीं जा सकता। परन्तु इन्हें नितान्त कपोलकल्पित भी नहीं माना जा सकता है। ये किंवदन्तियां वाल्मीकि के निराधर व्यक्तित्व के प्रतिपादन के एक आधार तो है हीं, कतिपय विद्वान वाल्मीकि को निम्न जाति (चाण्डाल) में उत्पन्न हुआ मानतें हैं। परन्तु उपर्युक्त पौराणिक आधार पर यह प्रमाणित नहीं होता। अतः ऐसा स्वीकार करना नितान्त भ्रामक है।

वाल्मीकि को प्राचेतस नाम से अभिहित किया जाता है। 'प्राचेतस' का अर्थ प्रचेता (वरुण) का पुत्र है। इस प्रसंग में कहा जाता है कि वाल्मीकि के शरीर में लगी दीमक को प्रचेता (वरुण) ने अपने जल से प्रक्षालित कर दिया था, जिससे इनका तपः पूत शरीर दृष्टिगोचर हुआ।[53]

अतः प्रचेता के द्वारा उठाये जाने से इनका एक नाम प्राचेतस की हुआ। वाल्मीकि रामायण[54] तथा अध्यात्म रामायण[55] में ***'प्रचेतस'*** अथवा ***'प्राचेतस'*** शब्द वाल्मीकि मुनि के लिए आया है। भवभूति ने ***'उतररामचरितम्'***[56] में प्राचेतस शब्द का प्रयोग किया है। जो वाल्मीकि के लिए आया है। चम्पूरामायण[57] में 'प्राचेतस' पद वाल्मीकि के लिए प्रयुक्त हुआ है। अतः यह ' प्राचेतस' शब्द वाल्मीकि का पर्यायवाची है।

रामायण के बालकाण्ड[58] में क्रौंचवध की कथा आयी है। इसके अनुसार एक बार वाल्मीकि मुनि गंगा से न्यून दूरी पर स्थित तमसा नदी के किनारे मध्याहनकालीन सवन (हवन) हेतु गये। मुनि के साथ उनके शिष्य भरद्वाज भी थे। तमसा तीर्थ में स्नान करने हेतु शिष्य ने वाल्मीकि मुनि से वल्कल वस्त्र ले लिया और क्षण भर के लिए वन की सुषमा का निरीक्षण करने लगे। उसी समय एक कौंच पक्षी का युगल वहां विचरण कर रहा था। मुनि के देखते ही एक बहेलिए ने क्रौंच युगल में से नर पक्षी को बाण से आहत कर दिया। वह रूधिर से लथपथ होकर तड़पता हुआ, पृथ्वी पर गिरकर मर गया। अपने पति की हत्या देखकर उसकी भार्या क्रौंच्ची करूण क्रन्दन करने लगी। ऐसे करुणार्द्र दृश्य को देखकर मुनि के हृदय में शापस्वरूप यह वाणी निकल पड़ी।

मा निषाद! प्रतिष्ठां त्वमगमः शाश्वतीः समाः।
यत् क्रौंचमिथुनादेकमवधीः काममोहितम्।।[59]

हे निषाद ! तू अब अनेक वर्षों तक प्रतिष्ठा को प्राप्त नहीं करेगा, जो तूने क्रौंच के जोड़े से एक काममोहित नर पक्षी का वध कर दिया है। अर्थात निषाद शीघ्र ही मृत्यु को प्राप्त हो जाएगा।

ये ही वेदों के पश्चात् लौकिक अनुष्टुप वृत्त की प्रथम पक्तियां हैं। वाल्मीकि के हृदय का शोक श्लोक के रूप में परिणत हो गया। ऐसी श्लोकबद्ध गेय वाणी से आश्चर्यचकित वाल्मीकि के सामने भगवान ब्रह्मा प्रकट हुए और उन्होंने कहा कि हे मुने! तुम्हारी सरस्वती सिद्ध हो गयी है। इस श्लोकबद्ध वाणी से श्री राम के चरित्र का गान करो। ऐसा कहकर ब्रह्मा जी अर्न्तध्यान हो गये।[60] तत्पश्चात् वाल्मीकि के शिष्यों ने उक्त अनुष्टुप का गान किया। वे सभी हर्ष से गदगद होकर कहने लगे कि महर्षि ने समान अक्षरों वाले, चार चरणों वाले जिस वाक्य का गान किया है, वह उनके हृदय का शोक वाणी के द्वारा उच्चारित होकर श्लोक रूप हो गया–

समाक्षरैश्चतुर्भिर्यः पादैर्गीतो महर्षिणा।
सो{नुव्याहरणाद् भूयः शोकः श्लोकत्वमागतः।।[61]

इसके अनन्तर महर्षि वाल्मीकि ने जब रामचन्द्र जी वन से अयोध्या आये, तो उनके सम्पूर्ण चरित्र को रामायण के रूप में निबद्ध किया।[62] वाल्मीकि राम के समकालीन थे, क्योंकि राम के द्वारा जब सीता वन में निर्वासित कर दी गयी थी, तो वाल्मीकि के आश्रम में सीताजी ने निवास किया था। सीता के पुत्र लव और कुश भी वाल्मीकि के आश्रम में उत्पन्न हुए थे। इन्हीं कुश तथा लव राजकुमारों के गाने हेतु वाल्मीकि ने रामायण को निर्दिष्ट किया।[63] यहां कुश–लव के लिए 'कुशीलवी'

पद का प्रयोग कतिपय विद्वानों के अनुसार नाटक करने वाले नटों के लिए हुआ है। परन्तु रामायण में इनके राजपुत्र, यशस्वी, धर्मज्ञ, भ्रातृ तथा आश्रमवासी शब्दों में राम के पुत्रों का ही परामर्श किया जाना उचित है।[64] वे दोनों बालक राम के शरीर से भिन्न नहीं थे। अर्थात् राम के पुत्र होने के कारण तद्वत प्रतीत हो रहे थे।[65] रामायण के उत्तरकाण्ड में भी सीता–परित्याग के प्रसंग में महर्षि वाल्मीकि के आश्रम में ही उत्पन्न राम के पुत्र उन्हीं के द्वारा कुश–लव नाम से विभूषित हुए थे।[66] राम के अश्वमेघ यज्ञ में वाल्मीकि, सीता तथा लव–कुश के साथ अयोध्या आये थे। वहीं दोनों बालक रामायण की कथा का गान करते हैं। इससे राम अपने पुत्रों से परिचित होकर वाल्मीकि से सीता को लाने हेतु प्रार्थना करतें है। और दूत भेजते हैं। सीता के साथ वाल्मीकि राम की यज्ञशाला में प्रविष्ट होते हैं और सीता के पवित्र शील की प्रशंसा करते हैं। रामायण की इस कथा से वाल्मीकि का राम के समकालीन होना सिद्ध होता है।

वाल्मीकि के कुल, वंश विद्याग्रहण आदि के विषय में कहीं भी, कुछ भी उल्लेख उपलब्ध नहीं होता है। अध्यात्मरामायण तथा कृत्तिवासकृत वगंरामायण में वाल्मीकि को च्यवन के पुत्र के रूप में कहा गया है।[67] बुद्धचरित के रचयिता अश्वघोष भी इस सन्दर्भ में च्यवन ऋषि का नाम ग्रहण करते हैं[68] वाल्मीकि रामायण में भी च्यवन ऋषि का नाम आया है। वाल्मीकि के आश्रम में रात्रि बिताकर शत्रुघ्न ने च्यवन ऋषि से वार्तालाप किया था और उनसे मान्धता के वध का वृतान्त सुना था।[69] इससे वाल्मीकि के आश्रम के निकट च्यवन ऋषि का निवास स्थान था। ऐसा प्रतीत होता है, परन्तु दोनों में क्या सम्बन्ध थे, ऐसा उल्लेख नहीं मिलता है। रामायण में तो वाल्मीकि प्रचेतस के दशम पुत्र के रूप में उल्लिखित है।[70] रघुवंश में वाल्मीकि अपना परिचय बताते हुए सीता से कहते हैं कि मैं तुम्हारे श्वशुर दशरथ का मित्र रहा हूँ। कालिदास ने अन्यत्र की वाल्मीकि को दशरथ तथा जनक का मित्र कहा है।[71] इन सब तथ्यों से वाल्मीकि मुनि का राम के युगीन होना प्रमाणित होता है। कतिपय आधुनिक विद्वानों का यह मत भी नितान्त अप्रामाणिक है कि वाल्मीकि चारण थे, जो कुछ लोगों (बालकों) को साथ ले जाकर राजाओं के यहां कथाएं गाते थे। कोई चारण अपने को दशरथ राजा का मित्र नहीं कह सकता और न अपने को प्रचेता का पुत्र अथवा ऋषि बता सकता है। इस प्रकार रामायण के रचयिता वाल्मीकि ऋषि का परिचय यहां उपस्थापित किया गया है जो विशिष्ट प्रामाणिक सन्दर्भों पर आधृत है।

वाल्मीकि रामायण की टीकाएं

वाल्मीकि रामायण की संस्कृत में अनेक टीकाएं प्राप्त होती हैं। कतिपय महत्वपूर्ण टीकाएं रामायण के साथ प्रकाशित भी हुई हैं। अनेक टीकाएं मातृका रूप में विभिन्न

हस्तलिखित ग्रन्थागारों में अवस्थित हैं। रामायण की टीकाओं के विषय में एम. कृष्णमाचारियर ने 'हिस्ट्री ऑफ क्लासिकल संस्कृत लिटरेचर[72] में विवेचन किया है। उसी के अनुसार यहां रामायण की टीकाओं का क्रमानुसार विवरण प्रस्तुत किया जा रहा है।

कतक (अमृतकतक) टीका

इस टीका के रचयिता 'माधवयोगी हैं। जिनका समय 1675 से 1750 ई. के मध्य माना जाता है।[73] ये माधवयोगी सायणमाधव से अन्यतर हैं। अपनी टीका के प्रारम्भ में 'कालहस्तीश' तथा 'वेदगिरीश्वर' की स्तुति[74] करने के कारण ये मद्रास प्रान्त के निवासी थे, ऐसा विदित होता है। इन्होंने गोविन्दराज तथा महेश्वरतीर्थ की व्याख्या कटाक्ष किया है। इन दोनों टीकाओं के निराकरण हेतू कतक टीका लिखी है।[75]

कल्पवल्लिका टीका

भोमाकान्ति नृसिंहशास्त्री के द्वारा यह टीका लिखी गई है। ये कोकनद के पंडित थे। इनके पिता का नाम पेरुशास्त्री था। वह रामायण के कुछ आवश्यक पद्यों की रमणीक व्याख्या प्रस्तुत करती है। टीकाकार ने लिखा है कि रामायण श्री त्रिपुरसुन्दरी की इच्छा से अभिव्यक्त हुई है और राम उन्हीं के अवतार हैं। कोकनद से यह टीका प्रकाशित हो रही थी, ऐसी सूचना कृष्णमाचारियर ने अपनी पुस्तक में दी है।[76]

गुरुवाल्मीकि भावप्रकाशिका टीका

लक्ष्मीनारायशमात्य के पुत्र हरि पंडित इस टीका के निर्माता हैं। ये मुडिगुण्डा कुल में उत्पन्न कौण्डिन्य गोत्र से सम्बन्ध थे[77]

चतुरर्थी टीका

यह अज्ञातकर्तृक टीका है। टीकाकार ने अपनी विद्वता का परिचय दिया है। रामायण के पद्यों की टीका करते समय टीकाकार ने स्थल–स्थल पर कतिपय पद्यों के चार–चार अर्थ बतलाये हैं।[78] अतः यह एक महत्वपूर्ण व्याख्या मानी जा सकती है।

तिलक टीका

यह टीका के प्रणेता 'राम' हैं। यह लोकप्रिय टीका है तथा सरलता की दुष्टि से सर्वजन्य ग्राह्य है। यह राम कौन हैं? इसका निश्चय करना कठिन है। कुछ विद्वज्जन नागेश भट्ट को ही राम नाम से अभिहित करते हैं। शिरोमणि' टीका के रचयिता ने भी 'तिलक' टीका से पाठ उद्धृत करके 'भट्' नाम से उल्लिखित किया

है। नागेश भट् का 'रामतीर्थ' भी नाम था। ऐसा कुछ लोग कहते हैं।[79] तिलक टीका के युद्ध काण्ड में लिखा है–

भट्नागेशपूज्येन सेतु। श्रीरामवर्मणा।
कृतः सर्वोपकृतये श्रीमदरामायणाम्बुधै।।[80]

उपयुक्त पद्य का आधार लेकर कतिपय लिपिकारों ने 'तिलक' टीका नागेश भट्टकृत लिखकर पाण्डुलिपियों में भ्रम उत्पन्न किया है। परन्तु इस श्लोक का आशय यह है कि नागेश भट्ट द्वारा पूज्य श्रीराम वर्मा ने 'सेतु' का निर्माण किया। नागेश भट्ट ने लघु शब्देन्दुशेखर के प्रारम्भ में श्रृंगवेगपुर के राजा राम का उल्लेख किया है।[81] यही श्री राम वर्मा हो सकते हैं। राम वर्मा द्वारा रचित एक अध्यात्म रामायण का व्याख्यान प्राप्त होता है उसके आरम्भ में ये श्लोक प्राप्त होते हैं।

श्रृंगबेरपुरेशेन रिपुकक्षदवाग्निना।
अर्थिनां कल्पवृक्षेण विद्वज्जनसभासदा।।
भट्नागेशशिष्येण बध्यते रामवर्मणा।
सेतुः परोपकृत्येड ध्यात्मरामायणाम्बुधै।।[82]

इससे 'भट्नागेशपूज्येन' तथा 'भट्नागेशशिष्येण' दोनों में तारतम्य स्थापित हो जाता है। अतः तिलक टीका के रचयिता श्री राम वर्मा हैं, जो श्रृंगवेगपुर के राजा थे। ये प्रसिद्ध वैथाकरण नागेश भट् के शिष्य अथवा आश्रयदाता थे। नागेश भट् का समय 1730–1810 ई. माना जाता है।[83] अतः यही तिलक टीका के रचयिता का भी काल होना चाहिए। यह सम्पूर्ण टीका बम्बई, दिल्ली आदि स्थानों से कई बार प्रकाशित हो चुकी है। बालकाण्ड से लेकर उत्तरकाण्ड पर्यन्त प्रायः सभी श्लोकों की सुष्टु व्याख्या इसमें प्रस्तुत हुई हैं। उत्तरकाण्ड के अन्त में 'कतकक्षोदाद'[84] पद के द्वारा 'कतक' टीका का उल्लेख तिलककार ने किया है। इन्होंने अध्यात्मरामायण की 'सेतु' टीका का भी प्रणयन किया था, ऐसा टीकाकार ने स्वयं संकेत दिया है।[85]

धर्माकृतम टीका

यह एक अच्छी समालोचनात्मक टीका है। रामायण के अनेक नीति तथा धर्मविषयक स्थलों पर इसमें वेद तथा धर्मशास्त्रों से वचन उद्धृत किये गये हैं। इसके रचयिता त्र्यम्बक मखिन हैं। इनके पिता का नाम गंगाधर था जो तन्जौर राज्य स्थापक एकोजी (1674–1687) के मन्त्री थे। त्रयम्बक मखिन के भाई नारायण ने 'विक्रमसेन चम्पू लिखा है। इनके पितामह का नाम त्रयम्बकामात्य था। जब शाहजी (1687–1711) राजा बने तो त्रयम्ब उनके मन्त्री नियुक्त हुए थे। सरभोजी के समय (1712–1727) भी त्रयम्ब इस पद पर नियुक्त थे। अतः इनका समय (1687–1727) ई के मध्य

स्वीकार किया जाता है। इस टीका की पाण्डुलिपि 'तन्जौर महल लाइब्रेरी' में सुरक्षित है। श्रीरंगम के वाणी विलास प्रेस से इस टीका के कतिपय अंश प्रकाशित हुए हैं।[86]

वाल्मीकिहृदयम् टीका

यह टीका आत्रोय गोत्र में उत्पन्न अहोबल के द्वारा लिखी गई है। ये कान्चीवरम् के निवासी थे। अहोबिल मठ के षष्ठ स्वामी पराघकुश इनके गुरु थे। पराघकुश विजय नगर के सम्राट रामराय के समकालीन थे। अतः इनका समय 16वीं शताब्दी माना जाता है। इन्होंने रामायण के कुछ चुने पद्यों की तमिल टीका का संस्कृत में अनुवाद किया है। ऐसा 'तिरुवाय मोली' के व्याख्याकारों का कथन है। इन्होंने उत्तर भारत की यात्रा करके द्वादश आलवारों की वैष्णवों में स्थिति मजबूत की। अहोबिल शिला लेख से विदित होता है कि ये पुरी के जगन्नाथ मंदिर में गये और वहाँ भी आलवार और वैष्णव सन्तों की महिमा का प्रचार किया। अहोबल के एक शिष्य का नाम ब्रह्मविद्याध्वरिन था। वाण वंश के नृसिंह इनके पिता थे तथा माता का नाम भवानी था।[87]

भूषण टीका

रामायण की प्रसिद्ध टीका 'भूषण' के रचयिता गोविन्दराज हैं। इनके पिता का नाम वरदराज था। ये कौशिक गोत्र के श्रीवैष्णव ब्राह्मण थे। गोविन्दराज का निवास स्थान कान्ची माना जाता है।[88] टीका के प्रारम्भ में इन्होंने षठकोपदेशिक तथा लक्ष्मणयोगी (रामानुज) का स्मरण किया है।[89] युद्धकाण्ड के अन्त में इन्होंने लिखा है कि इस टीका को लिखने के लिए भावनाचार्य ने प्रेरित किया था। भावनाचार्य बधूल गोत्र वाले कण्डाल परिवार के वंशज थे। रामायण की टीका लिखने का विचार तब आया जब ये तिरुपति में भगवान वेंकटेश्वर के दर्शन के लिए गये, तो वहां इन्हें रामायण लिखने का स्वप्न हुआ।[90] प्रत्येक काण्ड की टीका का पृथक नामकरण किया गया है। मणिमन्जीर, पीताम्बरा, रत्नमेखला, मुक्ताहार, श्रृंगारतिलक, मणिमुकुट और रत्नकिरीट, क्रमशः काण्डों की टीकाओं का नाम है। इनका समय 16वीं शताब्दी का मध्य माना जाता है।[91] यह मद्रास, बम्बई तथा दिल्ली से प्रकाशित हो चुकी है।

मनोरमा टीका

रामायण के गौड़ीय (वंगशाखीय) पाठ पर यह टीका मिलती है। इसके रचयिता लोकनाथ है। कदाचित यह टीका बंगाली तथा संस्कृत की मणिप्रवाल शैली में लिखी गयी हैं।[92]

रामानुजीय टीका

कन्दाल वंश में उत्पन्न रामानुज ने यह टीका लिखी है। रामायण की यह टीका वेंकटेश्वर प्रेस बम्बई से प्रकाशित भी हो चुकी है।[93]

रामायणतत्वदीपिका टीका

इस टीका के रचयिता महेश तीर्थ हैं। यह 'तीर्थीयम्' व्याख्यान के नाम से भी प्रसिद्ध है। यह नारायण तीर्थ के शिष्य थे। यह टीका मद्रास, बम्बई तथा अन्यत्र से प्रकाशित की हो चुकी है।[94]

रामायण तनिश्लोकी व्याख्या

पेरिय वाचाम्बिल्लै द्वारा प्रणीत यह टीका मूल रूप से तमिल में लिखी गयी है। परन्तु किसी अज्ञात टीकाकार ने इसे संस्कृत में रूपातरित कर दिया है। यह रामायण की अत्यन्त रोचक टीका हैं। इस टीका का प्रकाशन वेंकटेश्वर मुद्रणालय मुम्बई से हुआ है।[95] इसे 'वाल्मीकिहृदयम्' भी नाम दिया गया है।

रामायणतात्पर्यनिर्णय टीका

रामायण की यह टीका माधवाचार्य द्वारा प्रणीत है।[96]

रामायण दीपिका टीका

यह विद्यानाथ दीक्षित द्वारा रचित रामायण टीका है।[97]

रामायणविषमपदार्थ व्याख्यान

रामायण के कठिन स्थलों पर यह टीका उपलब्ध होती है। इसके प्रणेता देवराम भट् है।[98]

रामायण भूषण टीका

सिहार्य के पुत्र प्रबल मुकुन्दसूरि इस टीका के रचयिता हैं। इन्होंने रामायण के टीकाकार वरदराज को उदधृत किया है।[99]

रामायण महिमादर्श व्याख्या

रामायण के विवादास्पद स्थलों पर निर्णय स्वरूप यह व्याख्यान अत्यन्त महत्वपूर्ण है। यह पांच बिम्बों में विभक्त है। इसके रचयिता प्रेसीडेन्सी कॉलेज मद्रास के प्रथम

संस्कृत शास्त्री पण्डित हयग्रीव हैं। इनका समय 16वीं शताब्दी का अन्त स्वीकार किया जाता है।[100]

रामायणशिरोमणि टीका

रामायण की यह टीका वंशीधर बुध के साथ शिवसहाय नामक विद्वान ने बनायी है। टीका के आरम्भिक श्लोक से यह ज्ञात होता है।

वंशीधरबुधैः सार्द्ध सहायः शिवपूर्वकः
करोमि रामरामाय रामायणशिरोमणिम्।।[101]

वंशीधर तथा शिवसहाय के विषय में अन्य बातें प्रायः ज्ञात नहीं हैं। टीका के प्रारम्भ में बताया गया है कि 'तोडिराम' नामक कोई ब्राह्मण थे, उनके पुत्र सीताराम हुए। इन्हीं सीताराम के पुत्र वंशीधर थे। परन्तु शिवसहाय के विषय में कुछ भी ज्ञात नहीं होता है। शिरोमणि टीका त्रिवेणी के तट पर लिखी गई है। अतः यह कदाचित प्रयाग के निवासी रहे होगें, ऐसा अनुमान लगाया जा सकता है। रामायण की यह टीका महत्वपूर्ण है। और बड़ी विद्वता का परिचय देती है। इस टीका का प्रकाशन बम्बई तथा दिल्ली से कई बार हो चुका है।[102]

रामायण सारचन्द्रिका टीका

श्री रंगम् के निवासी श्रीनिवास राघवाचार्य ने इस टीका का प्रणयन किया था। इन्होंने अपने को रंगनाथ का अनुयायी कहा है। इसकी पांडुलिपि गवर्नमेण्ट ओरिएण्टल मैन्यूस्क्रिप्ट्स लाईब्रेरी मद्रास में सुरक्षित है। यह युद्ध काण्ड के 119 सर्ग तक ही प्राप्त होती हैं। रामायण के कतिपय चुने श्लोकों पर ही यह टीका उपलब्ध होती है।[103]

रामायणसारसंग्रह टीका

चोलपण्डित ब्रह्मधिराज नाम से प्रसिद्ध नोदरिवंश में उत्पन्न आत्राये गोत्र वाले वरदराज इस टीका के रचयिता है। यह टीका रामायण के छुटपुट पदों पर प्राप्त होती है।

रामायणार्थ प्रकाशिका

रामायण की कथा पर यह एक व्याख्यान प्रस्तुत करती है। इसके रचयिता वेंकट हैं जो लक्ष्मण के पुत्र थे।[104]

रामायणान्वयी टीका

इस टीका के प्रणेता किदाम्बी वंश में उत्पन्न रंगाचार्य हैं। इनका गोत्र आत्रोय था। वादिंहस कुल में उत्पन्न गोपाल इनके गुरू थे। कान्जीवरम के निकट अर्सनिपलैं में इनका निवास था। रामायणान्वयी टीका वैष्णव सम्प्रदाय के अनुसार लिखी गई है।[105]

रसनिष्यन्दिनी टीका

रामायण के कतिपय पद्यों पर यह टीका प्राप्त होती है। इस टीका के रचयिता परित्तीचुर कृष्ण शस्त्रिगंल हैं। इस टीका की पाण्डुलिपि टीकाकार के ही पुत्र कल्याणराम शास्त्री के पास है। इनका समय 1842–1911 के मध्य माना जाता है।[106]

सर्वार्थसार टीका

यह टीका वेंकटेश्वर के द्वारा लिखी गयी है।

सुबोधिनी टीका

इस टीका के प्रणेता अभिनव राम भद्राश्रम हैं। इनके गुरु का नाम रघुत्तमाश्रम था।[107]

इस प्रकार रामायण की उपर्युक्त महत्वपूर्ण टीकाओं का संक्षिप्तया विवरण दिया गया। इन टीकाओं के अतिरिक्त रामायण की अनेक टीकाएं और प्राप्त होती हैं। इन टीकाओं में वरदराजकृत विवेकतिलक, वेंकटाचार्य की रामायणकथाविर्मशटीका, ब्रह्मविद्याध्वरिन की विरोधभंजनीटीका, अप्पयदीक्षित की रामायणतात्पर्यनिर्णय, तथा रामायणसार संग्रह नामक दो टीकाएं, तथा वेंकटाचार्य की रामायणसार संग्रह टीकाएँ प्रमुख हैं। खण्डित पाण्डुलिपि के रूप में तथा टीकाकार के नाम वाली कतिपय रामायण की टीकाओं में रामायणसारदीपिका, गुरुबालचितरंजनी, रामायणविरोधपरिहार, तात्पर्यतरणि, श्रृंगारसुधकर तथा रामायण सप्तबिम्ब आदि हैं। रामायण पर इन टीकाओं के अतिरिक्त कतिपय अन्य कार्यों का भी उल्लेख किया गया है। जिनमें रामायण के घटनाक्रम का समयबद्ध विवेचन है। इन कार्यों के अन्तर्गत अग्निवेश का 'रामायणसार, रामायण ***'कालनिर्णयसूचिका'*** कोबिल कन्दलै वेंकटसुन्दराचार्य की 'राम निर्णयबोधिनी,' तथा 'रामावतारकालनिर्णय' आदि हैं।[108]

इस प्रकार अनेक टीकाओं तथा रामायणपरक कार्यों से रामायण पूर्ण समृद्ध बनी हुई है। अंग्रेजी, हिन्दी, संस्कृत तथा देश की अन्य भाषाओं में रामायण सम्बद्ध अनेक कार्य प्रकाशित हो चुकें है और रामायण पर आज भी शोध जारी है। विदेशों में भी

रामायण पर अन्य भाषाओं में महत्वपूर्ण कार्य हुए हैं तथा हो रहे हैं। रामायण का सदैव विस्तार होता रहा है और रामकथा वास्तव में युग–युग से अक्षुण्ण बनी हुई है। इस सन्दर्भ में और ना कहकर रामायण का एक ही पद्य स्मरणीय है।

यावत् स्थास्यान्ति गिरयः सरितष्च महीतले।
तावद् रामायणकथा लोकेषु प्रचरिष्याति।।[109]

अर्थात् जब तक पर्वतों और सरिताओं का अस्तित्व इस धरती पर विद्यमान रहेगा, तब तक रामायण की कथा संसार में बनी रहेगी।

सन्दर्भ सूची

1. परिक्रिया पुराकल्प इतिहासगतिर्द्विध। स्यादेकनायका पूर्वा द्वितीया बहुनायका। काव्यमीमांसा–2
2. महाभारत आदि पर्व 1.17, उद्योग पर्व 136.8
3. बालकाण्ड 2.41,42
4. ऋग्वेद 10.93, 14, 4.57.6
5. संस्कृत वाड़मय का बृहद इतिहास तृतीय–खण्ड आर्षकाव्य (रामायण तथा महाभारत) पृ.–2
6. प्राचीन भारतीय साहित्य द्वितीय खण्ड पृ. 183
7. संस्कृत वाड़मय का बृहद इतिहास तृतीय–खण्ड आर्षकाव्य (रामायण तथा महाभारत) पृ. –3
8. संस्कृत वाड़मय का बृहद इतिहास तृतीय–खण्ड आर्षकाव्य (रामायण तथा महाभारत) पृ.–3
9. हिन्दी रामकाव्य परम्परा विकास और प्रभाव पृ.–9
10. वाल्मीकि रामायण 1.2.36
11. संस्कृत वाड़मय का बृहद इतिहास तृतीय–खण्ड आर्षकाव्य (रामायण तथा महाभारत) पृ.–10
12. वा. रा. 1.4.6
13. वा. रा. 1.35. 8–9
14. वा. रा. 2.61.17
15. वा. रा. 2.75.26
16. वा. रा. 2.63.6
17. वा. रा. 3.37.13

18. वा. रा. 2.18.30
19. वा. रा. 3.50.6,10
20. संस्कृत वाड़मय का बृहद इतिहास तृतीय–खण्ड आर्षकाव्य (रामायण तथा महाभारत) पृ–26
21. प्राचीन भारतीय साहित्य –प्रथम भाग (द्वितीय खण्ड) पृ–171
22. महाभारत 3.147.31
23. महाभारत 7.143.66
24. रामायण–युद्धकाण्ड 81.24
25. महाभारत 13.18.8
26. हरिवंशपुराण, विष्णुपर्व 93.6–33
27. प्राचीन भारतीय साहित्य–प्रथम भाग (द्वितीय खण्ड) पृ–173
28. ऋग्वेद 10.93.14
29. Early History of the Deccan page.10
30. त्रिपिटक खुददकनिकाय–प्रथम भाग, पृ. 229–230
31. संस्कृत वाड़मय का बृहद इतिहास तृतीय–खण्ड आर्षकाव्य (रामायण तथा महाभारत) पृ.
32. प्राचीन भारतीय साहित्य–प्रथम भाग (द्वितीय खण्ड) पृ–177–178
33. प्राचीन भारतीय साहित्य–प्रथम भाग (द्वितीय खण्ड) पृ–178–179
34. रामायण प्रथम भाग (बालकाण्ड) पृ. 17
35. रामायण अरण्यकाण्ड 11. 56
36. रामायण सुन्दरकाण्ड 30.17–18
37. प्राचीन भारतीय साहित्य–प्रथम भाग (द्वितीय खण्ड) पृ. 181–182
38. प्राचीन भारतीय साहित्य प्रथम भाग (द्वितीय खण्ड) पृष्ठ 183–184
39. संस्कृत साहित्य का इतिहास (हिन्दी अनुवाद) पृष्ठ 54
40. A History of Sanskrit Literature page 257-260
41. संस्कृत साहित्य का इतिहास पृष्ठ 54–55
42. संस्कृत वाड़मय का बृहद इतिहास तृतीय खण्ड आर्षकाव्य (रामायण तथा महाभारत) पृ. 20
43. भारतीय ज्योतिष, पृ. 161
44. रामायण (प्रथम भाग) बालकाण्ड, प्रस्तावना, पृ. 5

45. संस्कृत वाड़मय का बृहद इतिहास तृतीय खण्ड आर्षकाव्य (रामायण तथा महाभारत) पृ. 31
46. संस्कृत वाड़मय का बृहद इतिहास तृतीय खण्ड आर्षकाव्य (रामायण तथा महाभारत) पृ. 31
47. भविष्यपुराण–प्रतिसर्गपर्व 4.10
48. भविष्यपुराण–प्रतिसर्गपर्व 4.10. 53–54
49. भविष्यपुराण–प्रतिसर्गपर्व 4.10. 56
50. अध्यात्मरामायण 2.6.64
51. आनन्दरामायण–राज्यकाण्ड 14/21–49
52. संक्षिप्त स्कन्दपुराणांक पृ. 381, 709, 1024
53. संस्कृत वाड़मय का बृहद इतिहास तृतीय खण्ड आर्षकाव्य (रामायण तथा महाभारत) पृ. 12
54. वा. रा. 7.96.18
55. अध्यात्मरामायण–उतरकाण्ड 7.31
56. उतररामचरित, पृ. 86
57. चम्पूरामायण 1.5
58. वा. रामायण–बालकाण्ड सर्ग–2
59. वा. रामायण–बालकाण्ड 2.15
60. वा. रामायण–बालकाण्ड 2.36
61. वा. रामायण–बालकाण्ड 2.40
62. वा. रामायण–बालकाण्ड 4.1
63. वा. रामायण–बालकाण्ड 4.6.16
64. वा. रामायण–बालकाण्ड 4.5
65. वा. रामायण–बालकाण्ड 4.11
66. वा. रामायण–बालकाण्ड 66.9
67. संस्कृत वाड़मय का बृहद इतिहास तृतीय खण्ड आर्षकाव्य (रामायण तथा महाभारत) पृ. 14
68. बुद्धचरित 1. 43
69. रामायण उत्तरकाण्ड 6. 71–24
70. रामायण उत्तरकाण्ड 96.18

71. रघुवंश 15.31
72. History of Classical Sanskrit Literature Page No. 22
73. श्रीमद्वाल्मीकि रामायण (अमृतकत' व्याख्यायुक्त–बालकाण्ड, प्रस्तावना। पृ. 14
74. कालहस्तीशमेकाम्रनाथं वेदगिरीश्वरम्।
    स्वमनः प्राणदेहान्तास्थितांस्त्रीन, ब्रह्मणों भजे।।

    (रामायण–बालकाण्ड –'कतकटीका' का प्रारम्भ श्लोक 1)
75. संस्कृत वाड़मय का बृहद इतिहास तृतीय खण्ड आर्षकाव्य (रामायण तथा महाभारत) पृ. 38
76. History of Classical Sanskrit Literature page No. 25
77. संस्कृत वाड़मय का बृहद इतिहास तृतीय खण्ड आर्षकाव्य (रामायण तथा महाभारत) पृ. 36
78. Descriptive Catalogue at Sanskrit MSS. In the Govt. Oriental Library Madrass IV 1274
79. श्रीमदवाल्मीकि रामायण (कतक टीका युक्त)–बालकाण्ड, प्रस्तावना, पृ. 12
80. रामायणम्–युद्ध काण्ड–तिलकटीका, पृ. 969
81. संस्कृत वाड़मय का बृहद इतिहास तृतीय खण्ड आर्षकाव्य (रामायण तथा महाभारत) पृ. 38
82. श्रीमदवाल्मीकि रामायण (कतक टीका युक्त) –बालकाण्ड, प्रस्तावना, पृ. 14
83. वही. पृ. 14
84. रामायण –उतरकाण्ड–तिलक टीका, पृ. 1131
85. श्रीमदवाल्मीकिय रामायण –;प्रथम भाग) नम्रनिवेदन, पृ. 4
86. History of Classical Sanskrit Literature page No. 23
87. संस्कृत वाड़मय का बृहद इतिहास तृतीय खण्ड आर्षकाव्य (रामायण तथा महाभारत) पृ. 35
88. History of Classical Sanskrit Literature page No. 22
89. रामायण बालकाण्ड भूषणटीका श्लोक–1
90. संस्कृत वाड़मय का बृहद इतिहास तृतीय खण्ड आर्षकाव्य (रामायण तथा महाभारत) पृ. 34
91. History of Classical Sanskrit Literature page No. 23
92. श्रीमदवाल्मीकिय रामायण–(प्रथम भाग) नम्रनिवेदन, पृ. 8
93. श्रीमदवाल्मीकिय रामायण–(प्रथम भाग) नम्रनिवेदन, पृ. 4

94. History of Classical Sanskrit Literature page No. 24
95. History of Classical Sanskrit Literature page No. 25
96. श्रीमदवाल्मीकिय रामायण–(प्रथम भाग) नम्रनिवेदन, पृ. 4
97. संस्कृत वाड़मय का बृहद इतिहास तृतीय खण्ड आर्षकाव्य (रामायण तथा महाभारत) पृ. 36
98. History of Classical Sanskrit Literature page No. 25
99. History of Classical Sanskrit Literature page No. 24
100. संस्कृत वाड़मय का बृहद इतिहास तृतीय खण्ड आर्षकाव्य (रामायण तथा महाभारत) पृ. 37
101. रामायण बालकाण्ड शिरोमणि टीका के प्रारम्भिक श्लोक–6
102. संस्कृत वाड़मय का बृहद इतिहास तृतीय खण्ड आर्षकाव्य (रामायण तथा महाभारत) पृ. 40
103. संस्कृत वाड़मय का बृहद इतिहास तृतीय खण्ड आर्षकाव्य (रामायण तथा महाभारत) पृ. 36
104. संस्कृत वाड़मय का बृहद इतिहास तृतीय खण्ड आर्षकाव्य (रामायण तथा महाभारत) पृ. 36–37
105. History of Classical Sanskrit Literature page No. 24
106. History of Classical Sanskrit Literature page No. 25
107. संस्कृत वाड़मय का बृहद इतिहास तृतीय खण्ड आर्षकाव्य (रामायण तथा महाभारत) पृ. 36
108. संस्कृत वाड़मय का बृहद इतिहास तृतीय खण्ड आर्षकाव्य (रामायण तथा महाभारत) पृ. 40–41
109. वा. रा. 1.2.36

2

रामायण का काव्यात्मक सौन्दर्य

वाल्मीकि रामायण आदिकवि महर्षि वाल्मीकि द्वारा निर्मित होने के कारण जहाँ एक आर्ष काव्य है, वहीं आदिकाव्य भी माना गया है। रामायण में तथ्य और कल्पना दोनों का पर्याप्त योगदान है। महाभारत की भान्ति यह एक उपजीव्य काव्य भी माना गया है और आधुनिक विचारक इसे एक विकसनशील महाकाव्य के रूप में मान्यता देते हैं। इस काव्य में लौकिक संस्कृत में कविता का प्रथमावतार महर्षि वाल्मीकि से होता है। इस महाकाव्य में जो सामान्य स्वरूप निर्धरित हुआ, उसमें सर्गबद्धता, किसी महान चरित्र का गुणगान, श्रृंगार या वीर आदि किसी एक रस का अगित्व, ऋतुओं, पर्वतों, नदियों और युद्धों के वर्णन के साथ सर्गों के अन्त में छंद परिवर्तन, सर्गों में या तो एक छंद का या नाना छंदों का प्रयोग आदि को रामायण के आदर्श पर महत्व दिया है। संसार की अन्य महान कृतियों की भान्ति, रामायण में भी मूलभाव की कल्पना सम्भव है।

आदिकवि ने रामायण की कथा के आयोजन में भी अपनी विलक्षण प्रतिभा का परिचय दिया है तथा यह एक वीर शौर्यगाथा होकर भी इसकी गम्भीर धारा में करूणरस का संवेग या ज्वार इसमें एक अतिशय मौलिकता उत्पन्न कर देता है। रामायण का कथा रस कभी वीर तो कभी करूण के अतिशय के कारण क्रमशः सम्पोषित होता चलता है। तथा उसका प्रवाह कभी स्तिरमित और कभी मन्द तो कभी वेगशील अनुभवगोचर होता है। उसमें कहीं क्षीणता तो कहीं वक्रता की भी अनुभूति होती है।

रामायण की कथावस्तु

वाल्मीकि रामायण एक आदिकाव्य है तथा वाल्मीकि ने इसे सात काण्डों (1) बाल काण्ड (2) अयोध्या काण्ड (3) अरण्य काण्ड (4) किष्किन्धा काण्ड (5) सुन्दर काण्ड (6) लंका काण्ड (7) उत्तर काण्ड में लिखा है। जिसकी कथा वस्तु इस प्रकार से है।

1. बालकाण्ड

आदिकवि ने ब्रह्मदेव द्वारा निर्दिष्ट कथा के आधार पर रामायण का निर्माण किया और लव–कुश द्वारा उसका प्रचार करवाया।

महर्षि ने अयोध्या नगरी की सम्पन्नता के विवरण से इस कथा का आरम्भ किया है। जिसमें महान पराक्रमी राजा दशरथ अपने कर्मठ मन्त्रियों सहित राज्य किया करते थे। परन्तु पुत्र के अभाव में वे दुखी रहा करते थे तथा पुत्र प्राप्ति के लिए उन्होंने अनेक व्रत एवं अनुष्ठान किये। परन्तु उनकी अभिलाषा पूर्ण न हुई। अतएव उन्होंने अश्वमेघ एवं पुत्र कामेष्टि यज्ञ करने का संकल्प किया। अपने मन्त्रियों से ऋष्य–श्रृंग का वृतान्त सुनकर राजा दशरथ ने उन्हें सुपुत्र प्राप्त्यर्थ बुला भेजा और फिर ऋष्य–श्रृंग के आदेशानुसार अश्वमेघ यज्ञानुष्ठान सम्पन्न हुआ और ऋषि ने राजा दशरथ को उनके चार पुत्रोत्पन्न होने का आशीर्वाद दिया। तदन्तर पुत्रकामेष्टि यज्ञ प्रारम्भ हुआ। इस महोत्सव पर देव, गन्धर्व, ऋषि, सिद्ध–गण भी एकत्रित हुए। सभी ने परिषद का आयोजन कर उक्त अवसर पर रावण के नाश करने का निर्णय किया। इस प्रकार यज्ञ सफलतापूर्वक सम्पन्न हुआ। यज्ञ पुरूष ने प्रसन्न होकर एक पायस दशरथ को दिया। जिसको राजा ने अपनी पत्नियों में विभाजित किया। इसके परिणामस्वरूप सभी रानियां सफल काम हुई। उधर पूर्व परिषद के निश्चयानुसार वानर जातियों में भी वीर उत्पन्न हुए। निश्चय समय पर राम, लक्ष्मण, भरत, शत्रुघ्न का जन्म हुआ। कुछ समय पश्चात् विश्वामित्र राजा दशरथ के पास आये और उनके यज्ञ के रक्षार्थ राम, लक्ष्मण की याचना की।[1] यह सुनते ही राजा अचेत हो गये परन्तु फिर विश्वामित्र को रूष्ट होते देखकर वशिष्ठ ने राजा को आश्वस्त किया और राम, लक्ष्मण को विश्वामित्र के साथ भेज देने में ही उनका हित समझाया। विश्वामित्र ने राम, लक्ष्मण को सरयू तट पर बला और अतिबला ये दो विद्याएं दी। इस प्रकार मार्ग में आगे बढ़ते हुए विश्वामित्र के साथ दोनों भाईयों ने 'ताड़का' को आक्रमण करने की मुद्रा में देखा। राम ने देश हित तथा महात्मा की सन्तुष्टि के लिए उसका वध किया। विश्वामित्र ने प्रसन्न होकर अनेक शस्त्रास्त्र राम को दिये तथा उन अस्त्रों के उपसंहार का उपदेश भी दिया। सिद्धाश्रम पहुँचकर दोनों भाई यज्ञ की रक्षा करने लगे। मारीच को बाण द्वारा समुद्र तट पर पहुँचाया तथा सुबाहु आदि राक्षसों का संहार किया। उधर दूसरी और राजा जनक की मिथिला नगरी में यज्ञ हो रहा था।

विश्वामित्र वहां जाने के लिए प्रस्तुत हुए और मार्ग में अपने पूर्वजों का वृतान्त सुनाकर गंगा नदी के आगमन का वर्णन किया। तदनंतर अहिल्या का पूर्व वृत्तान्त कह कर विश्वामित्र ने अपने और वशिष्ठ के पूर्व संघर्ष का उल्लेख किया।

मिथिला पहुँचने पर धनुर्भंग एवं चारों भाईयों का विवाह उत्सव सम्पन्न हआ। विवाह के पश्चात् विश्वामित्र उत्तर पर्वत की ओर चले गये और राजा दशरथ अयोध्या की ओर लौटे। मार्ग में ही रोषित परशुराम से भेंट हुई, जोकि अन्त में राम से प्रभावित हुए। अपना वैष्णव धनुष देकर महेन्द्र पर्वत को चले गये। इसके पश्चात् कुशलता पूर्वक राजा दशरथ ने अयोध्या में प्रवेश किया।[2]

2. अयोध्याकाण्ड

इसके पश्चात् भरत शत्रुघ्न सहित अपने मामा अश्वपति नरेश के पास चले जाते हैं। इसी बीच दशरथ राम का राज्याभिषेक करने की इच्छा से सभा को बुलाते हैं। सभा में उपस्थित सभी सभ्यगण राम के राज्याभिषेक का अनुमोदन करते हैं। तथा राम के गुणों का उल्लेख करते हैं। राम का राज्याभिषेक निश्चित हो जाता है। गुरु वशिष्ठ से आदिष्ट सभी आयोजन सम्पन्न होते हैं। राम के राज परिषद में आने पर दशरथ उनको राजनीति का उपदेश देते हैं। माता कौशल्या तथा समस्त जनता इस समाचार को सुनकर हर्षोल्लासित होती है। दशरथ की आज्ञा से वशिष्ट राम के महल में जाकर राम को आवश्यक व्रत पालन का आदेश देते हैं। राम सीता सहित उस व्रत का सम्यक पालन करते हैं। इधर कैकेयी की दासी मंथरा महल की छत से नगरी की सजावट एवं हर्षोल्लास को देखकर उसके कारण की जिज्ञासा व्यक्त करती है। तथा राम के राज्याभिषेक का समाचार को सुनकर मंथरा क्रोध से प्रज्वलित होकर, कैकेयी प्रथम तो इस शुभ समाचार को सुनकर हर्षोतिरेक से उसे अपना आभूषण देकर वरदान देने को भी उद्यत हो जाती है। परन्तु मंथरा क्रोध एवं शोक से आविष्ट होकर कटु व्यंग बाणों की वर्षा कर कैकेयी को अपने कपट–जाल में आविष्ट कर लेती है और कैकेयी तदनुसार क्रोधगार में चली जाती है। कैकेयी को अपने महल में न पाकर दशरथ दुखी होते है और कोप भवन में कैकेयी को सन्तुष्ट करने का प्रयास करते हैं। दशरथ को वचनबद्ध करके उनसे कैकेयी दोनों वरदान मांग लेती है। इन भीषण वरदानों को सुनते ही दशरथ मूर्च्छित हो जाते हैं। और कैकेयी शोकाकुल दशरथ को भी प्रतिज्ञा पालन का महत्व दर्शाती हुई, सत्यवादिता का ध्यान दिलाती रहती है और प्राण त्यागने का भय भी दर्शाती है। प्रातः काल होने पर दशरथ की आज्ञा से सुमन्त्र राम को लाने जाते हैं। राम अंलकृत राजपथ से राजा के समीप जाते हैं और कैकेयी के मुख से उक्त वरदानों को सुनकर अपनी स्वीकृति प्रदान कर कौशल्या के पास जाते हैं।[3] कौशल्या उक्त समाचार को

सुनते ही मूर्च्छित हो जाती है और अत्याधिक शोक करती है। इसी समय लक्ष्मण, दशरथ, भरत, कैकेयी की घोर निन्दा करते अपना उग्र रूप प्रदर्शित करते हैं। और कौशल्या को परितुष्ट करने की चेष्टा करते हैं। परन्तु राम लक्ष्मण को शान्त करते हैं तथा पिता की आज्ञा को सर्वोपरि बताते हैं। विलाप करती हुई कौशल्या भी राम के साथ वन जाना चाहती है परन्तु राम उन्हें पति व्रत धर्म का महत्व बताकर अयोध्या में ही रहने को कहते हैं। कौशल्या से विदा लेकर, सीता द्वारा वन चलने का अनुरोध करने पर राम वन के कष्टों का विवरण देकर उनके वन जाने का प्रतिरोध करते हैं।[4] परन्तु सीता के दृढ़ संकल्पादि को देखकर राम उनको वन ले जाने की स्वीकृति दे देते हैं। उसके बाद लक्ष्मण भी राम से वन चलने की अनुमति ले लेते हैं। आयोध्यावासी भी वन जाने की चर्चा करने लगते हैं। राम निर्विकार रूप से दशरथ के समीप जाते हैं। उस समय अत्यन्त भीषण दृश्य प्रस्तुत होता है। सभी उपस्थित जन, कैकेयी की बुराई करते हैं। दशरथ राम वन गमन की सजधज से तैयारी का आदेश देते हैं। यह सुनकर कैकेयी भयभीत हो उठती है। पर राम साधारण रूप से वन गमन के लिए प्रस्तुत होते हैं। कैकेयी द्वारा दिये गये हुए वल्कल वस्त्रों को तीनों ही धारण करते हैं। सबकी आज्ञा लेकर राम, सीता, लक्ष्मण प्रदक्षिणा कर रथ पर चढ़ते हैं। उस समय अयोध्या में शोक–सागर उद्वेलित हो उठता है। दशरथ कैकेयी का स्पर्श तक करना नहीं चाहते, शोकाकुल दशा में विलाप करती हुई कौशल्या से ही वार्तालाप करते हैं। सुमित्रा कौशल्या को सांत्वना देती है।

अयोध्यावासी तमसा नदी तक राम के पीछे–पीछे पहुँच जाते हैं। राम शीघ्र ही उठकर अयोध्यावासियों को सोता छोड़कर ही सुमन्त्र को रथ आगे बढ़ाने का आदेश देते हैं। अयोध्यावासी राम को ना पाकर, दुखी होकर अयोध्या वापिस लौट आते हैं। इधर राम वेद, श्रुति, स्यन्दिका, गोमती, नदियां पार करके आगे बढ़ते हैं।[5] और गंगा तट पर राम गुह से भेंट करते हैं। लक्ष्मण गुह से वार्तालाप करते हुए सारी रात व्यतीत करते हैं। प्रातःकाल होते ही गंगा पार कर राम लक्ष्मण से वट के दूध से जटा बनाते हैं और सुमन्त्र को संदेश देकर विदा करते हैं तथा स्वयं निर्भयतापूर्वक वन में विहार करते है तथा भरद्वाज के आश्रम पहुँचते है। भरद्वाज मुनि उनका आतिथ्य सत्कार करते हैं। उसके बाद भरद्वाज राम को चित्रकूट पर्वत पर जाने को कहते है तथा राम लक्ष्मण और सीता चित्रकूट पर्वत पर सुखपूर्वक निवास करते है तथा वहां वाल्मीकि मुनि के दर्शन करते हैं। उधर सुमन्त्र को अयोध्या में अकेले प्रवेश करते देख दशरथ, कौशल्या तथा अयोध्यापुर वासी करुण विलाप करते हैं। पुत्र शोक से रोषित कौशल्या दशरथ को कटूक्तियां कहती हैं। इन दारूण वचनों से व्यथित दशरथ कौशल्या के हाथ जोड़कर विलाप करने लगते हैं। यह देख कौशल्या भी अत्यन्त पीड़ित हो रूदन करने लगती है। दशरथ श्रवण कुमार वध का पूर्व वृतान्त

सुनाकर शोकाभिभूत हो उठते हैं और उनकी मृत्यु हो जाती है। सारा रनिवास शोक मग्न हो उठता है। भरत को मामा के घर से बुलाने के लिए दूत कैकय देश जाते हैं। अपशकुनों से आशंकित भरत कैकेयी के सब पूर्व वृतान्त सुनकर क्षुभित होकर कैकेयी की कटु भर्त्सना करते हैं। कौशल्या से वार्तालाप कर अपने निरपराध होने का प्रमाण देते है। तत्पश्चात् वे दशरथ की अन्त्येष्टि क्रिया विधिवत सम्पन्न करते हैं। मन्त्रीगण भरत से राजा बनने का प्रस्ताव करते हैं। पर भरत उसका विरोध कर, राम को वन से लौटाने का निश्चय कर वन में सबके साथ प्रस्थान करते हैं। मार्ग में भरत गुह की भेंट होती है। गुह भरत से रामादि का पूर्व वृतांत सुनाते हैं। तदन्तर प्रयाग पहुंचने पर भरत भरद्वाज से भेंट करते हैं। भरद्वाज सबका अपूर्व अतिथ्य करते हैं। तत्पश्चात् भरत ससैन्य चित्रकूट की ओर रामकूटी का अनुसन्धान करते हुए आगे बढ़ते हैं।[6] दूसरी तरफ भरत की सेना को आता देखकर लक्ष्मण आवेशयुक्त होकर उनका वध तक कर डालने का निश्चय करता है। परन्तु राम उन्हें शान्त करते हैं। भरत रामकूटी तक पैदल जाते हैं। राम भरत का आलिंगन करते हैं तथा उनका विधिपूर्वक अतिथि सत्कार करते हैं तथा कुशल समाचार पूछते हैं। भरत राजा दशरथ की मृत्यु का समाचार सुनाते हैं। यह सुनकर राम, लक्ष्मण और सीता शोक विहबल हो उठते हैं। उसके पश्चात चित्रकूट में सभा आयोजित होती है। राम को अयोध्या लौटने के लिए भरत तरह–तरह के तर्क करते हैं। लेकिन राम जाने से इंकार कर देते है तथा अपनी पादुकाएं देकर भरत को अयोध्या लौटने के लिए कहते हैं। भरत उन पादुकाओं को सिर पर धारण कर नन्दिग्राम आते हैं। राम आश्रमवासी मुनियों को कष्ट में देखकर चित्रकूट से प्रस्थान करते हैं और कुछ दिन अत्रिमुनि के आश्रम में निवास करते है। वहां पर अनुसूया सीता का परस्पर सभाषण होता है जिसमें अनुसूया अपनी जन्म कथा सुनाती है। इस पर प्रसन्न होकर अनुसूया उसे उपहार में वस्त्र आदि देती है। तदन्तर राम राक्षस मय वन में लक्ष्मण तथा सीता सहित प्रवेश करते हैं।[7]

3. अरण्य काण्ड

इस काण्ड में राम दंडक वन में प्रवेश करते हैं। वहां के निवासी ऋषिगण उनका स्वागत करते हैं। वहां उन्हें विराध नामक राक्षस मिलता है। तथा वह सीता को उठा लेता है तथा राम और लक्ष्मण उसे मार कर ज़मीन में गाड़ देते हैं। इसके बाद राम शरभंग, सुतीक्षण आदि ऋर्षियों के आश्रम में जाते हैं तथा वहां राक्षस संहार की रक्षा करते हैं। तथा 10 वर्षों तक उनके साथ निवास करते हैं। उसके बाद राम अगस्त्य ऋषि से भेंट करते हैं। अगस्त्य मुनि उन्हें विष्णु धनुष प्रदान करते है तथा उन्हें पंचवटी पर्वत पर जाने को कहते हैं। पंचवटी में राम को जटायु मिलता है। जटायु

उन्हें अपने वंश के बारे में परिचय देते हैं तथा उनके साथ रहने के लिए आग्रह करते हैं। लक्ष्मण यहां पर पर्णकुटी बनाते है तथा कैकेयी पर दोषारोपण करते हुए लक्ष्मण कैकेयी की कटु आलोचना करते हैं। परन्तु राम लक्ष्मण को ऐसा करने से रोकते हैं। तथा लक्ष्मण को भरत का गुणगान करने का आग्रह करते हैं। पर्णकुटी में सबसे पहली और महत्वपूर्ण घटना वह है। जब शूर्पणखा वहां आती है। और राम और लक्ष्मण को अपनी भ्राया बनाने का आग्रह करते है तथा सीता का वध करने लगती हैं। इस पर लक्ष्मण शूर्पणखा का नाक और कान काट देता है। शूर्पणखा वहां से भागकर अपने भाई खर के पास जाकर आप बीती सुनाती है। इस समाचार को सुनकर खर 14 राक्षस भेजता है जिनका राम तुरन्त वध कर डालते है। यह सुनकर फिर खर स्वयं 14000 राक्षसों की सेना लेकर आता है। सीता तथा लक्ष्मण गुफा में चले जाते हैं। तथा राम दूषण, त्रिशिरा तथा खर का वध करते है। यह दुखद समाचार सुनकर अकम्पन रावण के पास जाता है तथा रावण को सीता हरण के लिए प्रेरित करता है। रावण इस कार्य को करने के लिए मारीच से परामर्श करते हैं तथा सीता हरण का दृढ़ निश्चय कर लेता है। रावण मारीच संवाद भी कई संर्गों में वर्णित है। अततः मारीच अपनी कोई सुरक्षा का उपाय न देख रावण की स्वार्थ सिद्धि के लिए कनक मृग बनकर चल देता है। सीता जब उस हिरण को देखती है, तो उसकी चर्म लाने को राम से प्रार्थना करती है। सीता की प्रार्थना सुनकर राम उसका वध करने के लिए चल देते है तथा उस हिरण को मार देते है मरते समय वह हिरण (मारीच) 'हा लक्ष्मण' पुकारता है। यह सुनकर सीता लक्ष्मण को राम की सुरक्षा के लिए तुरन्त जाने की आज्ञा देती है। परन्तु लक्ष्मण के मना करने पर, सीता अत्यधिक तीक्ष्ण कटु व्यग बाणों से उन्हें आविद्ध कर चल देने के लिए विवश कर देती है।[8] लक्ष्मण के चले जाने के बाद रावण साधु वेश में आता है तथा सीता का हरण करता है। मार्ग में सीता का रोना सुनकर जटायु रावण से युद्ध करता है। और अन्त में मारा जाता है। सीता बन्दरों की ओर अपने आभूषण फेंकती है। रावण सीता को ले जाकर अशोक वन में बन्दी बनाकर रख लेता है। इधर जब राम मारीच को मारकर लौटते हैं और पर्णकूटी में सीता को ना देखकर विलाप करते हैं तथा लक्ष्मण उन्हें धैय बंधाते है। सीता की खोज में गोदावरी तट पर वह भ्रमण करते हैं। मार्ग में उन्हें पुष्प सीता के आभूषण तथा जटायु मिलते है। जटायु राम से रावण द्वारा सीता हरण तथा दक्षिण की ओर गमन का वृतान्त भी बताता है। इसी प्रकार सीतान्वेषण करते समय मार्ग में लक्ष्मण ने अयोमुखी को विरूप किया। कबन्ध का बाहु—विच्छेद किया। कबन्ध ने दिव्य रूप धारण कर सुग्रीव के पास जाने की मन्त्रणा दी। तदउपरान्त

पम्पासर आश्रम में पहुँचने पर शबरी ने राम का स्वागत किया और अन्त में उसका स्वर्ग गमन हुआ। तदउपरान्त पम्पा सरोवर वर्णन तथा राम का हृदयग्राही विलाप भी वर्णित है।[9]

4. कष्किन्धा काण्ड

सीता हरण के पश्चात् घटना क्रम की दृष्टि से यह काण्ड अत्यन्त महत्वपूर्ण है। क्योंकि इस काण्ड में श्रीरामचन्द्र ने एक दक्ष राजनीतिज्ञ की भान्ति समस्त विचारों को सीतोद्धार पर केन्द्रित करके सुग्रीव मैत्री एवं बालि वध, इन दो प्रमुख घटनाओं का प्रतिष्ठापन इस ग्रन्थ में किया गया है। सुग्रीव, राम, लक्ष्मण को देखकर बालि भय से चिन्ताक्रान्त होते हैं। हनुमान भिक्षुक वेश में मिलने आते है और अपनी वाणी द्वारा योग्यता प्रदर्शित करते है। परिचय प्राप्त होने पर दोनों को हनुमान सुग्रीव के पास लाकर अग्नि को साक्षी बनाकर राम तथा सुग्रीव की मित्रता करा देते हैं। सुग्रीव सीता द्वारा फेंके हुए आभूषण एवं वस्त्र राम को दिखाते हैं। राम की मित्रता से सुग्रीव को प्रसन्नता होती है।[10] और राम सुग्रीव को बालि वध का आश्वासन देते है। राम स्वयं भी सुग्रीव से सीतान्वेषण की इच्छा प्रकट करते हैं। सुग्रीव बालि की शक्ति का वर्णन कर राम की शक्ति के प्रति आशंका प्रकट करता है राम सात शाल वृक्षों को एक साथ विद्ध कर उसको आश्वासन देते हैं। सुग्रीव राम से बालि के पूर्व वैर का वृत्तान्त सुनाकर राम का आश्वासन पाकर युद्ध के लिए जाता है। परन्तु प्रथम बार बालि, सुग्रीव को पराजित कर देता है। सुग्रीव को हताश देखकर राम उसके गले में माला डालकर पुनः युद्ध करने के लिए भेजते है तथा स्वयं वृक्ष की ओट में खड़े रहते हैं। सुग्रीव का द्वितीय बार युद्ध का आहवाहन सुनकर बालि पत्नी तारा आशंकित हो बालि को युद्ध में जाने को रोकती है। परन्तु बालि तारा के परामर्श पर ध्यान न देकर युद्ध स्थल में आता है और बाण से धराशायी हो जाता है। बालि राम को छिपकर बाण मारने की कटु आलोचना करता है परन्तु राम उसका नीतिपूर्ण, यथोचित और संतोषजनक उत्तर देते है। जिसे सुनकर बालि राम के प्रति क्षमा की याचना करता है। बालि वध सुनकर तारा अत्यधिक विलाप करती है। सुग्रीव भी बन्धु वध देखकर शोकाकुल हो उठता है और राम उसे सांत्वना देते हैं। तदन्तर बालि के अत्येष्टि संस्कार के पश्चात सुग्रीव को राज्याभिषेक होता है तथा अंगद को युवराज बनाया जाता है।[11]

राम माल्यवान पर्वत पर निवास करते हैं तथा विरह वेदना के कारण वर्षा वर्णन करते हुए विलाप करते हैं। हनुमान की प्रेरणा से विषय–मग्न सुग्रीव भी वानर वीरों को एकत्रित कर सीतान्वेषण की आज्ञा देते हैं। परन्तु राम शरद ऋतु वर्णन करते हुए सुग्रीव को निज कार्य से उदासीन देख प्रचन्ड रोष प्रकट करते हैं। लक्ष्मण भी

उतेजित होकर सुग्रीव को सचेत करके चले जाते है। व्यवहार में कुशल सुग्रीव तारा को लक्ष्मण के पास भेजते है। लक्ष्मण सुग्रीव की प्रतिज्ञा पालन का आदेश देते हैं। तारा लक्ष्मण का क्रोध शान्त करती है। सुग्रीव लक्ष्मण से मिलने आते हैं और वानर वीरों को एकत्रित कर सुग्रीव राम के पास जाते हैं।[12] वानर सेना का निरीक्षण कर सुग्रीव सीता की खोज की योजना बनाकर वानरों की सेना को विभिन्न दिशाओं की ओर भेजते हैं। सीता की खोज ना लगने के कारण सभी वानर हताश होकर मरणान्त तक वहां रहने की ठान लेते हैं। अंगद सुग्रीव के प्रति अपने संशयात्मक भावों को प्रकट करता है। वहीं पर वानरों की संपाती से भेंट होती है और उनमें परस्पर सभाषण भी होता है। संपाती अपने भाई जटायु का वृतान्त सुनकर शोक प्रकट कर श्रद्धांजलि अर्पित कर वानरों को अपनी दूरगामी दृष्टि से सीता का पता बतलाता है। लंका में जाने के लिए सभी वानरों के पराक्रम में हनुमान को ही उपयुक्त माना जाता है तथा हनुमान लंका की ओर प्रस्थान कर देते हैं।

5. सुन्दर काण्ड

श्री राम कथा का सर्वोत्तम काण्ड एवं सुन्दरतम सोपान कार्य दृष्टि, भाव दृष्टि दोनों दृष्टिकोण से ही अप्रियतम है। इस काण्ड का नामकरण ही इस काण्ड की विशेषताओं का प्रतीक है। हनुमान ने सीता को खोजने के लिए दक्षिण दिशा की ओर प्रस्थान किया। हनुमान को उड़ते देख पर्वत निवासी, जीव जन्तु, गन्धर्वादि भयभीत हो उठे। विषधर अपनी रमणीयों सहित अस्त व्यस्त दशा में भाग खड़े हुए। समुद्र का उल्लंघन करते समय हनुमान से मैनाक ने आग्रह किया। हनुमान उसे अपनी पथ बाधा समझ आगे बढ़े। मैनाक द्वारा हनुमान का स्वागत सत्कार देखकर इन्द्र ने मैनाक को अभय दान दिया। देवतागण से प्रेरित सुरसा हनुमद बल की परीक्षा लेने के लिए भयानक रूप धारण कर आगे बढ़ी। उनसे भी हनुमान ने सफलता प्राप्त कर वायु पथ पर आगे बढ़े। तत्पश्चात सागर निवासिनी सिहिंका का वध किया। तथा समुद्रोल्लंघन कर लंका नगरी के तट प्रदेश का दर्शन किया। उस नगरी की चातुर्थपूर्ण व्यवस्था देखकर हनुमान चिंतित होकर विचार करने लगे तथा सायंकाल चन्द्रोदय होते ही गुप्त रूप से उस नगरी में प्रवेश किया तथा वहां लंका की अधिष्ठात्री देवी ने हुनमान को रोका परन्तु उस पर विजय प्राप्त कर लंका में प्रवेश कर लंका के विशाल वैभव पर दृष्टिपात किया।[13]

स्वच्छ ज्योत्सना में लंका निवासियों के विलासितामय जीवन के दर्शन किये। इस प्रकार सभी महलों में परिभ्रमण करते हुए हनुमान ने रावण के विशाल वैभव सजधज सम्पन्न महल के दर्शन किये। सुप्त नारियों में मन्दोदरी को सीता मानकर चिन्तित हुए। परंतु यह भ्रान्ति शीघ्र ही दूर हो गई। सीता दर्शन न पाकर हनुमान

चिन्तित हो उठे तथा उन्हें इधर–उधर खोजने लगे तथा वृक्षों से पूर्ण अशोक वाटिका में सर्वत्र खोजने पर एक महान प्रासाद में शोकाकुल सीता के दर्शन पाकर आनन्दित हो उठे।

प्रातः बेला होने ही रावण अनेक रमणियों को साथ लेकर सीता के समीप आता है। हनुमान ने छिपकर रावण, सीता की बात सुनी। क्रोधविष्ट रावण सीता के साथ दमन नीति का प्रयोग करता है। गंधर्व कन्याएं सीता को सांत्वना देती हैं। रावण कुरूपा राक्षसियों को सीता के पास नियुक्त करता है। वे सभी रावण के प्रस्थान करते ही सीता को रावण पत्नी बनने का उपदेश देती है। परन्तु सीता राम के प्रति अपना अटल प्रेम दर्शाती है। त्रिजटा राम का अभ्युदय तथा रावण का अधःपतन सूचक स्वप्न सुनाती है। सीता को शुभ शगुन होते हैं। शोकावेग से पीड़ित सीता प्राण–त्याग करने को उद्यत हो जाती है। राम के विषय में भी आशंकित हो उठती है। परन्तु शकुन देख सीता को कुछ धैर्य होता है। हनुमान ने सीता के सामने संक्षिप्त से सब पूर्व घटनाओं का वर्णन किया, परंतु सीता सहसा उस पर विश्वास ना कर हनुमान को रावण समझती है। परतु जब हनुमान ने मुद्रिका दिखाई, फिर सीता विश्वस्त होकर हनुमान से राम तथा लक्ष्मण के वृतान्त सुनने लगी। हनुमान ने सीता को आश्वासन दे प्रस्थान किया तथा उपवन ध्वस्त करना प्रारम्भ किया। यह देखकर राक्षसियां हनुमान के विषय में सीता से प्रश्न करती है, परंतु सीता उन्हें वेशधरी राक्षस ही बताती है।[14] राक्षसियां इसकी सूचना तुरन्त रावण को देती है। क्रोधित होकर रावण ने क्रमशः किंकर, प्रहस्त–पुत्र , जम्बूमाली, अमात्य–पुत्र दुर्धर, विरुपाक्ष, यूपाक्ष, प्रधस, भासकर्ण तथा अक्षय कुमार को भेजा और सभी का हनुमान ने वध किया। अन्तः इन्द्रजीत मेघनाद का हनुमान से युद्ध हुआ तथा ब्रह्मास्त्र से बन्ध कर रावण के सामने लाये गये। हनुमान ने रावण को समझाने की आज्ञा दी परन्तु रावण ने उन्हें मृत्यु दण्ड की आज्ञा दी। विभीषण ने दूतवध का अनौचित्य दर्शाकर रावण को समझाने की चेष्टा की। परन्तु हनुमान ने पूँछ जलाने की बात सुन कोई विरोध प्रकट नहीं किया। क्योंकि वे दिन के प्रकाश में समस्त लंकावलोकन करना चाहते थे।

यह समाचार सुन सीता अग्नि से अग्नि में शीतलता उत्पन्न करने की प्रार्थना करती है। समस्त लंका को जलता देख हनुमान के मन में सीता के भी दग्ध हो जाने की आशंका हुई। परन्तु शीघ्र ही सीता को सकुशल देख उन्हें शान्ति मिलती है। तथा सीता के पुनः दर्शन कर, हनुमान वहां से प्रस्थान करते हैं। आकाश मार्ग से प्रत्यागमन कर हनुमान अपने प्रिय मित्र वानर गण से मिले और समस्त वृतान्त सुनाया। इस पर विचार विनिमय करते समय अंगद ने सीता मुक्ति का गर्वयुक्त प्रस्ताव रखा। परन्तु जामवन्त ने इसका विरोध किया। मधुवन पहुँचकर हर्ष से युक्त

वानर गणों ने उत्पात मचाया। जिसकी सूचना दधिमुखादि प्रमुख रक्षकों ने सुग्रीव को दी। सभी वानर राम और सुग्रीव से मिले। हनुमान ने सीता के साथ किये हुए काक वृन्तान्तादि वार्त्तालाप राम को श्रवणगत कराया।[15]

6. युद्धकाण्ड

रामायण के क्रियात्मक विकास में लंका काण्ड का विशिष्ट महत्व है। घटनाओं का प्राबल्य, वीरता एवं तेजस्विता के प्रदर्शन, पात्रों के अद्‌भुत पराक्रम का निदर्शन, रण चातुरी के विभिन्न रूप, वीर, रौद्र, भयानक, वीभत्स एवं अद्‌भुत आदि रसों का सम्यक निरूपण इस काण्ड में दर्शनीय है।

श्री राम का प्रत्याशित कार्य कर हनुमान के आने पर राम ने भूरि–भूरि प्रशंसा की तथा सीता प्राप्ति के लिए व्यग्र हो उठे। इस लक्ष्य की पूर्ति में महान बाधक समुद्रोल्लघंन का विचार करते ही सभी निरूपाय से होकर हतोत्साह हो उठे। सुग्रीव द्वारा साहस बंधाये जाने पर राम को प्रोत्साहन प्राप्त हुआ और वे हनुमान से लंका का गुप्त भेद पूछने लगे। अपने विपक्षी की सेना, दुर्ग, नगर सम्बन्धी तथा अन्य विवरणों का ज्ञान होते ही राम ने विजय मुर्हुत में अपनी समस्त सेना के साथ प्रस्थान कर दिया। महेन्द्राचल पर्वत पर पहुँचकर सागर का दर्शन किया। 'उधर प्रतिपक्षी रावण हनुमान द्वारा सीतान्वेषण प्राप्ति तथा लंका विध्वंस की घटनाओं का समरण कर संशक्ति होकर मन्त्रियों के साथ मंत्रणा करने लगा। सेनापति प्रहस्त, दुर्मुख, बज्रंदष्ट्रादि प्रमुख योद्धाओं ने रावण की चाटुकारिता करते हुए उसे युद्ध में निश्चित विजय का आश्वासन देकर, युद्ध की ओर प्रेरित किया। परन्तु उसी समय विभीषण ने अन्य मन्त्रणाओं का खण्डन कर, राम के साथ निरर्थक बैर न करके सीता को लौटा देने का परामर्श दिया। रावण ने प्रथमतः मौन रूप से उसका परार्मश सुनकर सभा विसर्जित कर दी। परन्तु पुनः वही मंत्रणा विभीषण के मुख से सुनकर मेघनाद, प्रहस्त आदि ने विभीषण का विरोध कर अपने शौर्य कथन द्वारा रावण को प्रोत्साहित किया। रावण ने भी अन्ततः विभीषण की कटूक्तियों को तिरस्कृत कर उसकी मन्त्रणा की नितान्त अवेहलना की। रावण को सचेत कर दिव्य भूषण भूषित विभीषण चार राक्षसों सहित गगन मार्ग से राम के समीप आ गये। सम्यक परीक्षा के अनतंर राम ने उनसे मैत्री कर दृढ़तम सम्बन्ध स्थापित कर लिया।[16] विभीषण से रावण सैन्य दल बल का व्यापक विवरण ज्ञात कर विभीषण की मंत्रणानुसार राम समुद्र की शरण में गये और सागर तट पर कुशासीन हो गये। उधर राक्षसराज रावण के शार्दूल नामक राक्षस ने निरीक्षण के पश्चात सुग्रीव पालित वाहिनी के बलाबल का ज्ञान कराया। रावण ने पुनः शुक नामक दूत द्वारा सैन्य संचालन सुग्रीव के पास अपना संदेश भेजा। परन्तु सुग्रीव ने उसका कटु प्रतिरोध किया। साथ ही राम सेना ने उसे अनेक

प्रकार से दण्डित किया। परन्तु आर्तरक्षक राम ने उसे मुक्त कर दिया। राम तीन दिन तक समुद्रतट पर रहे परन्तु कोई आशा जनक परिणाम न देखकर रूद्र रूप हो गये। इस रौद्र रूप से आंतकित एवं क्षुब्ध सागर ने स्वयं प्रकट होकर राम को अपने उल्लंघन का मार्ग निर्दिष्ट किया। नल के निर्माण कौशल एवं सैन्य सहयोग से सेतू बन्धन का कार्य सम्पन्न हो गया तथा समस्त सेना समुद्र के दक्षिणी तट पर पहुँच गई। इस दुष्कर कार्य को देख सिद्ध चारण सहित देवगण ने भी राम का पवित्र जलों से अभिषेक किया। अनुकूल समय देख राम ने गर्जते हुए वानरों सहित लंका की ओर पाण किया। सेतु बन्धन का समाचार सुन रावण अत्यन्त चिंताजनक हो उठे और शुक सारण को राम का सैन्य बल देखने के लिए भेजा। परन्तु वानर रूप धरी उन राक्षसदूतों को विभीषण ने पहचान कर, उन्हें पकड़ लिया। परन्तु उदार हृदय राम ने उन्हें अपने सैन्य बल के निरीक्षण की आज्ञा देकर रावण को निज बल प्रदर्शन के लिए ललकारा। इन दूतों ने रावण से जाकर राम की सेना एवं राम बल का व्यापक परिचय कराकर सीता प्रदान कर युद्ध शमन की ही मन्त्रणा दी। परन्तु रावण ने पुनः विपक्ष सैन्य निरिक्षणार्थ चरों को नियुक्त किया। उन चरों से राम को लंका के समीप सुबेल पर्वत पर आया हुआ सुनकर रावण ने मायावी मन्त्रणाओं को क्रियाशील रूप देने का निश्चय किया। विद्युज्जिह्व नामक राक्षस से राम का मायामय सिर बनाकर सीता को राम के निधन का समाचार सुनाकर अपने वंश में करना चाहा।[17]

करूण क्रन्दन करती हुई सीता को 'सरमा' नामक राक्षसी ने आश्वासन दिया और सत्य वस्तुस्थिति अवगत कराई। इसी मध्य राम युद्ध के लिए उद्यत हुए रणभेरियों का नाद सुनकर रावण की माता एवं पितामह माल्यवन्त ने रावण को युद्ध न करना तथा राम से सन्धि करने की मन्त्रणा दी। परन्तु रावण ने उसकी भी पूर्णत अवेहलना ही की। उधर राम ने विभीषण द्वारा लंका तथा विभिन्न सैन्य दलों का परिचय प्राप्त किया तथा सुबेल पर्वत से लंका के वैभव का निरीक्षण किया। सुग्रीव ने आकस्मिक एकांकी आक्रमण कर दिया तथा रावण से एकाकी ही द्वन्द्व युद्ध करके सकुशल लौट आए तदनुपरांत युद्ध प्रारम्भ हो गया। मेघनाद ने अपने मायावी युद्ध में राम को मूर्छित एवं समस्त सेना को क्षत विक्षत कर डाला। दोनों भाइयों को नाग पाश में आबद्ध कर लिया। रावण ने विमानासीन करा सीता को राम और लक्ष्मण की मृतप्राय दशा दिखाई। विलाप करती हुई सीता त्रिजटा के वचनों द्वारा आश्वस्त हुई। उधर गरूड़ ने आकर नागपाश बद्ध राम और लक्ष्मण को मुक्त कर क्षुब्ध वानरों को शान्त किया।

तदनतर दोनों पक्षों की ओर से घनघोर युद्ध में असंख्य बली राक्षसों का संहार हुआ। महावीर हनुमान ने धूम्राक्ष एवं अकम्पन का वध किया तथा पराक्रमी अंगद ने

सेनाध्यक्ष बज्रदंष्ट्रा का तथा नील ने प्रधान सेनापति प्रहस्त का वध किया। वीर सेनापतियों की मृत्यु से प्रताड़ित रावण युद्ध प्रांगण में बल वेग से उपस्थित हुआ और लक्ष्मण पर ब्रह्म शक्ति से प्रहार किया। लक्ष्मण को आहत देख राम रावण से युद्ध करने लगे। रावण बाणाहत होकर पराजित होने से लज्जित होकर लंका की ओर चला गया। राम के अमोध बाणों के स्मरण मात्र से प्रकम्पित रावण ब्रह्मा के वाक्य एवं वेदवती श्राप का स्मरण करने लगा। तदुपरान्त राम द्वारा कुम्भकर्ण वध होने पर रावण शोक सतंप्त होने के कारण मूर्छित हो गया। अपने पिता को आश्वासन देकर परम मायावी रण निपूण एवं दुर्भद रावण के सभी पुत्र युद्ध क्षेत्र को चले गये। देवविजयों नरान्तक का अंगद ने, देवान्तक एवं त्रिशिरा का हनुमान ने पितृव्य का नल ने तथा रावण के कनिष्ठ भ्राता महापार्श्व का वानर श्रेष्ठ ऋषभ ने वध किया।[18]

अपने परम बलवान भाइयों एवं पुत्रों के निधन से महाबलाढ़य रावण भी विचलित हो उठा। तब इन्द्रविजयी मेघनाद ने युद्ध की ओर प्रयाण किया और भयंकर युद्ध में लक्ष्मण को ब्रह्मास्त्र से मूर्च्छित कर दिया। तीव्रातितीव्रगामी हनुमान जामवन्त की आज्ञानुसार औषाधि युक्त हिमवान गिरि को लाकर सभी को संज्ञायुक्त कर दिया। सुग्रीव से आज्ञा पाकर सभी वानरों ने लंका में अग्निदाह कर दिया। लंकादहन के पश्चात पुनः वानरों और राक्षसों का भीषण युद्ध हुआ। सुग्रीव द्वारा कुम्भ तथा हनुमान द्वारा निकुम्भ की मृत्यु हुई। मकराक्ष से राम का घोर युद्ध हुआ तथा उसको परमगति प्राप्त हुई। इन्द्रजीत द्वारा कल्पित सीता का अवसान दिखाया गया। परन्तु विभीषण द्वारा शोक सन्तप्त राम आश्वस्त हुए। निकुम्भ नामक देवालय में मेघनाद यज्ञ करने लगा। विभीषण द्वारा उस यज्ञ में विघ्न डाला गया। हनुमान इन्द्रजीत का शस्त्र युद्ध हुआ तथा विभीषण से वाग्युद्ध। लक्ष्मण ने उसका वध किया। उसकी मृत्यु पर रावण ने अत्याधिक करुण क्रन्दन किया। अंततः नायक प्रतिनायक का समरांगण में घनघोर युद्ध होने लगा। रावण के शस्त्र से लक्ष्मण मूर्च्छित हो गये। सुषेण ने उन्हें पुनः स्वास्थ्य लाभ कराया। युद्ध भूमि में राक्षस राज रावण भी मूर्च्छित हो गये। इधर अगस्त्य ऋषि द्वारा 'आदित्य हृदय' का उपदेश सुनकर एवं इन्द्र रथ की प्राप्ति कर राम ने घोर युद्ध के पश्चात उसकी इह लीला समाप्त कर दी। विभीषण ने अपने भ्रातृ निधन पर अत्यधिक शोक प्रकट किया। रावण के वध के बाद विभीषण का राज्य तिलक कराया गया। हनुमान ने सीता से राम की विजय का वृतान्त सुनाया। राम ने सीता के आने की आज्ञा दी परन्तु पार्श्व में स्थित सीता को देखकर राम ने अपने अन्तकरण का संशय प्रकट किया और सीता के प्रति अनेक कटूक्तियां व्यक्त की।[19]

राम के पुरुष वचनों को सुनकर सीता ने लक्ष्मण द्वारा चिता रचवाकर, उसमें प्रवेश कर अपनी अनन्य निष्ठा व शुद्धाचरण का प्रत्यक्ष प्रमाण अग्नि को साक्षी देकर दिया। तदुपरान्त राम ने विभीषण से आज्ञा लेकर सुसज्जित, पुष्पक विमान पर अपने इष्ट मित्रों सहित अयोध्या की ओर प्रस्थान किया, मार्ग में सीता को रणस्थलों का निरीक्षण कराते हुए राम भरद्वाज मुनि के आश्रम में पधारे। हनुमान द्वारा राम का प्रत्यावर्तन का समाचार सुनते ही भरत हर्षोतिरेक से प्रेमातुर हो गये। राम के अयोध्यागमन पर पुरवासियों ने घी के दिये जलाए तथा राम का राज्याभिषेक का समारोह सम्पन्न हुआ।

7. उत्तर काण्ड

राम के राज्य सिहासनासीन होने के पश्चात चतुर्दिक निवासी महर्षियों का आगमन हुआ। राम द्वारा पूजित ऋषियों ने राम की तथा इन्द्रजीत की प्रशंसा की। इस विषय पर राम के उत्सुक्ता प्रकट करने पर अगस्त्य जी ने रावण के पितामह पुलस्त्य जी की कथा एवं वंश परम्परा का वर्णन कर उनके पूर्व इतिहास को अवगत कराया। जिसे रावण के दिग्विजयी होने का पूर्ण प्रमाण प्राप्त हुआ। रावण की विजय प्राप्ति के साथ ही साथ पराजय का भी इतिहास अगस्त्य जी ने सुनाया। महर्षि ने हनुमान जन्म कथा का वृतान्त भी राम को सुनाया। राज्याभिषेक के अनन्तर ऋषियों के प्रस्थान करते समय राम ने उन महर्षियों से यज्ञ में सम्मिलित होने की प्रार्थना की महर्षियों के पश्चात नृपगणों को विदा कर, वानर यूथपतियों एवं सुग्रीव, विभीषणादि को उनके निवास स्थानों की ओर प्रेषित किया। राज्य कार्य में संलग्न राम कर्तव्य क्षेत्र में भरत के साथ राज्य व्यवस्था पर चर्चा करते रहे तथा साथ ही भाव क्षेत्र में सीता के साथ वन विहार भी करते रहे, इसी मध्य लोकापवाद के भय से राम ने सीता के परित्याग हेतु लक्ष्मण को आदेश दिया तथा लक्ष्मण सीता को महर्षि वाल्मीकि के आश्रम के समीप छोड़कर अयोध्या लौट आये और शोक विघ्वल राम को आश्वस्त किया।[20]

यमुनातटवासी महर्षियों ने राम के समीप आकर मधु का वृतान्त सुनाया तथा लवणासुर के अत्याचारों का निरूपण करते हुए राम से स्वरक्षार्थ प्रार्थना की। राम ने प्रतिज्ञाबद्ध होकर शत्रुघ्न को लवणासुर वध के लिए नियुक्त किया। युद्ध सम्बन्धी समस्त आदेश राम से प्राप्त कर शत्रुघ्न ने रण यात्रा हेतु प्रस्थान किया। मार्ग में वाल्मीकि के आश्रय में निवास किया, उसी समय सीता ने दो राजकुमारों को जन्म दिया। वहां से चलकर शत्रुघ्न च्यवन ऋषि से लवणासुर का पूर्व वृतान्त जानकर परस्पर युद्ध में तत्पर हुए। उसका वध करने के उपलक्ष्य में शत्रुघ्न को देवों की वरदान स्वरूपी मथुरा नगरी बसाने का सौभाग्य प्राप्त हुआ। वहां 12 वर्ष निवास

करने के पश्चात पुनः अयोध्या की ओर उन्होंने प्रस्थान किया। मार्ग में पुनः वाल्मीकि आश्रम में रूक कर लव और कुश द्वारा सुमधुर रामायण गान श्रवण किया। अयोध्या पहुंचने के सात दिवस पश्चात ही वे पुनः मथुरा चले गये।

राम के राज्य में एक ब्राह्मण पुत्र की मृत्यु हो जाने के कारण ब्राह्मण ने राज्य में अधर्म होने की शंका प्रकट की। उसका कारण जानने की प्रेरणा वश राम ने मंत्री सभा का अधिवेशन बुला कर परार्मश लिया। उसके कारण स्वरूप शूद्र शम्बूक का राम ने वधकर देवों से वर मांग कर मृत ब्राह्मण कुमार को जीवित किया। मार्ग में अगस्त्य ऋर्षि ने राम से एक आभूषण प्राप्ति की। अयोध्या लौट कर राम ने भरत से राजसू यज्ञ का प्रस्ताव रखा परन्तु उसे महा अनर्थकारी जानकर स्थगित कर दिया।

लक्ष्मण ने अश्वमेघ यज्ञ को प्रस्तावित करते समय वृतासुर वध का उपाख्यान राम को सुनाया। राम ने प्रसंग वश राजा इल का अदभुत वृतान्त सुनाया। तदन्तर कश्यपादि ऋषियों से परामर्श एवं अनुमति लेकर राम ने यज्ञानुष्ठान किया। जिसमें महर्षि वाल्मीकि जी भी लव–कुश और सीता सहित पधारे। वाल्मीकि द्वारा उपदिष्ठ विधान से लव–कुश ने यज्ञशाला में राम चरित्र का गान किया। जिसे सुनकर सभी आश्चर्या चकित हो गये।[21]

राम ने अपने पुत्रों को पहचान कर सीता सहित वाल्मीकि के आगमनार्द निमन्त्रण भेजा। वाल्मीकि के साथ यज्ञशाला में सीता के उपस्थित होने पर महर्षि ने सीता की निष्कंलकता के विषय में प्रभावशाली भाषण दिया। राम ने स्वयं सीता के निष्कंलक होने का समर्थन किया और सीता से भी इस विषय में प्रश्न पूछे। प्रत्युत्त देते–देते सीता अपनी मां पृथ्वी में ही समाहित हो गई। यह हृदय विदारक दृश्य देख राम शोकान्वित हो क्षुभित हो उठे। ब्रह्मा ने उन्हें आश्वस्त किया।

अश्वमेघ की समाप्ति के पश्चात राम की तीनों माताओं का स्वर्गवास हो गया। सभी भाईयों एवं उनके पुत्रों को यथानुकूल देशों के राज्यधिकारी बनाने का प्रबन्ध किया गया।

श्री राम एवं मुनि वेषधारी काल से गुप्त वार्तालाप होते समय दुर्वासा का आगमन हुआ। उसी समय दुर्वासा शाप के भय से त्रासित हो उठा तथा लक्ष्मण ने रामाज्ञा के विरूद्ध राम से दुर्वासा गमन की सूचना दे दी तथा राम ने उसे बिना दण्ड दिये छोड़ दिया। लक्ष्मण सरयू तट पर योगाभ्यास कर सशरीर दिवगंत हुए। सभी भ्रातागण अपने–अपने पुत्रों का राज्याभिषेक कर राम के साथ महाप्रस्थान के लिए तत्पर हो गये। वर प्राप्त विभीषण, भक्ति प्रचार हेतु, हनुमान कलियुग प्रवृत होने तक एवं जामवन्त को छोड़कर अन्य सभी वानरगण भी राम के साथ सरयू तट

पर पहुँच गये। वहां से ब्रह्मा जी द्वारा लाये हुए, सौ करोड़ विमानों पर आसीन होकर यथोचित लोकों में सबने गमन किया।[22]

पात्र चित्रण

रामायण भारतीय संस्कृति का मूल काव्य है। इस काव्य में अनेक पात्र है। वाल्मीकि के अनुसार रामायण में पात्रों की संख्या 600 से अधिक है। ये सभी पात्र समाज के सभी वर्गों से सम्बन्ध रखने वाले हैं। इन सब पात्रों का विविध महत्व है और इस महत्व का प्रतिपादन रामायण में हुआ है। पात्र कथा या आख्यान का घटक होते हैं। पात्रों के अभाव में ना तो घटनाओं की सृष्टि हो सकती है और न उनके अभाव में किसी प्रयोजन की सिद्धि ही संभव है। कथा या आख्यान के सजीव तत्व पात्र ही होते हैं तथा ये पात्र ही घटनाओं को आकार–प्रकार प्रदान करते हैं। इन्हीं के आधार पर जीवन की सजीव व्याख्या संभव है और यह ही कथा या आख्यान के मूल आधार होते हैं।

किसी रचना की सृष्टि करते समय उरामें पात्रों की परिकल्पना की जाती है। पात्रों के अभाव में रचना निर्जीव है। कथानक या आख्यान के सजीव घटक पात्र ही होते है।[23] तथा इनके निर्माण द्वारा ही रचनाकार अपने प्रयोजन एवं उद्देश्य को अभिव्यक्त कर पाता है। पात्र की सृष्टि में पात्र का व्यक्तित्व प्रस्तुत करना पड़ता है। उसका चरित्र बताना पड़ता है। अतः पात्र की परिकल्पना पात्र के चरित्र के आधार पर ही की जा सकती है। पात्र की पहचान पात्र के स्वभाव एवं उसके चरित्र के आधार पर होती है। चरित्र पात्र के अन्तःकरण की मूल प्रवृति को कहा जा सकता है। क्योंकि यह वह प्रवृति है, जिसके आधार पर पात्र का ज्ञान, कार्य, साधना, उद्देश्य, तत्परता, व्यवहार आदि का ज्ञान होता है। पात्र के व्यक्तित्व की अभिव्यक्ति उसके चरित्र द्वारा अभिव्यक्त होती है। चरित्र की परिभाषा अनेक विद्वानों ने की है। डॉ. रोबक ने लिखा है–चरित्र व्यक्ति के व्यक्तित्व का वह भाग है, जो व्यक्ति की शारीरिक क्षमता, समझने की क्षमता, प्रभाव डालने की क्षमता के बाद भी शेष रह जाती है। चरित्र में उन सभी गुणों का समावेश होता है, जो पात्र के व्यवहार में निहित रहता है और फिर भी चरित्र बहुत हद तक बुद्धि पर निर्भर है।[24] और वह स्वभाव के आधार पर जाना जाता है या कम से कम उसका सम्बन्ध स्वभाव से माना जाता है।

कवि की पात्र परिकल्पना का ज्ञान, उसके द्वारा रचित चरित्रों के आधार पर होता है। पात्रों की सृष्टि करते समय, रचनाकार उसका चरित्र विधान करता जाता है और उसी में उसका प्रयोजन एवं उद्देश्य व्यक्त होता रहता है। पात्रों की सृष्टि में कवि की पात्र परिकल्पना कार्य करती रहती है। और इस पात्र परिकल्पना का बोध पात्र के चरित्र–चित्रण द्वारा होता है। अतः पात्रों का वर्गीकरण प्रस्तुत करते

समय पात्रों के चरित्र को ध्यान में रखना आवश्यक हो जाता है।[25] वाल्मीकि कृत रामायण में सामान्य पात्रों की संख्या 52 है। जो इस प्रकार से है। 1. राम 2. रावण 3. लक्ष्मण 4. भरत 5. हनुमान 6. दशरथ 7. विभीषण 8. सुग्रीव 9. सीता 10. कौशल्या 11. कैकेयी 12. शत्रुघ्न 13. सुमित्रा 14. उर्मिला 15. माण्डवी 16. श्रुतिकीर्ति 17. जनक 18. वशिष्ठ 19. मंथरा 20. विश्वामित्र 21. सुमन्त्र 22. गुह 23. वामदेव 24. अत्रि 25. अनूसूआ 26. शूर्पणखा 27. जटायु 28. शबरी 29. बालि 30. कुम्भकर्ण 31. भरद्वाज 32. जावलि 33. वाल्मीकि 34. अहल्या 35. ताड़का 36. सुबाहु 37. मारीच 38. अंगद 39. तारा 40. जाम्वन्त 41. नील 42. नल 43. मेघनाद 44. अकम्पन 45. खर 46. दूषण 47. प्रहस्त 48. विराध 49. शरभंग 50. सुदीक्ष्ण 51. कबन्ध 52. अगस्त्य। इन 52 पात्रों को दो भागों में बांटा गया है (1) प्रमुख पात्र (2) गौण पात्र।

रामायण में प्रमुख पात्र देर तक छाए रहे हैं। उनकी भूमिका लम्बी है, तथा वे प्रत्यक्ष एवं अप्रत्यक्ष एवं अप्रत्यक्ष रूप से अपनी उपस्थिति का ज्ञान कराते रहे हैं रामायण के विकास में प्रमुख पात्रों की भूमिका महत्वपूर्ण है। रामायण का परियोजन एवं लक्ष्य, इन पात्रों की भूमिका पर ही निर्भर है। और अधिकांश घटनाएं, इन पात्रों से सीधा सम्बन्ध रखने वाली हैं। इसलिए इनकी भूमिकाओं में सघनता और विविधता होती है।[26]

इसके विपरीत गौण पात्रों का आगमन रामायण में अल्पकाल के लिए है कभी–कभी तो उनकी एक झलक मात्र ही दिखलाई दी है और उनकी उपस्थिति एवं अस्तित्व का पूर्ण आभास तक नहीं हुआ।

वाल्मीकि ने रामायण के कार्य की सिद्धि एवं कथा विकास में अपना महत्वपूर्ण योगदान देने वाले तथा कथा की काल सीमा में लम्बी अवधि तक छाए रहने वाले सामान्य पात्रों में निम्नलिखित पात्र वाल्मीकि ने निर्विवाद रूप से प्रमुख माने हैं। राम, लक्ष्मण, भरत, सीता, हनुमान, विभीषण, रावण इनके अतिरिक्त निम्नलिखित पात्रों को भी प्रमुख पात्रों के अन्तर्गत माना है। दशरथ, कौशल्या, कैकेयी, सुग्रीव ये चारों पात्र में रामायण में अधिक काल तक छाए रहते है। एक बार जब इनका प्रवेश कथा में हो जाता है। तो फिर अन्त तक ये अपने अस्तित्व का ज्ञान कराते ही रहते हैं। दशरथ व्यक्तिगत रूप में अयोध्याकाण्ड के बाद दिखलाई नहीं देते। दशरथ की मृत्यु अयोध्याकाण्ड में ही हो जाती है। फिर भी उनके व्यक्तित्व की विद्यमानता पूरी रामायण में समय–समय पर व्यक्त होती रहती है। कौशल्या, कैकेयी और सुग्रीव प्रकाश में आने पर अन्त तक बने रहते हैं। अतः इन चारों पात्रों को भी प्रमुख पात्रों के अन्तर्गत रखा है। शेष सभी पात्र, गौण श्रेणी के है[27] इस प्रकार वाल्मीकि ने सामान्य 52 पात्रों में से 11 पात्रों की प्रमुख पात्रों की श्रेणी तथा 41 पात्रों को गौण श्रेणी में रखा है।

अंलकार प्रयोग

अंलकार और छंद भाषा के विशिष्ट रमणीय अवयव है। अतः काव्य भाषा में उन्हें विशेष गौरव प्राप्त है। भाव के अनुरूप भाषा का विधान होता है। मन की विभिन्न परिस्थितियों में अभिव्यक्त भाव तदनुरूप आकार ग्रहण करने की चेष्टा में अनेकानेक छन्दों और अलंकारों को जन्म देते हैं। उनसे अभिव्यक्ति में स्पष्टता उत्पन्न होती है। भाषा का सौन्दर्य विकसित होता है। वक्ता तथा श्रोता दोनों का ही मनोविनोद भी होता है अथवा मानसिक सुख मिलता है। छंद शास्त्रियों ने विविध भावों और मनस्थितियों के पृथक–पृथक छंद निश्चित किये हैं। इसी प्रकार मन के उल्लास और अवसाद, चांचल्य और चिन्तन के अनुकूल अलंकारों की सृष्टि भी होती है। अतः अलंकारों का इतिहास भी उतना ही पुराना है, जितना कि भाषा का इतिहास। यदि वेद को मनुष्य की रमणीय वाणी का प्रारम्भिक सोपान मानकर चलें, तो उसमें भी परवर्ती साहित्य के समान ही काव्य शैली के अनेक अवयव देखे जा सकते हैं। वैदिक छंद की लौकिक साहित्य के छन्दों के जन्मदाता थे। उसी प्रकार अलंकारों का उद्भव हमें ऋग्वेद में स्पष्ट दिखाई पड़ता है। अपनी आंतरिक भावनाओं का सादृश्य प्रकृति में और प्राकृतिक सुषमा एवं क्रियाओं का सादृश्य अपने जीवन में मानव ने, ऋषियों ने, उस आदियुग में ही अनुभव कर लिया था। जहां से भारतीय साहित्य और संस्कृति की गंगा प्रवाहित हुई है। उपमा, रूपक आदि सादृश्य मूलक और यमक, वक्रोक्ति आदि शब्द वैचित्र्यमूलक अंलकार अत्यंत प्राचीन हैं। अंलकार वाङ्मय के जनक हैं। अन्तर यही है कि 'अलंकार' शब्द की उत्पति तथा अंलकार के रूप में उन वाणी वैचित्र्यमूलक का नामकरण और पहचान उस काल में नहीं हुई थी। वे प्रारम्भ में व्याकरण के अन्तर्गत ही रहे।[28]

आदिकवि वाल्मीकि मूलभूत अंलकारों से परिचित अवश्य थे। उनके अंलकार यदपि सदा सहज और शोभा कर रहे हैं, परन्तु यत्रातत्र प्रयत्न भी लक्षित होता है। आदिकवि के रूप में रामायण काव्यशैली के समस्त अवयवों का–छंद, अलंकार, रीति, वृति आदि उत्स सर्वसम्मति रूप से स्वीकार किया जाता है। अतः उसमें कहीं–कहीं रचना विषयक प्रयत्न का होना भी स्वाभाविक है। रामायण में समस्त अलंकारों का विवेचन अधिक प्रयत्नसाध्य है। रामायण में बाह्यपक्ष अथवा कलापक्ष, आन्तरिक पक्ष तथा भाव पक्ष प्रधान हैं। वर्ण्य विषय के साथ पूर्ण तादात्मय करके वाल्मीकि जी ने अपनी भावधारा के नैसर्गिक अभिव्यक्ति की है।

रामायण की रचना पाणिनि, पिंगलाचार्य और भरत से पहले हुई या बाद में, इस विवेचन को पृथक रखकर इतना निश्चित रूप से कहा जा सकता है, कि वाल्मीकि कुछ मूलभूत अलंकारों से अवश्य परिचित थे। भारतीय साहित्य का झुकाव

आदिकाल से ही अंलकारिता की ओर रहा है। रामायण की तुलना हौमर के काव्य से करते हुए विदेशी विद्वानों ने इस बात की ओर लक्ष्य किया है कि उसमें पाश्चात्य साहित्य की अपेक्षा अधिक अलंकार, अतिरंजन और कृत्रिमता है, साथ ही विचारों की उदारता भी उसमें अधिक है।[29]

वाल्मीकि रामायण में रूपक, उपमा, यमक और अनुप्रास आदि अलंकारों का उल्लेख मिलता है। इसके अतिरिक्त रामायण में अनेक ऐसी भी उक्तियां हैं, जिसमें हम अलंकार देखते हैं वाल्मीकि रामायण में अंलकारों की तीन स्थितियां मिलती है।

1. वाल्मीकि के पूर्ववर्ती अलंकार
2. वाल्मीकि द्वारा कलात्मक प्रेरणा से निर्मित अलंकार
3. वाल्मीकि का अज्ञात एवं अनभिज्ञात अंलकार, जिसकी खोज, पहचान और आभास बाद में हुआ।

पूर्ववर्ती अलंकारों में रूपक, उपमा और यमक तो निश्चित ही हैं। जिनका अविरल प्रयोग ऋग्वेद में मिलता है। दीपक भी प्राचीन अलंकार है। निरक्त में उपमा की व्याख्या और उनके भेदों के कथन से यह भी प्रकट है कि अलंकारों का विवेचन भी रामायण काल में आरम्भ हो चुका था।[30] हापकिन्स ने ठीक ही कहा है–"Rhetoric is older then rhetoric's" वाल्मीकि द्वारा विनिर्मित या प्रकल्पित अलंकारों का विवेचन प्रस्तुत प्रबन्ध का अभिप्रेत नहीं है, परन्तु उनके एक विशिष्ट अंलकार की चर्चा यहां अवश्य की जा सकती हैं और वो है 'स्वभावोक्ति' रामायण के आलोचकों ने इसे उनका सिद्ध और प्रिय अलंकार माना है। इसके अतिरिक्त **'लोकरावणः रावण'** जैसे प्रयोगों में, जिनकी रामायण में बहुलता है, और राक्षसों के अन्य सार्थक नामकरण के उदाहरणों में परिकर और परिकंशकुर स्पष्ट ही दिखाई देता है। ऐसे प्रयोग रामायण में इतने अधिक हैं कि वाल्मीकि के द्वारा इन अलंकारों का विकास हुआ, यह निश्चयपूर्वक कहा जा सकता है। सांगरूपकों की उन्होंने दक्षता पूर्वक योजना की थी, और इस रूप में उनकी परम्परा आदिकाव्य से ही प्रवर्तित हुई। महाकाव्य की शैली का यह अनिवार्य अंग बन गया और न केवल भारतीय महाकाव्य में, अपितु विदेशी महाकाव्यों में भी इसकी प्रधानता दिखाई पड़ती है। रामायण की तीसरी क्षेणी के अलंकारों में अर्थात् जिनका प्रयोग वाल्मीकि ने किया है, पर कदाचित उनकी अलंकारिता से वे स्वयं परिचित न थे। उपमेयोपमा, सहोक्ति, अनन्वय, एकावली, और समासेक्ति का उल्लेख किया जा सकता है। जिस प्रकार वाल्मीकि ने वैदिक अनुष्टुप का विकास किया, उसी प्रकार पूर्ववर्ती तथा समकालीन साहित्य के आधार पर अलंकारिक प्रयोगों का भी विकास किया। रूपक, उपमा, स्वभायोक्ति, यमक तथा अनुप्रास आदि को विशेष मान्यता दी।[31]

वाल्मीकि रामायण में एकाध स्थल पर तो 'उपमा' शब्द मात्र का प्रयोग हुआ है। लेकिन अंलकार के रूप में भी उपमा का ही प्रयोग सबसे अधिक रामायण में ही मिलता है। इसके बाद रूपक में भी वाल्मीकि की निपूर्णता और अभ्यास अधिक लक्षित होता हैं। शब्दालंकारों में अनुप्रास और यमक आदि के सुन्दर प्रयोग हुए हैं।

अलंकार प्रायः दो वर्गों में विभाजित किये जाते हैं–अर्थालंकार और शब्दालंकार। जहां दोनों ही हों, वहां उभयालंकार और जहां अनेक अलंकार एक साथ हों, उसे संकर और संसृष्टि अलंकार कहते हैं। संसुष्टि में वे पृथक–पृथक होते हैं, परन्तु संकर में सर्वथा घुलमिल जाते हैं। इस प्रकार अलंकारों का अध्ययन पांच वर्गों में किया जा सकता है। (1) अर्थालंकार (2) शब्दालंकार (3) अभयालंकार (4) संकर (5) संसुष्टि। इनमें मुख्य है और उनके भी अनेक वर्ग किये गये है–सादृश्य मूलक, विरोध या वैधर्क्यमूलक, न्यायमूलक, श्रृंखलाबन्धमूलक इत्यादि। इनमें भी सादृश्य मूलक अर्थालंकार ही मुख्य होते हैं और उनमें भी उपमा और रूपक का प्राधान्य होता है।

उपमा सबसे पहला मूलभूत अंलकार है और प्रायः सभी सादृश्यमूलक अलंकारों का उदभव इससे हुआ है। इसके विषय में कहा गया है–

अंलकार शिरोरत्नं सर्वस्वं काव्यसम्पदम्।
उपमा कविवंशस्य मातेवेति मतिर्मम।।

–*काव्यमीमांसा,* राजशेखर

अतः यह स्वाभाविक है कि आदि कवि वाल्मीकि में भी इसी अंलकार की प्रधानता रही है। इससे उदभूत अनेक अलंकारों का जैसे उत्प्रेक्षा, प्रतीप, व्यतिरेक आदि का भी प्रयोग रामायण में मिलता है। परन्तु उनका व्यक्तित्व पृथक नहीं हो पाया है। अर्थात यह अन्य अलंकार वाल्मीकि रामायण में बहुत स्पष्ट नहीं दिखाई पड़ते हैं।[32]

उपमा अंलकार की योजना में कवि की दृष्टि की व्यापकता, उपमेय और उपमान में साधर्न्य स्थापना के द्वारा उसकी कल्पना शक्ति और वस्तुओं के रूप गुण क्रिया आदि के प्रकाशन से भावोत्कर्ष में सफलता का ज्ञान होता है। वाल्मीकि की दृष्टि अत्यन्त व्यापक थी और प्रस्तुत का वर्णन करने के लिए वे जिन अप्रस्तुत पदार्थों को सामने लायें हैं, वे संख्या में बहुत अधिक हैं।[33] उनमें मुख्य स्थान है प्राकृतिक का। इसके अतिरिक्त वाल्मीकि ने वेद, पुराण, नीति, राजनीति, युद्ध, ज्योतिष, दर्शन, संगीत, शास्त्र, लोकजीवन, गणित, वैधक आदि क्षेत्रों में भी अपने उपमानों का संकलन किया है। सौन्दर्य के लिए कमल और चन्द्रमा, शौर्य एवं शक्ति के लिए सिंह, शार्दूल, गज, अश्व तथा वृषभ, धैर्य के लिए हिमाचल, गांभीर्य के लिए सागर, विशालता के लिए आकाश, क्रोध और भय के लिए सर्प, कोमलता और

निरीहता के लिए मृग इत्यादि। वाल्मीकि रामायण में प्रारम्भ में ही काव्यनायक को गांभीर्य में समुद्र के समान कहा है। राम के सौन्दर्य के लिए वाल्मीकि का मूल आधार चन्द्रमा है। वाल्मीकि रामायण में राम को 'इन्दीवर श्याम' कहा गया है (2.13.10)। सागर के प्रति वाल्मीकि जी का अधिक आकषर्ण है इस विषय में विद्वानों की कल्पना है कि वाल्मीकि का राम से घनिष्ट सम्बन्ध था। राम के पूर्वजों के पुरूषार्थ का चिन्ह होने के कारण और सेतुबंध की चमत्कारिक घटना के कारण, जो कि राम की यशोगाथा का अमर स्तम्भ बना, सागर के प्रति आदिकवि का अधिक आकषर्ण होना स्वाभाविक ही है।[34]

कदा प्रक्ष्य नरव्याध्रावरण्यात्पुनरागतों।
नन्दिष्यति पुरी दृष्टासमुद्र इव पर्वाणि।। (2,43,11)

....

जनौधैस्तैर्विसर्पद्भि शुश्रा वे तत्र निस्वनः।
पूर्वसूदीर्णावेगस्य सागरस्पेव निस्वनः। (2.6.26)

इस उपमा की आवृति स्थलों पर हुई है। यह बात देखने की है कि रामायण के एक ही स्थल पर समान उपमान का प्रयोग किया गया है। रामायण में कौशल्या ने राज्याभिषेक के अवसर पर सागर तरंगों का उल्लेख किया हैं–

रामायण में दो स्थल ऐसे है, जिन्हें कवि की उपमा सम्पति की दृष्टि से सर्वश्रेष्ठ कहा जा सकता है। इनमें एक राम–रहित सूनी अयोध्या का वर्णन (आ. का. सर्ग 114) और दूसरा अशोक वन में एकाकिनी भयभीत सीता का चित्रण (सुन्दर काण्ड सर्ग 15, और 17) वाल्मीकि ने राम रहित सूनी अयोध्या का वर्णन महाकाव्योचित शैली में करते हुए लिखा है–भरत ने चित्रकूट से लौटकर अयोध्या में प्रवेश करते हुए देखा कि राम की नगरी राम के बिना ऐसी निर्जीव निष्क्रिय मलिन और शोभाहीन पड़ी हुई है, जैसे राहु से ग्रस्त रोहिणी, निदाघ में सूखी और जलपक्षियों रहित नदी, धृत द्वारा प्रज्वलित, किन्तु सहसा जल के छीटों से बुझी–बुझी सी अग्नि शिखा, विध्वस्त गज वाजि रथ ध्वजा और हतवीरा महासेना, वायुवेग से सहसा आन्दोलित किन्तु मरुतशान्ति से सहसा निस्वन सागर की लहर यज्ञ की समाप्ति पर याज्ञिकों से रहित यज्ञशाला, सांड के वियोग में उत्कण्ठिता तरुणी गाय, प्रज्वलित मणियों से रहित मुक्तावली, दिन में गिरता हुआ पुण्यहीन नक्षत्र, बसन्त के अन्त में गुंजरित भ्रमरों से पुष्पित, परन्तु दावग्नि से साहस झूलसी लता, चन्द्रमा और नक्षत्रों से हीन तथा मेघों से आवृत सांय–सांय करती बरसाती रात, मृत मद्यपों और भग्न मद्यपात्रों से युक्त उजड़ी मद्यपान शाला, विध्वस्त और टूटे भाण्डों वाली जलरहित पौशाला, विशाल धनुष की तनी हुई, परन्तु सहसा काट दी गई प्रत्यंचा, अथवा युद्ध–चतुर

आरोही की शत्रु द्वारा गिरा दी गई। किशोरी बडवा (अयोध्या का सर्ग 114, श्लोक 3–27) महाकाव्य में अनेक स्थानों पर उपमाओं की ऐसी माला को देखकर ही और कदाचित 'मुक्तावली' शब्द के संकेत से परवर्ती अलंकारिकों ने मालोपमा नाम के अलंकार की कल्पना की है। वाल्मीकि को किसी उत्तराधिकारी से मालोपमा मिली, यह कहना कठिन है, परन्तु उन्होंने परवर्ती साहित्य की खूब निखरी, उजली और ताजी उपमा माला प्रदान की है।[35]

छन्द प्रयोग

छंद वेद के छः अंगों में से एक है। उसे वेद के चरण कहा गया है–**'छंदः पादौ तु वेदस्य।'** इससे काव्यांश के रूप में छंद की प्राचीनता और अनिवार्यता दोनों ही प्रकट होती है। मनुष्य के भाषावेग प्रकट होते समय प्रायः छंद का रूप ग्रहण कर लेते हैं। उनमें 'अनायास ही लय–ताल और प्रायः तुकबन्दी भी आ जाती है। क्रौंच के प्रसंग से आदिकवि के मुख से अनायास फूट पड़ने वाला सुव्यवस्थित श्लोक इसका प्रमाण है। गायत्री छंद के विषय में भी ऐसा ही कहा जाता है कि गायन की चेष्टा में अचानक छंदमयी वाणी फूट पड़ी थी। मन की सुक्ष्म, संवेदनमयी, सुकोमल भावनाओं को लपेटने के लिए छंद आवरण और आश्रय का कार्य करता है। कवि की वाणी छंद का आश्रय पाकर अजर और अमर हो जाती है। यदि ऐसा ना होता तो, न तो वैदिक वाघमय हमारे पास सुरक्षित रहता[36] और न ही वाल्मीकि रामायण और अन्य पुरातन ग्रन्थ। छंद का संगीत से घनिष्ट सम्बन्ध है। इसका प्रमाण भी वाल्मीकि रामायण से मिलता है। जो गाने और पढ़ने में अत्यन्त मधुर संगीत के तीन लय–द्रुत, मध्य और विलम्बित से युक्त सातों स्वरों में बंधी हुई और वीणा आदि पर गाने योग्य रचना मानी गई हैं। संगीत शास्त्र में गाने की दो विधाऐं होती हैं। एक–लयात्मक और दूसरी–स्वरात्मक। पहले वर्ग में ताल होता है। जिसका सीधा सम्बन्ध छंद से है। वाल्मीकि रामायण के विषय में यह तो प्रसिद्ध ही है कि कुशीलवों ने गा–गा कर रामायण का प्रचार किया था।

छंद का मूल तत्व लय है जो कि संगीत से जोड़ता है। वस्तुतः लय ही संगीत की आत्मा है। छंद में लय का संचार उपयुक्त यतियों के द्वारा होता है इस प्रकार छंद का अंतरंग है, लय और बहिरंग है यति। यति पर लघु–गुरू की योजना होती है। यति से सम्बन्धित ही छंद का दूसरा तत्व गति है। जिसमें विशिष्ट वर्णाक्रम अर्थात् अनुप्रास योजना का भी योग होता है।[37]

वैदिक साहित्य सभी छंदों का मूल आधार हैं। उनमें भी अनुष्टुप सर्वप्रधान है, जिसका विकास त्रिष्टुप, जगती और गायत्री से हुआ। परन्तु वैदिक छंद विधान अत्यन्त स्वच्छन्द था। इसमें केवल अक्षर संख्या का ही नियम था और छंद का

सौन्दर्य, स्वरित, उदात और अनुदान के आधार पर उच्चारण कर्ता के कण्ठ पर ही निर्भर करता था। लौकिक साहित्य में वर्णवृतों को प्रधानता मिली। जिनमें लघु–गुरू के क्रम का महत्व बढ़ गया और साथ ही मात्रिक छंद की प्रयोग में लाये गये। मात्रिक छंदों में मात्राओं को विशेष महत्व प्राप्त हुआ और तुक का भी गौरव बढ़ा वाल्मीकि रामायण के प्रचलित संस्करणों में तीनों प्रकार के छनद मिलते हैं जहां तक वाल्मीकि रामायण की बात है, उसमें उन्होंने अनुष्टुप छंद को ही अपनाया है। विद्वानों का कहना है यही सबसे प्राचीन अर्थात छंद परिवार का आदिपुरूष है।[38] वैदिक अनुष्टुप को आदि काव्य में शौक की व्यंजना करते हुए 'मा निषाद' के रूप में श्लोक की संज्ञा प्राप्त हुई, अनुष्टुप के स्थान पर तब से श्लोक शब्द ही चला आ रहा है। यह ऋग्वेद के तीन प्रधान छंदो में से एक है, संख्या के विचार से ऋग्वेद में सबसे अधिक प्रयोग त्रिष्टुप का, उसके बाद जगती का और उसके बाद अनुष्टुप का हुआ है। वाल्मीकि ने तो रामायण में इसका सबसे ज्यादा प्रयोग किया। कुछ विद्वानों का विचार है कि वैदिक अनुष्टुप वर्णाक्रम से नियंत्रित होकर संस्कृत में श्लोक ही नहीं बना, बल्कि आगे चलकर यह गाथा और आर्या बना तथा हिन्दी में पहुंचकर यह दोहा बन गया।

जिसका विपरीत स्वरूप सोरठा है। यह एक पृथक खोज का विषय है, परन्तु इससे अनुष्टुप के महत्व का आभास मिलता है। राम के नाम से सम्बन्धित होकर यह और भी पुनीत हो उठा। व्याकरणों, दार्शनिकों और अलंकारिकों ने भी इसी का मात्रिक रूप आर्या, तथा कारिका के नाम से प्रयुक्त किया है। यह श्रेय वाल्मीकि को ही है कि उन्होंने राम को लोकप्रिय अमर काव्यानायक और उनके कीर्तिगायक श्लोक को अमर छंदनायक बना दिया। वैदिक युग का यह छंद आज तक भारतीय भाषाओं में परिव्याप्त है।[39] वाल्मीकि रामायण का छंद अनुष्टुप या श्लोक है। वाल्मीकि ने आधन्त अनुष्टुप का प्रयोग किया है। वाल्मीकि ने अनुष्टुप के विविध प्रयोग किये हैं अथवा यह कहना भी उपयुक्त है कि कथा की परिस्थिति के अनुसार उन्होंने छंद के एक निश्चित नियम में ना बन्धकर, उसका उल्लंघन भी किया है। अनुष्टुप या श्लोक का नियम वाल्मीकि रामायण के आधार पर ही निर्धारित हुआ है। जिसके अनुसार प्रत्येक चरण का पांचवां अक्षर लघु, छठा दीर्घ और प्रथम तृतीय चरण का सातवां दीर्घ तथा द्वितीय–चतुर्थ का सातवां लघु होना चाहिए। वाल्मीकि के अधिकाश श्लोक इसी प्रकार के है परन्तु कुछ स्थानों पर इस नियम का उल्लंघन हुआ है। वाल्मीकि ने आवश्यकता के अनुसार लघु–गुरू के स्थान–विषयक विविध प्रयोग किये है। जिन्हें विपुलता, पथ्या, आदि जाति के श्लोक कहा गया है। वाल्मीकि रामायण के कुछ सर्गों के अन्त में अधिकांशत त्रिष्टुप या जगती, अथवा दोनों का प्रयोग किया गया है। वे दोनों छंद अनुष्टुप के विकास है, तीन अक्षरों की वृद्धि से

त्रिष्टुप और चार अक्षर की वृद्धि से जगती बन जाता है। अतः वाल्मीकि ने रामायण में इनका प्रयोग किया है।

प्रचलित वाल्मीकि रामायण में अक्षर–छंद अनुष्टुप के अतिरिक्त अनेक प्रकार के वर्णावृत और मात्रिंक छन्दों का भी प्रयोग हुआ है। इस सभी छन्दों में से त्रिष्टुप और उसके बाद जगती की संख्या सबसे अधिक है। त्रिष्टुप छन्दों में काव्य सौन्दर्य भी विशेष रूप से निखरा हुआ दिखलाई पड़ता है। और उनके लिए चुनाव भी विशेष रूप से भावपूर्ण, अदभुत और मार्मिक प्रसंगों का किया गया है। प्राकृति सौन्दर्य का चित्रण (किष्किंधाकाण्ड में वर्षा और शरद के वर्णन तथा सुन्दर काण्ड के 5वें सर्ग में चन्दमा वर्णन) पुष्पक विमान का वर्णन (सुन्दर काण्ड सर्ग 7.8) और सीता–विलाप (सुन्दर काण्ड सर्ग 28) का वर्णन त्रिष्टुप छन्दों में किया गया है। इनमें विषय की आवृति है और अलंकरण का अतिरेक है। अतः वाल्मीकि की काव्य शैली में इन्हें भिन्न मानकर प्रक्षिप्ताओं को स्थान दिया गया है।[40]

प्राकृतिक चित्रण वाल्मीकि की एक विशेषता है और प्रकृतिगत सौन्दर्य के दर्शन से भावविभोर होने पर कवि की अभिव्यक्ति में कुछ नवीनता का आ जाना स्वाभाविक है। जिस कारण वह इतिवृत के लिए चुने गये।

वाल्मीकि रामायण में छन्दों का संगीत के साथ घनिष्ट सम्बन्ध है। बालकाण्ड और उत्तरकाण्ड में रामायण के संगीत गुण का उल्लेख हुआ है, रावण राज के महलों में संगीत सुनाई पड़ता है (5.4.10.12)। और वाल्मीकि के अप्रस्तुत विधान में भी संगीत को विशेष महत्व प्रदान किया गया है। उनके छंद–विधान का भी विशेष गौरव उसके संगीतत्व में है, परन्तु वह शास्त्रीय रागश्रित न हो कर, सहज लयात्मक भावाश्रित संगीत है। वाल्मीकि रामायण के संगीतत्व की चर्चा सब ने की है, पर शास्त्रीय दृष्टि से उसका विवेचन किसी ने नहीं किया है।

बालकाण्ड में तथा सुन्दर काण्ड में ताल, लय तथा तीन स्वरों का उल्लेख है। श्री सी. बी. वैद्य उसे प्रधानता वाद्य–यन्त्र पर गेय रचना मानते हैं उनका कहना है कि वाल्मीकि ने अनुष्टुप को श्लोक में परिणत करते हुए, उसमें एक सुनिश्चित लय का संचार किया है। वास्तव में लय ही वह तत्व है, जो साहित्यक संगीत को शास्त्रीय संगीत से जोड़ता है क्योंकि लय का सम्बन्ध ताल के साथ होता है छंद में लय यति के द्वारा उत्पन्न होती है। यति दो प्रकार की होती है। पूर्णक और लयात्मक। पूर्णक यति छंद के अन्त में होती है और लयात्मक मध्य में। वैदिक छन्दों में पूर्णक यति का ही नियम था, वाल्मीकि ने माध्यमिक यति के प्रयोग द्वारा लय के रूप में संगीतत्व की वृद्धि की, जो कि लौकिक संस्कृत साहित्य से संबधित हुई और फिर प्राकृत और अपभ्रंश में मात्रिक छंदों का उत्कर्ष होने पर उनमें पूर्णक यति में अन्तयानुप्रास या तुक का प्रयोग होने पर छन्दात्मक संगीत की और भी अधिक वृद्धि हुई। अतः हम

कह सकते हैं कि वाल्मीकि रामायण के छन्दों में उत्कृष्ठ संगीत, सहज और काव्य के अनिवार्य उपादान के रूप में विद्यमान है।[41]

वाल्मीकि की भाव सृष्टि

चित के विकार को भाव कहते हैं। नाना विषयों के बोध का विधान होने पर ही उनसे सम्बन्ध रखने वाली इच्छा को अनेकरूपता के अनुसार अनुभूति के वे भिन्न योग संघटित होते है। जो भाव या मनोविकार कहलाते हैं अत हम कह सकते हैं कि सुख दुख की मूल अनुभूति ही विषय भेद के अनुसार प्रेम, हास, उत्साह, आश्चर्य, क्रोध, भय, करूणा, घृणा इत्यादि मनोविकारों का जटिल रूप धारण करती है। भाव की प्रथम सीढ़ी बोध है। जो वाहिया जगत की सम्वेदना है। इससे सुख या दुख की मूल अनुभूति होती है। यह अनुभूति विषय के अनुसार मन में अनेक विकार उत्पन्न करती है। इसी को भाव कहते हैं। प्राचीन शास्त्रीय पद्धति के अनुसार भावों के तीन भेद किये गये हैं। स्थाई भाव, संचारी भाव, सात्विक भाव।

स्थाई भाव

हृदय में वासना रूप में संस्थित, अन्य भावों द्वारा किसी प्रकार भी न दबने वाले, प्रधान, विरोधी अविरोधी भावों को अन्तर्हित करके आत्म–भाव प्राप्त करा सकने वाले चिरकाल अथवा आप्रभन्ध स्थाई रहने वाले आस्वाद योग्य मनोभावना को स्थाई भाव कहते है।

जिस प्रकार मनुष्यों में नृपति, शिष्यों में गुरू की प्रतिष्ठा की जाती है। इसी प्रकार सभी भावों में स्थाई भाव को श्रेष्ठ माना गया है। अपने इसी महत्व, स्थायित्व और जन्मजात होने के कारण स्थाई भाव ही रस परिपाक में पूर्ण समर्थ है।[42] स्थायी भाव में रति, शोक, उत्साह, हास, जुगप्सा, आश्चर्य, क्रोध, भय और श्म तथा नौ रस स्वीकार किये गये हैं।

संचारी भाव

स्थायी भाव के उत्कर्ष में योग देने वाले स्थायी भाव के साथ आविभूत या तिरोभूत होने वाले अस्थिर भावों को संचारी भाव कहते हैं। आचार्य मम्मट ने इन्हें स्थाई भाव का सहकारी कहा है। सामान्यतया 33 संचारी भाव स्वीकृत किये गये हैं।

सात्विक भाव

स्तम्भ, स्वेद, रोमांच, स्वरभंग, कम्प, वैवर्ण्य, अश्रु तथा प्रलय इन आठ भावों को सात्विक माना गया है।[43]

1. रति भाव (श्रृंगार रस)

प्रेमियों के मन संस्कार रूप से वर्तमान रति या प्रेम रसावस्था को पहुँच कर जब आस्वाद योग्यता को प्राप्त करता हैं। तब उसे श्रृंगार रस कहते है। श्रृंगार को रसराज कहा गया है क्योंकि जीवन में इसी की प्रधानता है। इसके अन्तर्गत सभी संचारियों की व्यंजना होती है। आचार्य भरत मुनि का कथन है। लोक में जो कुछ मेध्य, उज्जल और दर्शनीय है उन सबका वर्णन श्रृंगार रस के अन्तर्गत है।

रामायण में माण्डवी भरत के संयोग को केवल एक दूसरे के सौन्दर्य कथन में समाप्त कर दिया है। पुष्प वाटिका में राम–सीता तथा लक्ष्मण उर्मिला को पारस्परिक दर्शन से एक दूसरे पर मुग्ध दिखाया है। सीता की राम के प्रति मुग्धता 'जड़ता' द्वारा व्यक्त की गई है। तथा उर्मिला की लक्ष्मण के प्रति मुग्धता स्तम्भ, स्वेद, रोमांच आदि सात्विकों द्वारा प्रकट की गई है। सीता के जाने पर राम का भाव दिखाया है। उर्मिला को आकुलता के कारण रात्रि में नींद नहीं आती मन में शंका उत्पन्न होती है। इसके पश्चात् मिलन की बेला आती हैं मिलन के 'व्रीडा' का मुख्य स्थान है। इन सारी घटनाओं को संचारी भाव से दर्शाया हैं।[44]

इसके पश्चात रामायण में वियोग भी दिखाया है। पंचोन्द्रियों के सम्बंधभाव को वियोग श्रृंगार कहते हैं। वियोग के चार भेद हैं। पूर्वराग, मान, प्रवास, और करूण। रामायण में जब राम वनवास को जाते हैं। तो सीता और लक्ष्मण भी साथ जाते हैं। लेकिन उर्मिला साथ नहीं जाती तथा उस समय उर्मिला की स्थिति बड़ी दयनीय दिखाई है। उनकी वे पीड़ा अपस्थार (मूर्च्छा) द्वारा व्यक्त हो जाती है। उर्मिला के भावी वियोग में स्मरण, उद्वेग, जड़ता, चिंता, संताप, अस्थिरता, अधीरता, व्यग्रता, निराशा, विषाद आदि अनेक अन्तर्दशाओं और मनोभावों की व्यंजना वाल्मीकि ने की है और सीता हरण होने पर यही भाव वाल्मीकि ने राम के दिखायें है।

2. शोक (करूण रस)

करूण रस का स्थाई भाव शेक है। अपने किसी प्रिय किन्तु महत्वपूर्ण वस्तु के विलगाव अथवा किसी के कष्ट से इस भाव का आविर्भाव होता है। **'इष्टनाशारद निष्टोप्ता शोकात्मा करूणोऽनुतम'** के अनुसार इष्ट का नाश या अनिष्ट की प्राप्ति से शोक उत्पति मानी गई है। जीवन में इस भाव का इतना महत्व है कि बहुत से मर्मज्ञों ने समस्त रसों में इसी की व्याप्ति देखी है।

रामायण में करूण रस का बहुत महत्व है। रामायण का आविर्भाव ही करूण भावना से हुआ है। सारी रामायण करूण रस से प्लाविन है। राम वन गमन, दशरथ की मृत्यु, भरतागमन, भरत का चित्रकूट जाना, लक्ष्मण शक्ति, सीता परित्याग, सीता–स्वर्गारोहण आदि सभी स्थल करूण रस से भरे पड़े हैं।[45]

राम वन गमन प्रसंग

'इस प्रसंग में सर्वप्रथम शोक का स्थल वह है। जब कैकेयी दशरथ से राम वनवास का वरदान मांगती है। उस समय दशरथ की स्थिति अत्यन्त दयनीय हो जाती है (2.12.1–5)। दूसरा शोक का स्थल वह है 'जब राम दशरथ के समीप आते हैं तब राम दशरथ को अत्यन्त विवश और निश्चेष्ट स्थिति में देखते हैं (2.18.1)। तीसरा शोक का स्थल वाल्मीकि ने यह दिखाया है जब कौशल्या ने राम वनवास का समाचार सुना (2.20.27.32)। चौथा शोक स्थल राम की विदाई का है। वाल्मीकि ने इस अवसर पर मनुष्य तो क्या पशु पक्षी, पेड़–पौधे, चेतन–अचेतन सभी पदार्थ शौकाकुल दिखाये है (2.40.18.22)। इसके पश्चात राम का लक्ष्मण के द्वारा वट वृक्ष के दूध से जटा बनाने के समय सुमन्त्र की स्थिति का है (2.52.67–70)। इसका कारण यह था कि सुमन्त्र को अपनी बात कहने का अवसर ही नहीं मिल सका और राम द्वारा जटा बनाये जाने पर यह अवसर सदा के लिए चला भी गया। फिर भी सुमन्त्र हारे हुए जुआरी की भान्ति लौटने का आग्रह करके एक दांव और लगाता है। इसमें भी हार जाने पर उसे भारी शोक होता है। इसके पश्चात शोक का स्थल वह है 'जब सुमन्त्र अपने कार्य (राम को लौटा लाने) में असफल होने पर उसकी दशा का है। सुमन्त्र के लौटते समय उसकी ग्लानि, संताप आदि का वर्णन किया गया हैं[46] सुमन्त्र के वापस आने पर अयोध्या के राज परिवार विशेषकर दशरथ की स्थिति और करूण हो जाती है। क्योंकि राम वापस लौटने की धूमिल आशा सुमन्त्र के वापस आने के पश्चात टूट जाती है। दशरथ मरण राम के वन गमन का शोक अभी ताजा था कि दशरथ की मृत्यु इसे और भी घनीभूत कर देती है। दृढ़ता पूर्वक अपने कर्तव्य का पालन करने पर भी जिस प्रकार भाग्य से हार कर मनुष्य का हृदय निराश हो जाता है। वैसा ही दशरथ के मरण से हाहाकार छा जाता है। वाल्मीकि ने इस शोक स्थिति का बड़े अच्छे से वर्णन किया है।[47]

भरत गमन प्रसंग

राम वन गमन और दशरथ मरण के पश्चात भरत ननिहाल से बुलाये जाते हैं। भरत कैकेयी से सब समाचार ज्ञात कर चेतना शून्य हो जाते हैं। उस समय भरत के शोक की विषमता वाल्मीकि ने कम्प, संताप, जड़ता और मूर्च्छा द्वारा व्यक्त की है।[48]

भरत की चित्रकूट यात्रा

चित्रकूट यात्रा में भरत की स्थिति वाल्मीकि ने अत्यन्त करूण दिखाई है। वे अनेक भयंकर कष्टों के बावजूद भी राम के प्रेम में तन्मय होकर आगे बढ़ते जाते हैं। समस्त जड़ और चेतन उनकी इस स्थिति से द्रवित हो उठते है।[49]

लक्ष्मण शक्ति

लक्ष्मण शक्ति का प्रसंग रामायण में करूण रस का एक मुख्य स्थल हैं इस प्रसंग में राम का जो विलाप वर्णित किया है, उसमें करूणा की धारा उमड़ उठी है। पहले लक्ष्मण की दशा से उत्पन्न दुख 'जड़ता' द्वारा प्रकट किया गया है। राम लक्ष्मण को मूच्छित देखकर रोदन कर उठते हैं। इस अवसर पर पहले राम में अमर्ष की तीवर्ता दिखाई है। जिससे वे शत्रु सेना पर टूट पड़ते हैं। कुम्भकर्ण के समक्ष आने पर वे उसका वध कर देते है। उसके पश्चात बंधु शोक में 'मूर्च्छित' होकर गिर पड़ते है।

सीता परित्याग

इस प्रसंग का वर्णन वाल्मीकि ने सीता के दुख में समस्त प्रकृति को दुखी दिखलाया है।[50]

सीता का पृथ्वी प्रवेश अथवा स्वर्गारोहण

इस प्रसंग में सीता को दिव्य ज्योति में परिणत करके करूण रस की निष्पति की है (7.97.17–20)

3. उत्साह (वीर–रस)

वीर रस का स्थायी भाव उत्साह है। किसी कार्य के सम्पन्न करने हेतु हमारे मानस में एक विशेष प्रकार की क्रिया सजग रहती है। वही उत्साह है **'उत्साह सर्वकृत्थेषु सत्वरा मानसी क्रिया'**। इसके अतिरिक्त सम्पूर्ण इन्द्रियों का प्रहर्ष ही वीर–रस है। साहसपूर्ण आन्नद की उमंग का नाम उत्साह है। केवल कष्ट या पीड़ा सहन करने के साहस में ही उत्साह का स्वरूप स्फुरित नहीं होता। उसके साथ आन्नदपूर्ण प्रयत्न या उसकी उत्कण्ठा का योग होना चाहिए। वीर रस के चार भेद माने हैं युद्धवीर, दानवीर, दयावीर, और धर्मवीर। इनमें भी दो प्रमुख हैंः–युद्धवीर और धर्मवीर।

युद्धवीर

रामायण में युद्ध वीरता के अनेक स्थल है। लक्ष्मण के अनेक कथनों में गर्व, अमर्ष आदि संचारियों द्वारा वीर रस की व्यंजना की गई है। चित्रकूट में भरत के आगमन पद लक्ष्मण का अमर्ष दिखाया है।[51]

वाल्मीकि रामायण में अयोध्या की सैनिक सज्जा के लिए भरत का आदेश प्राप्त होने पर शत्रुघ्न में जो उत्साह जागृत होता है। वह युद्धवीरता का मूर्तिमान स्वरूप है। शत्रुघ्न की यह वीरता कंठावरोध, आवेश, क्षिप्रता, शौर्य स्फुरण आदि के द्वारा

प्रकट की गई है। शत्रुघ्न की चेष्टाएं यहां वीर दर्प की गतिशील चित्र उपस्थित करती है। उनकी गति की त्वरा के साथ शब्दों की त्वरा मन में लीक खींचती हुई बढ़ती जाती है। युद्ध वीर का मुख्य स्थल राम रावण युद्ध है। रामायण में मन्दोदरी के समझाने पर भी रावण ने जो दर्पोक्तियां प्रकट की है। वे वीर रस की व्यंजना प्रकट करती है। रावण की वीर–दर्प और उसकी युद्ध उत्कंठा उत्साह व्यक्त करते है। बल, शक्ति, प्रताप आदि विभाव और शौर्च्यादि अनुभव इसे पूर्णता देते हैं। इसके अतिरिक्त मेघनाद, कुम्भकर्ण, रावण, राम, लक्ष्मण आदि के अनेक कथनों और कार्यों में युद्धवीरता का अच्छा समावेश हुआ है। युद्ध में रावण का साहस, धैर्य, दृढ़ता आदि उनकी वीरता का व्याख्यान करते हैं। अन्तिम समय में कठिन प्रहारों के बावजूद भी उसकी 'घृति' का उदाहरण हम देख सकते है।[52]

युद्धवीर का पूर्ण उत्कर्ष हमें रामायण के लक्ष्मण, मेघनाद युद्ध में मिलता है। स्पर्धा की तन्मयता में लक्ष्मण और मेघनाद दोनों को अपने शरीर से कोई मोह नहीं रहता। लक्ष्मण के मूर्च्छित होने पर राम में तीव्र अमर्ष की भावना उत्पन्न होती है। और वे युद्ध में प्रचण्ड रूप धारण कर लेते हैं। यहाँ पर वाल्मीकि ने उत्साह का जीवंत चित्र हमारे सामने उपस्थित किया है इसके अलावा कुछ और स्थलों में भी इसका वर्णन है।[53]

धर्मवीर

जिस प्रकार वाल्मीकि ने रामायण में लक्ष्मण और शत्रुघ्न में युद्धवीरता की प्रधानता दिखाई है। उसी प्रकार राम और भरत में धर्मवीरता की प्रधानता दिखाई है। राम की धर्मवीरता का सबसे बड़ा प्रमाण उनका पिता की आज्ञा से राज्य का परित्याग कर वन की ओर प्रस्थान करना है (2.19.1–4)। लक्ष्मण के क्रोधित होने पर राम उसे धर्म विरूद्ध बातें करने से रोकते है (2.21.42–44)।

भरत की धर्मवीरता उनकी चित्रकूट यात्रा में दिखाई है। भयंकर कष्टों में भी वे बढ़ते जाते हैं। उनकी दृढ़ता, धैर्य और साहस दर्शनीय है। चित्रकूट सभा में धर्म वीरता का उज्जवल स्वरूप देखने को मिलता है। इस प्रसंग में राम और भरत दोनों में त्याग की प्रतिद्वन्द्विता है, दोनों एक दूसरे को राज्य देना चाहते है (2.101. 12–18)।

भरत राम का व्रत पूर्ण करने का आग्रह करते हैं। इसमें उनका त्याग के प्रति शौर्य व्यजित होता है। परन्तु राम का वीर दर्द जाग उठता है। भरत अपनी राम से अभिन्नता का तर्क रखते हैं। राम द्वारा काया की भिन्नता का तर्क देने से उनको काया के प्रति निर्वेद उत्पन्न होता है। इस प्रकार त्याग की इस हौड़ा–हौड़ी में धर्म

के प्रति दोनों के उत्साह की व्यंजना की गई है। और मति, गर्व, निर्वेद आदि संचारियों द्वारा इसे पुष्ट किया है।

एकान्त में पर–स्त्री मिलन के समय लक्ष्मण की यह धर्मवीरता दर्शनीय है। शूर्पणखा लक्ष्मण को उनके व्रत से डिगाने की हर सम्भव चेष्ठा करती है। यहां लक्ष्मण की धर्मवीरता दर्शायी गई है। लक्ष्मण पहले ही समस्त भोगों का त्याग कर धर्मवीरता का उदाहरण उपस्थित कर चुके है।[54] यहां भोगों के प्रति निर्वेद होते हुए भी धर्म के प्रति उत्साह व्यंजित है। अशोक वन में अकेली सीता की रावण से मर्यादा की रक्षा, राम का धर्म संस्थापनार्थ सीता–परित्याग आदि अनेक धर्म वीरता के उदाहरण वाल्मीकि ने रामायण में दर्शाये हैं।

कर्मवीर

रामायण में राम धनुर्भंग, हनुमान का समुद्र–लंघन संजीवनी औषधि लाना आदि कर्म वीरता के उदाहरण हैं। जनक की सभा में कोई भी वीर धनुष नहीं उठा पाता। इसी कारण जनक परिवार निराशा की लहरों में डूबता उतराता है। विश्वामित्र राम को धनुष की प्रत्यंचा चढ़ाने की आज्ञा देते हैं। इस पर राम कहते हैं। विकट कार्यों को करने के लिए आत्म विश्वास की आवश्यकता होती है। राम में यह विश्वास और धैर्य है। कार्य पूर्ण हो जाने पर भी जिस कार्य को मन में अंसभावित मान लिया हो, सहसा उस पर विश्वास नहीं होता। जन की उक्ति इसी मनोवैज्ञानिक तथ्य का उद्घाटन करती है। धृति, विस्मय, अनिश्चय आदि संचारियों की योजना से वाल्मीकि ने कर्म वीरता का मनोवैज्ञानिक दृश्य उपस्थित किया है।[55]

4. क्रोध (रौद्र रस)

जहां विरोधी दल की छेड़खानी, अपमान, अपकार, गुर–जन–निन्दा तथा देश और धर्म के अपमान आदि से प्रतिशोध की भावना जाग्रत होती है। वहां रौद्र रस होता है। रौद्र रस का स्थाई भाव क्रोध है। क्रोध जीवन का एक व्यापक भाव है। आरक्त नेत्रा, भृकुटि चढ़ना, ओष्ठ संचालन, विश्वास, स्वेद, रोमांच, हथेली मलना, हाथ पीटना, बांहें चढ़ना, ललकारना, प्रहार करना पीड़ा देना, छेदना, हरण कर लेना आदि रौद्र रस का अनुभाव है और उन्माद मद, गर्व, ईर्ष्या, असूया, श्रम, अवहित्या, मोह, उत्साह, आवेग, अमर्ष, चपलता, उग्रता, विवोध आदि संचारी इस प्रकार वांगग चेष्टायुक्त उग्र क्रिया कर्मादि रूप में व्यक्त होने पर क्रोध ही रौद्र रस कहलाता है।

वाल्मीकि रामायण में श्रृंगार, करूण और वीर रसों के पश्चात रौद्ररस का ही स्थान है। राम परशुराम संवाद, कैकेयी वरदान प्रसंग, राम रावण युद्ध, रावण–मारीच,

रावण–विभीषण, रावण–अंगद, रावण–सीता आदि के संवाद तथा अन्य अनेक प्रसंगों में इसकी अभिव्यक्ति हुई है।

राम परशुराम संवाद

इस प्रसंग में वाल्मीकि ने पहले दशरथ और परशुराम का क्रोध दिखाया है। परशुराम का कड़कना, कूदना, खड़े होना, कठोर वचनादि अनुभावों और गर्व उग्रता आदि संचारियों द्वारा क्रोध की व्यंजना की गई है। दशरथ का मौन उसे और उदीप्त करता है। इसके पश्चात् राम और परशुराम दोनों के उत्तर प्रत्युतरों में क्रोध का विकास होता है। इस प्रसंग में वाल्मीकि जी ने अमर्ष, गर्व, आवेश, उग्रता आदि संचारियों की योजना की है। इस प्रसंग में पहले राम के मन में परशुराम के प्रति 'असूया' का भाव उत्पन्न होता है।[56]

कैकेयी वरदान प्रसंग

परम्परा अनुसार रौद्र रस का उपयुक्त आवलम्वन प्रतिपक्षी या शत्रु ही माना गया है। परन्तु विशेष स्थिति में अपना मित्र या आत्मीय भी क्रोध का आवलम्वन बन सकता है। और जब वह आवलम्वन किसी दुष्टता का कार्य करता है। तब रौद्र रस का परिपाक हो जाता है। वाल्मीकि ने वर की प्रतिकूलता के कारण सुमत्रा को कैकेयी पर क्रोधित दिखाया है (2.3.51–9)। और कैकेयी भी उन पर अपना क्रोध प्रकट करती है (2.12.45)। इस प्रसंग में दशरथ में कैकेयी को धिक्कारने वाली वचनावली का प्रयोग किया गया है (2.12.55–60)। वाल्मीकि ने क्रोध की व्यंजना पात्र की कठोर वचनावलियों द्वारा ही की है। एक अन्य प्रसंग में जब मंथरा कैकेयी से अपना मतव्य प्रकट करती है तब कैकेयी आवेश में आकर उसे डांटती है। इस प्रसंग में वाल्मीकि ने भृकुटि भंग, कम्प, तीक्ष्ण दृष्टि, आरक्त कपोल आदि अनुभवों और गर्व आवेग उग्रता अमर्ष आदि संचारियों द्वारा क्रोध का मूर्तिमान चित्र उपस्थित किया है। कैकेयी की क्रोध की मुद्रा और उसका कथन अत्यन्त स्वाभाविक और मनोवैज्ञानिक पृष्ठभूमि पर आधरित है। इसके पश्चात कैकेयी के हृदय में दासी के वचन घाव–प्रतिघाव द्वारा एक झंझावात उत्पन्न कर देते हैं। कैकेयी सौतिया डाह से सन्तप्त हो उठती है। और उसका क्रोध क्षुब्ध ज्वार की भांति उमड़ पड़ता है। और वह महाराज दशरथ से वरदान मांगती है। यहां कैकेयी का यह क्रोध साधारण क्रोध नहीं है जो पति के मनाने पर समाप्त हो जाए यह क्रोध विशेष घटना का उत्पादक है। अतः इसमें रौद्र रस की पूर्ण सामग्री वर्तमान है। कैकेयी का इधर–उधर घूमना सभी वस्तुओं को आक्रोश में विकृत करना, विश्वास, अंगों की विकृति प्रसाधनों का तिरस्कार आदि इसमें अनुभाव है तथा उन्माद, मद, असूया, श्रम, आवेश, विस्मृति, निर्वेद, उग्रता, विभ्रम, सन्ताप आदि संचारी भाव है। क्रोध का यह पूर्ण स्वाभाविक और मनोवैज्ञानिक रूप वाल्मीकि जी ने इस प्रयोग में दिखाया है।[57]

अन्य स्थल

वाल्मीकि रामायण में रौद्र रस का वर्णन विशेष रूप से किया है। लक्ष्मण का सुग्रीव के प्रति–क्रोध इस प्रसंग में नेत्र आरक्त होना और ओंठ फड़कना अनुभव तथा संताप, उग्रता आदि संचारियों द्वारा क्रोध का विकास इस प्रसंग में देखने को मिलता है। इसके अतिरिक्त अन्य स्थलों पर वाल्मीकि ने क्रोध की व्यंजना की हैं जैसे मंत्रणागार में सीता के अपवाद की बात सुनकर लक्ष्मण का क्रोध। 'पंचवटी के प्रसंग में राम लक्ष्मण से तिरस्कृत होने पर शूर्पणखा क्रोध, दशरथ की मृत्यु के पश्चात कैकेयी का नियति के प्रति क्रोध। आदि ऐसे कई स्थलों पर वाल्मीकि ने रौद्र रस की व्यंजना की है।[58]

5. भय (भयानक रस)

भयानक वस्तु के देखने से व सुनने से अथवा प्रबल शत्रु के विद्रोह आदि डरने से जब हृदय में वर्तमान भय स्थायी भाव होकर परिपुष्ट होता है। तब भयानक रस उत्पन्न होता है। किष्किन्धा काण्ड में जब सुग्रीव राज्य के भोग विलास में राग का कार्य भूल जाते हैं तो लक्ष्मण के आने पर उन्हें बड़ा भय होता है। अपने से बलशाली व्यक्ति के क्रोध से भयभीत होना स्वाभाविक है। सुग्रीव का यह भय कम्प, भ्रास और दैन्य द्वारा व्यक्त किया गया है।

रामायण में सीता का भय अनेक स्थलों में व्यक्त हुआ है। सुन्दर काण्ड में हनुमान जब सीता के समीप आते है। तो सीता उन्हें भेष परवर्तित रावण समझती है और उनसे भयभीत होती है। यहां वाल्मीकि ने भय का उत्कर्ष शंका, त्रास, चिन्ता, स्मृति, जुगप्सा आदि संचारी भावों तथा कम्प, कठोर वचन आदि अनुभावों द्वारा दर्शाया है।

एक अन्य स्थल पर वाल्मीकि ने सीता को भयभीत दिखाया है। इस प्रसंग में जब राम स्वर्ण मृग के वध के लिए जाते हैं तथा सीता हा लक्ष्मण हा! सीता! का करूण स्वर सुनती है।[59] तो उस समय सीता को बड़ा भय होता है इस सन्दर्भ में वाल्मीकि चपलता, शंका, चिन्ता आदि संचारियों द्वारा भय व्यक्त करते हैं। वाल्मीकि ने भयानक रस की सृष्टि युद्ध काण्ड में भी की है। इस काण्ड में कई स्थलों पर राक्षस सेना वानर सेना से भयभीत दिखाई है तथा वानर सेना राक्षसों से भयभीत होती है।

6. जुगुप्सा (वीभत्स रस)

वीभत्स रस का स्थाई भाव जुगुप्सा हैं, जो किसी उत्तेजक वस्तु को देखकर या सुनकर अथवा गन्ध, रस तथा स्पर्श–दोष के कारण उत्पन्न होती है। रामायण में

वीभत्स रस का कम उत्कर्ष मिलता है। रामायण में राक्षसों के वर्णन और युद्ध के प्रसंगों में ही जुगुप्सा का उत्कर्ष पाया गया है। राक्षसों की अंगभगी क्रिया–कलाप और लारादि के गिरने से जुगुप्सा का भाव उत्पन्न होता है। लंका युद्ध का वर्णन जुगुप्सा उत्पन करने वाला है इसमें मदिरा–पान, प्राणियों की हिंसा, सड़े हुए मांस की दुर्गन्ध आदि का वर्णन जुगुप्सा जाग्रत करता है।

7. विस्मय (अदभुत रस)

अदभुत रस का स्थाई भाव आश्चर्य या विस्मय है। विचित्र वस्तु के देखने व सुनने से जब आश्चर्य का परिपोष होता है। तब अदभुत रस की प्रतीति होती है।[60]

वाल्मीकि रामायण में अनेक स्थलों पर अदभुत रस की अभिव्यक्ति हुई है। धनुर्भंग प्रसंग में शिव का धनुष उठाना ही असाधारण शक्ति का कार्य है। परन्तु राम उसे एक ही क्षण में बिना किसी परिश्रम के देखते–देखते खण्डित कर देते हैं।[61] यह दृश्य आश्चर्य उत्पन्न करने वाला है एक अन्य सन्दर्भ में हनुमान का समुद्र पार करना अलौकिक घटना है। अतः यह वर्णन मन में विस्मय उत्पन्न करता है। अयोध्या से संजीवनी लेकर हनुमान के आकाश मार्ग में उड़ने का वर्णन इन दोनों प्रसंगों में हर्ष, चपलता, संतोष, धुति, आदि संचारियों का विभाव रूप में वर्णन है।

रामायण में रावण की सभा का ऐश्वर्य और लंका की दिव्यता हनुमान के मन में विस्मय उत्पन्न करती है। इस प्रसंग में वाल्मीकि ने समोहन संचारी द्वारा विस्मय का उत्कर्ष दिखाया है।

8. हास (हास्य रस)

हास्य रस का स्थाई भाव हास है, जिसे चित का विकास कह सकते हैं। भरतमुनि ने इसकी उत्पति का मूल कारण विकृति बताया है। अभिनव गुप्त ने रसों के आभास और अनोचित्स से हास्य की सिद्धि मानी है।[62] रामायण में हास्य रस कम ही देखने में आया है। रामायण में हास्य सम्बन्धी रस ज्यादातर वानरों की मूर्खतापूर्ण चेष्टाओं से उत्पन्न होता है।

9. शम (शांत रस)

वाल्मीकि रामायण में शान्त रस का अनेक स्थलों पर परिपाक हुआ है। दशरथ की मृत्यु होने पर जब भरत को कैकय प्रदेश से बुलाया जाता हैं तो भरत अयोध्या में पहुंच कर यह देखते हैं कि रागयुक्त मधुर कलरव करने वाले मतवाले मृगों और पक्षियों का तुमुल शब्द अभी तक सुनायी नहीं पड़ रहा है। वादन दण्ड द्वारा बजायी जानेवाली भेरी, मृदंग और वीणा का जो आघातजनित शब्द होता है। वह पहले

अयोध्या में सदा होता रहता था कभी उसकी गति अवरूद्ध नहीं होती थी। परन्तु आज वह शब्द न जाने क्यों बन्द हो गया है।[63] इस प्रसंग में वाल्मीकि ने शान्त रस का उत्कर्ष दिखाया है। एक अन्य सन्दर्भ में जब सीता रसातल में प्रवेश करती है तो उस समय सब और शान्ति का वातावरण छा जाता है और श्री राम करूण विलाप करते है। इस प्रकार वाल्मीकि ने रामायण में प्रत्येक रसों का उत्कर्ष किया।

रामायण में रस सृष्टि

रस सिद्धान्त भारतीय साहित्य की आधारशिला है। इस देश में 'रस' और 'साहित्य' एक प्रकार से पर्यायवाची बन गये हैं। साहित्य में रस को यह महत्ता कब से प्राप्त हुई, यह कहना कठिन है। वैदिक साहित्य में 'रस' का उल्लेख अवश्य है। परन्तु साहित्य शास्त्रीय अर्थ में इसका प्रयोग संभवतया भरत मुनि के नाट्यशास्त्र से ही आरम्भ हुआ है।

वाल्मीकि रामायण के भी प्रामाणिक अंशों में 'रस' शब्द का प्रयोग साहित्य शास्त्रीय अर्थ में नहीं मिलता, संगीत और व्याकरण के अतिरिक्त किसी भी साहित्य संबन्धी तत्व की चर्चा आदि कवि ने नहीं की है। बालकाण्ड में अवश्य आठ रसों का उल्लेख हुआ है। जो नाट्यशास्त्र में गिनाये हुए ही आठ रस हैं। शान्त रस इनमें नहीं है। रामायण के अध्ययन के बाद यह निश्चित रूप से कहा जा सकता है कि वाल्मीकि को साहित्य शास्त्रीय रस का बोध अवश्य हो चुका था और उनकी रचना में 'रस' का निर्वाह अत्यन्त सहज और स्वाभाविक रूप में हुआ है। बालकाण्ड यद्यपि रामायण के रचना काल का परवर्ती और अप्रमाणिक अंश माना जाता है परन्तु ये समस्त संदिग्ध अंशमूल रचना के पूरक और परिशिष्ट ही तो है, अतः आठ रसों का उल्लेख किसी योग्य कथावाचक या गायक ने, जिनके द्वारा रामायण कथा का विस्तार किया गया है मूल कृति के अनुशीलन के बाद ही किया होगा। रामायण में जीवन की जितनी विविध स्थितियां हैं उन्हें देखते हुए भी आदिकवि में समस्त रसों का समावेश होना स्वाभाविक है।

रस का सम्बन्ध प्रारम्भ में नाटक से ही माना जाता रहा और नाटक सम्बन्धी अनेक तत्वों का उल्लेख वाल्मीकि रामायण के होने से भी यह निष्कर्ष निकाला जा सकता है कि आदिकवि रस की महत्ता को समझते थे।[64]

बालकाण्ड में नाट्यों संघों का उल्लेख हुआ है। अयोध्याकाण्ड में शैलूष (अभिनेता) शब्द आया है। अन्यत्र गीत–वाद्य और नृत्य की चर्चा हुई है। ये नाटकीय उपकरण रामायण में रस की सत्ता के ज्ञापक हैं। आचार्य आनन्दवर्धन ने लिखा है–रामायणे हि करूणा रसः स्वयंआदि कविता सूत्रित। रामायण कालीन समाज और

संस्कृति का अध्ययन करने वाले विद्वानों का भी विचार है कि वाल्मीकि के समय में रस सिद्धान्त स्वीकृत एवं परिपुष्ट हो चुका था। और यह निश्चित है कि आदिकाव्य और महाकाव्य रामायण रसों का आकार ग्रन्थ है।

श्रृंगार रस

वाल्मीकि ने धनुष यज्ञ का प्रसंग अत्यन्त साधारण रूप में उपस्थित कर उसका उपयोग श्रृंगार रस की निष्पति के लिए नहीं किया है। रामायण में राम और सीता का आदर्श प्रेम कथा का मुख आधार है। सीता का राम के साथ वनगमन और राम का सीता के लिए महायुद्ध दोनों के पारस्परिक प्रेम के उज्वल प्रमाण हैं। कुछ राज्याश्रित कवियों ने विलास के वासनात्मक चित्र उपस्थित करके यद्यपि श्रृंगार रस के उच्च पद को ठेस पहुँचाई, परन्तु यह रस सदैव से रसराज रहा है। जीवन में रिति या प्रेम सबसे अधिक व्यापक भाव है। महाकाव्य में जीवन का विशद चित्र उपस्थित होने के कारण श्रृंगार रस का विशेष महत्व होना स्वाभाविक ही है।[65] वन में सीता राम के साहचर्य–तोष के वर्णन में रति की हल्की सी व्यंजना हुई है। इस अवसर पर निर्वासन के सम्बन्ध में राम की औचित्यीकरण प्रवृति के संसर्ग में सीता के प्रति उनका भाव व्यक्त हुआ है। यह रति भाव औचित्यीकरण का एक अंग मात्र है। अतः वहाँ स्वतंत्र रूप से संयोग श्रृंगार की अभिव्यक्ति नहीं हुई है।

वाल्मीकि रामायण में शान्त और करुणा दोनों में अंगरूप में रति का सफलतापूर्वक एवं अत्यन्त स्वाभाविक समावेश हुआ है। संकट की चेतना में साहचर्य कामला और वियोगाशंका ने जो रति के अंगभूत भाव है, को और भी तीक्ष्णता उत्पन्न कर दी है। इसी प्रकार सीता के सानिध्य में प्रकृति भोग की तुलना में राज्य लाभ की तुच्छता का बोध बहुत ही स्वाभाविक एवं हदय स्पर्शी ढंग से राज्य के प्रति राम की विरक्ति से जुड़ गया है। ऐसी स्वाभाविक एवं प्रभावशाली स्थिति में शांत, और श्रृंगार तथा करूणा और श्रृंगार का विरोध घुल कर बह गया है। अरण्यकाण्ड में खर–दूषण–वध के उपरान्त सीता द्वारा राम के आलिंगन तथा ऋषियों से राम की प्रशंसा सुनकर, उनके हर्षित होने के उल्लेख में वीर रस के संसर्ग में संयोग श्रृंगार की एक हल्की सी झलक मिलती है। दोनों मिश्र रस है। वाल्मीकि ने दोनों की इस भिन्नता का प्रयोग बड़े उपयुक्त रूप में किया है। यहां श्रृंगार से वीर को बल मिला है। वास्तविकता यह है कि वाल्मीकि रामायण में रति के संयोग पक्ष की अभिव्यक्ति बहुत सीमित है जहां यह अभिव्यक्ति हुई भी है, वहां परिदृश्य की समग्रता में वह अंग मात्र बनकर रह गई है अथवा उसकी प्रधानता के समक्ष गौण पड़ गई है यद्यपि खर–दूषण–वध के उपरान्त संयोग श्रृंगार के लिए अनुकूल परिस्थिति उपलब्ध हुई है। फिर भी वहां वीर रस का सहायक ही प्रतीत होता है। वीर रस–पूर्ण प्रसंग में

श्रृंगार के लिए बहुत कम स्थान दिया गया है। फलतः मैत्री भाव के बावजूद वीर के समक्ष श्रृंगार गौण ही रहा है।[66]

रामायण में रस, अंलकार, गुण, वक्रोक्ति, ध्वनि, औचित्य सभी सम्प्रदायों का सम्यक समावेश मिलता है। आदि काव्य में ही इन सम्प्रदायों का अंकुर दृढ़ता से जम चुका था। जिसका निदर्शन समग्र काव्य में किया गया है। उक्त सभी रूपों का सतुलित रूप सहज एवं स्वाभाविक रूप में मिलता है। रामायण में ये कलात्मक तत्व काव्य में सहज सौन्दर्य सरसता स्थापित करते हैं। इन तत्वों का यथानुकूल प्रदर्शन ही काव्य की सफलता निर्धारित करता है। रस सम्प्रदाय के मूलभूत सूत्र विभावानुभाव व्याभिचारिसंयोगात रसनिष्पत्तिः का सम्यक प्रतिपादन रामायण में किया गया है।

वाल्मीकि रामायण मनोरम उपमाओं तथा उत्प्रेक्षाओं का एक विराट भव्य प्रसाद है, परन्तु उसके बाह्म आवरणों में उसका विशुद्व रसमय ह्रदय भली भान्ति इतने स्पष्ट रूप में झलक रहा है कि उसकी सत्ता का परिचय हमें पद–पद पर प्राप्त होता है। कुछ आलोचकों का कहना है कि रामायण करूण रस प्रधान काव्य है क्योंकि क्रौंच वध की घटना से इसका प्रारम्भ होता है और सीता के भूमि प्रवेश से विदारक प्रसंग का अन्त करुण रस को दिखाता है। परन्तु वस्तुतः तथ्य यह नहीं हैं सभ्यता के प्रधानस्तम्भ रूप, इस काव्य में समग्र जीवन की व्यापक अभिव्यक्ति की गई है और अपने काव्य में भगवान राम का चित्रण, इसका लक्ष्य न होने के कारण इसमें धार्मिक भावना की प्रबलतम रूप में व्यक्त नहीं हुई है, अपितु 'तैः युक्त श्रूयता नरः' के अनुसार उत्तम गुणों से युक्त नर चरित्र का चित्रण ही इसके प्रमुख लक्ष्य है।[67] इसमें मानव जीवन से सम्बन्धित अनेक स्थितियों का दिग्दर्शन कराया गया। अतएव जहां इसमें एक ओर 'राम रावण युद्ध' के प्रसंग में वीर, रौद्र, करूण, भयानक, अदभुत, वीभत्स आदि रसों का प्रबल वेग है। वहीं दूसरी ओर वनस्थली के शान्त मनोरम तपोवन शान्त रस की प्रतिष्ठा करते हैं। परन्तु जीवन से उपरामता के ये दृश्य निश्चेष्टता की ओर प्रेरित नहीं करते। इसी वनस्थली में रामायण के प्रमुख नायक के संयोग तथा वियोग श्रृंगार के प्रसंग रसाभिभूत करते हैं।

सन्दर्भ सूची

1. वाल्मीकि रामायण तथा रामचरित मानस का तुलनात्मक अध्ययन पृ. 284
2. वाल्मीकि रामायण तथा रामचरित मानस का तुलनात्मक अध्ययन पृ. 285
3. वाल्मीकि रामायण तथा रामचरित मानस का तुलनात्मक अध्ययन पृ. 301
4. वाल्मीकि रामायण तथा रामचरित मानस का तुलनात्मक अध्ययन पृ. 301

5. वाल्मीकि रामायण तथा रामचरित मानस का तुलनात्मक अध्ययन पृ. 302
6. वही. पृ. 302
7. वही. पृ. 303
8. वही. पृ. 316
9. वही. पृ. 317
10. वही. पृ. 322
11. वही. पृ. 332
12. वही. पृ. 333
13. वही. पृ. 349
14. वही. पृ. 350
15. वही. पृ. 350
16. वही. पृ. 364
17. वही. पृ. 365
18. वही. पृ. 365—366
19. वही. पृ. 366
20. वही. पृ. 399—400
21. वही. पृ. 400
22. वही. पृ. 401
23. रामकथा के पात्र पृ. 117
24. रामकथा के पात्र पृ. 118
25. रामकथा के पात्र पृ. 118
26. रामकथा के पात्र पृ. 121
27. रामकथा के पात्र पृ. 122
28. वाल्मीकि और तुलसी साहित्यिक मूल्यांकन पृ. 453
29. वाल्मीकि और तुलसी साहित्यिक मूल्यांकन पृ. 453
30. वाल्मीकि और तुलसी साहित्यिक मूल्यांकन पृ. 455
31. वही. पृ. 456
32. वही. पृ. 458

33. वही. पृ. 458
34. वही. पृ. 459
35. वही. पृ. 461
36. वही. पृ. 433
37. वही. पृ. 434
38. वही. पृ. 435
39. वही. पृ. 437
40. वही. पृ. 442–443
41. वही. पृ. 447
42. हिन्दी के आधुनिक रामकाव्य का अनुशीलन पृ. 213
43. हिन्दी के आधुनिक रामकाव्य का अनुशीलन पृ. 214
44. हिन्दी के आधुनिक रामकाव्य का अनुशीलन पृ. 218
45. वही. पृ. 231
46. वाल्मीकि रामायण 2.57.6–13
47. वा. रा. 2.65.19–27
48. वा. रा. 2.72. 15–17
49. हिन्दी के आधुनिक रामकाव्य का अनुशीलन पृ. 236
50. वा. रा. पृ. 7.48.26
51. वा. रा. पृ. 2.96.25–30
52. हिन्दी के आधुनिक रामकाव्य का अनुशीलन पृ. 241
53. हिन्दी के आधुनिक रामकाव्य का अनुशीलन पृ. 242
54. वा. रा. पृ. 3.18.7–10
55. हिन्दी के आधुनिक रामकाव्य का अनुशीलन पृ. 245–246
56. वही. पृ. 246–247
57. वही. पृ. 248–249
58. वही. पृ. 250
59. वा. रा. पृ. 3.44.24
60. काव्य दर्पण, रामदहिंन मिश्र, पृष्ठ 256

61. वा. रा. पृ. 1.67.15–16
62. हिन्दी के आधुनिक रामकाव्य का अनुशीलन पृ. 257
63. वा. रा. पृ. 2.71.27,29
64. वाल्मीकि और तुलसीः साहित्यिक मूल्यांकन पृ. 317
65. वाल्मीकि और रामचरितमानस सौन्दर्य विधान का तुलनात्मक अध्ययन पृ. 214
66. वाल्मीकि और रामचरितमानस सौन्दर्य विधान का तुलनात्मक अध्ययन पृ. 215
67. वाल्मीकि और रामचरितमानस सौन्दर्य विधान का तुलनात्मक अध्ययन पृ. 219

3

रामायण में सांगीतिक तत्त्व

पूर्व अध्याय में हमने रामायण के काव्यात्मक स्वरूप एवं सौन्दर्य की चर्चा की। इस अध्याय में हम रामायण में वर्णित सांगीतिक तत्त्वों की चर्चा करने का प्रयास करेंगे।

रामायण के संगीत की चर्चा हम दो प्रकार से कर सकते हैं–प्रथम तो यह कि रामायण काव्य गेय काव्य है। कहने का अभिप्राय यह है कि वाल्मीकि कृत रामायण, गेय रचना है। इसका गान किया जाता है। स्वयं वाल्मीकि के अनुसार रामायण का निर्माण गेय काव्य के रूप में हुआ है। बालकाण्ड के चौथे सर्ग में इसका प्रमाण मिलता है। रामायण के अनुष्टुप छन्द की रचना ही इसके संगीत मूलक होने के सम्बन्ध में उल्लेख रामायण में पाये जाते हैं।

बालकाण्ड द्वितीय सर्ग के 18वें श्लोक में यह लिखा है कि शोक से पीड़ित हुए मेरे मुख से जो वाक्य निकल पड़ा है, वह चार चरणों में आबद्ध है और उसके चारों चरण बराबर हैं। अर्थात् प्रत्येक चरण में 8–8 अक्षर हैं। इसे वीणा की लय पर गाया भी जा सकता है।[1] काव्य की दृष्टि से आठ अक्षर के चरण वाला छन्द चार चरणों के योग से 32 अक्षर का बनता है। इसे अनुष्टुप छन्द कहते हैं। पुनः इसी सर्ग के 42वें और 43वें श्लोक में भी यह कहा गया है कि इस श्लोक युक्त छन्दबद्ध काव्य में पद माधुर्य है और प्रसाद गुण है। छन्दोबद्ध रचना का पाठ भी होता है तथा वह गान की आधार भी बनती है। इस रचना का गान लव तथा कुश के द्वारा किया गया। रामायण के बालकाण्ड के चौथे सर्ग में स्पष्ट रूप से लिखा है कि यह महाकाव्य

पढ़ने और गाने में भी मधुर है। द्रुत, मध्य और विलंबित तीनों गतियों से युक्त है तथा षडज आदि सात स्वरों से युक्त है। वीणा बजाकर स्वर और ताल के साथ गाने के योग्य है।[2] यह काव्य शृंगार, करुण, हास्य, रौद्र, भयानक तथा वीर आदि सभी रसों से अनुप्राणित है।[3] अगले श्लोक में यह बताया गया है कि गान्धर्व शास्त्र के तत्त्वों को जानने वाले स्थान, मूर्च्छना के जानकार तथा मधुर स्वर से सम्पन्न दो भाईयों के द्वारा इसका गान किया गया है।[4] मूलतः लव–कुश जैसे कुशल गायकों के द्वारा गाये गये। इस गेय काव्य में साहित्य तथा संगीत का चारू समन्वय उपस्थित हुआ है।[5]

इस प्रकार इन सन्दर्भों के आधार पर यह प्रमाणित होता है कि रामायण गेय रचना है, जो कि संगीत का आधार है। रामायण में संगीत की चर्चा का दूसरा प्रकार वह है जिसमें रामायण काव्य के अन्तर्गत संगीत के तत्त्वों के सन्दर्भ प्राप्त होते हैं।

रामायण में जैसे कि हमने पूर्व में कहा है कि रामायण में लगभग 24000 श्लोक संकलित है, जिनमें लगभग 350 श्लोक ऐसे हैं, जिनमें संगीत का वर्णन प्राप्त होता है। इन श्लोकों में संगीत के तत्त्व, गीत, स्वर, मूर्च्छना, लय, ताल आदि का उल्लेख मिलता है। इसके अतिरिक्त वाद्य यंत्र वादन के उपकरण और कहीं वादन के सिद्धान्त के संकेत मिलते हैं। इसी प्रकार नृत्य सम्बन्धी जानकारी भी प्राप्त होती है। इन्हीं संन्दर्भों के आधार पर हम यहाँ रामायण में वर्णित सांगीतिक तत्त्वों की चर्चा करेगें।

1. गायन के तत्त्व
2. वादन के तत्त्व
3. नृत्य के तत्त्व

गायन के तत्त्व

रामायण में वर्णित सन्दर्भों से हमें गायन के तत्त्वों का पता चलता है। रामायण में गान के लिए गीत, गीति, गान, गायन्त, गायमानो, गायताम, गाथा, गन्धर्व आदि शब्दों का प्रयोग किया है। बालकाण्ड के चौथे सर्ग में वाल्मीकि ने गायक के गुण का वर्णन करते हुए लव–कुश के गान को गीतियों तथा श्रुतियों से परिपूर्ण बताया है।[6] इसी प्रकार अयोध्या काण्ड में गायन के तत्त्वों के विषय में एक उल्लेख मिलता है जिसमें गायन के लिए तुमुल शब्द का प्रयोग किया है। गायन के तत्त्वों के अन्तर्गत गान्धर्व तथा साम का सामूहिक उल्लेख रामायण में है। अयोध्या काण्ड के 76वें सर्ग में वाल्मीकि ने सामगान करने वाले विद्वानों को शास्त्रीय पद्धति द्वारा साम–श्रुतियों का

गान करते हुए बताया है।[7] रामायण में गन्धर्व संगीताचार्यों में विश्ववसु, हाहा, हू हू, नारद, तुम्बरू, गोप आदि का भी उल्लेख है। इन्होंने सेना सहित भरत के स्वागतार्थ के लिए आरोह–अवरोह से युक्त, कोमल, मधुर तथा समताल से विशिष्ट और लय–गुण से सम्पन्न गान किया था। इसी प्रकार किष्किन्धा काण्ड के 33वें सर्ग में गान के गुण का वर्णन करते हुए वाल्मीकि जी लिखते हैं कि सुग्रीव के महल में प्रवेश करते समय लक्ष्मण ने वीणा की लय पर कोमल कण्ठ से युक्त गान सुना।

इस गान का प्रत्येक पद और अक्षर का उच्चारण सम ताल का प्रदर्शन करते हुए हो रहा था।[8] वाल्मीकि ने गान के लिए हृदय, कण्ठ और मूर्ध–ये तीन स्थान बताये हैं। रामायण में गान के तत्त्वों के अन्तर्गत गाथा गान का भी उल्लेख मिलता है। रामायण में वाल्मीकि ने गान को मन्द्र, मध्यम तथा तार, स्वर के भेद से उच्चारित, विशेषताओं से युक्त स्वरों को अलापने की अपूर्व शैली बताई है।

जाति

रामायण में गान्धर्व के जिन तत्त्वों का उल्लेख पाया जाता है, उनमें स्वर, मूर्च्छना, पाठ्य, स्थान, ताल, लय, प्रमाण, जाति एवं रस है। रामायण में जातियों का उल्लेख दो अर्थों में प्राप्त होता है–(1) पाठ्य–जाति के रूप में, तथा (2) स्वर जाति के रूप में। पाठ्य जाति का निर्माण विभिन्न वृत्तों तथा अक्षरों से होता है[9] तथा स्वर जातियों का निर्माण विविध स्वर रचनाओं के द्वारा होता है। पाठ्य जाति का उल्लेख रामायण में निम्न रीति से हुआ है–

1. तां स सुश्राव काकुत्स्थः पूर्वाचार्यविनिर्मिताम्।
अपूर्वां पाठयजाति च गेयेन समलंकृताम।।[10]

2. पाठये गेये च मधुरं प्रमाणैस्त्रिभिरन्वितम्।
जातिभिः सप्तभिर्युक्तं तन्त्रीलयसमन्वितम्।।[11]

गान्धर्व गान में कुशल कुश और लव के द्वारा जो वस्तु प्रस्तुत की गई थी, वह पाठ्य तथा गेय दोनों दृष्टियों में मधुर थी। पाठ्य का तात्पर्य रामायण के काव्यबद्ध से है। रामायण का गेय रूप जैसा निर्देश था, वैसा ही काव्य रूप भी है।[12] काव्य तथा गीत के तुल्य महत्त्व का स्पष्ट संकेत रामायण में निम्न श्लोक द्वारा दिया गया है–

प्रविशन्नेव सततं शुश्राव मधुर मधुरस्वनम्।
तन्त्रीगीतसमाकीर्णं समतालपदाक्षरम्।।[13]

स्वर जाति का स्पष्ट निर्देश रामायण में 'जातिभि सप्तभिर्युक्तं तन्त्रीलयसमन्वितम्' से पाया जाता है अर्थात् कुशलव के द्वारा प्रस्तुत रामायण गान सप्त जातियों में

निबद्ध था तथा तन्त्रीलय से समन्वित था। रामायणकालीन जाति प्रणाली के सम्बन्ध में निम्न विवेचन उपादेय होगा।

भरत के अनुसार षडज तथा मध्यम दो ग्रामों को मिलाकर शुद्ध जातियाँ 7 हैं तथा शुद्धविकृत अथवा मिश्र जातियाँ 11 हैं।[14] रामायण में उल्लिखित सप्त जातियों के उद्देश्य से यह प्रमाणित है कि सात शुद्ध जातियों का प्रचार उस काल में था। इसके माध्यम से तत्कालीन ग्राम की समस्या सहज ही हृदयंगम हो सकती है। उपयुक्त सात जातियों में से चार षडज ग्राम की जातियां है। तथा शेष तीन मध्यम ग्राम की है। अतः यह भी स्पष्ट है कि रामायणकाल में संगीत के अन्तर्गत षडज तथा मध्यम ग्रामों का प्रचलन था। इन दो ग्रामों के माध्यम से तत्कालीन स्वरों का परिचय भी सहज सम्भाव्य है। सप्त शुद्ध स्वरों के प्रयोग के सम्बन्ध में तो सन्देहावकाश नहीं, परन्तु इनके अतिरिक्त अन्तर ग तथा काकलि नि का प्रयोग भी होता होगा, ऐसा प्रतीत होता है। भरत के अनुसार मध्यम ग्राम की मध्य तथा पंचमी इन दो जातियों में स्वर साधारण के रूप में काकलि निषाद तथा अन्तर गन्धार का प्रयोग विहित है। अतः इन जातियों के प्रयोग में अन्तर ग तथा काकलि निषाद का प्रयोग भी किया जाता रहा, इसमें सन्देह नहीं जैसा कि हम पहले भी बता चुकें है कि गान्धर्व के अन्तर्गत रामायण में ताल, स्थान, लय, प्रमाण, करण तथा रस का अन्तर्भाव किया गया है। शत्रुघ्न के सम्मुख जो गान हुआ था वह त्रिस्थानकरणन्वित था। करण से अभिप्राय तालदर्शक प्रहारों से है, जिससे यह स्पष्ट है कि रामायण का गान ताल तथा लय के साथ सम्यक् रूप से किया जाता था।

रामायण के गान में 'रक्त' गुण सम्पन्न होने के सम्बन्ध में वाल्मीकि लिखते है कि सहितौ मधुरं रक्तं सम्पन्न स्वरसम्पदा।[15] उत्तरकाण्ड में रामायण की पाठ्य–जाति बहुप्रमाण बतलाई है (7.94.3)। प्रमाण का अभिप्राय लय से है, जो कि त्रिविध है–द्रुत, मध्य तथा विलम्बित। 'प्रमाणनि द्रुतमध्यविलम्वितानि'। रामायण कालीन काव्यगान में रसाभिव्यक्ति काव्य का उदेश्य माना जाता था। इसको वाल्मीकि ने निम्न श्लोक द्वारा बताया है।

रसैः शृंगारकरुणहास्य रौद्रभयानकैः।
वीरादिभी रसैर्युक्तं काव्यमेतदगायताम।।[16]

जातियों के अतिरिक्त राग प्रणाली के अस्तित्व के सम्बन्ध में संकेत रामायण में मिलता है। इस सम्बन्ध में सुन्दर काण्ड में उपलब्ध पंक्ति आयीं हैं।

चरितं कैशिकाचार्यैरैरावतनिपेविते

कैशिकाचार्य शब्द की व्याख्या में टीकाकार गोविन्दराज का निम्न कथन है–

कैशिके रागविशेषं आचार्यैः विधधरविशेपैरित्यर्थः

अन्य टीकाकार की व्याख्या मिलने जुलने वाली है। जैसे–

'कैशिकं गाननृत्यविद्या तदाचार्यैस्तुम्बरूप्रभृतिगन्धर्वैश्चारिते सेविते।

टीकाकार की यह सम्मति युक्तियुक्त प्रतीत होती है। कैशिक राग प्राचीन ग्रामरागों में से अन्यतम है, जिसका उल्लेख नारदीय शिक्षा तथा नाट्यशास्त्र आदि प्राचीन ग्रन्थों में परम्परागत रूप से हुआ है। हरिवंश पुराण के साक्ष्य से स्पष्ट है कि ई. पूर्व शताब्दियों में गान्धर्व के अन्तर्गत कैशिक आदि ग्राम रागों का प्रर्याप्त प्रचलन था।[17]

मूर्च्छना

गायन के तत्त्वों का निर्माण किसी न किसी प्रयोजन के लिए होता है। गायन के मुख्य तत्त्वों में मूर्च्छना एक महत्वपूर्ण तत्त्व है। रामायण में गन्धर्व के जिन तत्त्वों का उल्लेख पाया जाता है, उनमें मूर्च्छना भी एक है। लव–कुश का गायन सर्वश्रुतिमनोहर सुस्वर, आरोह–अवरोह से युक्त तथा लयगुण से सम्पन्न था। इससे स्पष्ट है कि रामायण काल में गान्धर्व के अन्तर्गत श्रुति तथा स्वरों की वैज्ञानिक विवचेना आरम्भ हो चुकी थी। मूर्च्छना के सम्बन्ध में रामायण में निम्न उल्लेख पाया जाता है–

तौ तु गान्धर्वतत्त्वज्ञौ स्थानमूर्च्छनकोविदौ।
भ्रातरौ स्वरसम्पन्नौ गन्धर्वाविव रूपिणौ।[18]

अर्थात् दोनों भाई (लव और कुश) गान्धर्व विद्या के तत्वज्ञ् स्थान और मूर्च्छना के जानकार, मधुर स्वर से सम्पन्न तथा गन्धर्वों के समान मनोहर रूप वाले थे।

संगीत में मूर्च्छना शब्द का व्यवहार मुख्यतः वीणा तन्त्री के साथ किया गया पाया जाता है। रामायण के द्वारा संगीत के प्रसारार्थ आदेश देते हुए वाल्मीकि लव–कुश को मूर्च्छना युक्त गान का आदेश देते हुए कहते हैं।–

इमास्तन्त्रीः सुमधुराः स्थानं वापूर्वदर्शनम्।
मूर्च्छयित्वा सुमधुरं गायतां विगतज्वरौ।।[19]

वाल्मीकि कहते हैं, ये वीणा के सात तार हैं। इनसे बड़ी मधुर आवाज़ निकलती है। इसमें अपूर्व स्वरों का प्रदर्शन करने वाले ये स्थान बने हैं। इनके स्वरों को झंकृत करके–मिलाकर सुमधुर स्वर में तुम दोनों भाई काव्य गान करो और सर्वथा निश्चित रहो।

इस प्रकार वाल्मीकि ने इन श्लोकों द्वारा मूर्च्छना को निदृष्ट किया है।

गायन के सन्दर्भ

रामायण में संगीत शब्द का उल्लेख नहीं है। गायन के लिए गीत, गान्धर्व, गाथा, गायताम, गायमानो, गीति, गान, गायन्त, गायथा आदि शब्दों का प्रयोग प्राप्त होता है। जैसा हमने ऊपर उल्लेख किया है कि गान्धर्व विद्या को जानने वाले दो भाइयों ने रामायण का गान किया। इसी तरह बालकाण्ड के चतुर्थ सर्ग में यह उल्लेख आता है कि वे दोनों राजपुत्र सभी लोगों की प्रशंसा के पात्र थे और ऋषियों के समागम में एकाग्रचित होकर रामायण का गान किया करते थे।[20] यहीं 1.4.17 में इन गाते हुए बालकों की प्रशंसा की गई है कि उनका गीत कितना मधुर है? आगे यह कहा गया है यद्यपि काव्य में वर्णित घटना बहुत दिन पहले हो चुकी है, तो भी इन दोनों बालकों ने इस सभा में प्रवेश करके एक साथ सुन्दर भाव से मधुर, रंजित एवं सुमधुर स्वरों से गान करके उस घटना को मानों प्रत्यक्ष रूप दे दिया हो। यहाँ गान की मधुरता का वर्णन है। यही नहीं, उनके गान को सब गीतियों के जानकार सब श्रुतियों से परिपूर्ण, आयुष एवं पुष्टि करने वाला बताया है।[21]

राम के जन्म पर गन्धर्वों द्वारा मधुर गीत गाये जाने का उल्लेख मिलता है। उस गीत से ऐसा वातावरण बन गया था कि सब और गाने बजाने के ही स्वर गूंज रहे थे।[22] बालकाण्ड में कुशनाभ की सौ कन्याओं का वर्णन है। ये सब कन्याएँ रूप गुण से सम्पन्न थीं और यौवनावस्था को प्राप्त होने पर सुन्दर अंलकारों से अलंकृत हुए, वे गाती, बजाती और नृत्य करती थीं।[23] बालकाण्ड में विश्वामित्र शुनःशेष की रक्षा का सफल प्रयत्न और तपस्या करते हैं तथा मुनिकुमार से कहते हैं, तुम विष्णुदेवता सम्बन्धी यूप के पास जाकर वाणी द्वारा अग्नि की स्तुति करना और इन दो दिव्य गाथाओं का गान करना। इससे तुम मनोवाछित सिद्धि प्राप्त करे लोगे। शुनःशेष एकाग्रचित होकर उन दोनों गाथाओं को ग्रहण करता है।[24] बालकाण्ड में विश्वामित्र को कोकिल के कलख, रम्भा के अनुपम गीत और अप्रत्याशित दर्शन से मन में संदेह हुआ।[25] इसी प्रकार राम आदि चारों भाईयों के विवाहोत्सव पर आकाश से फूलों की बड़ी भारी वर्षा हुई, जो सुहावनी लगती थी। दिव्य दुन्दुभियों की गम्भीर ध्वनि, दिव्य गीतों के मनोहर शब्द और दिव्य वाद्यों के मधुर घोष के साथ झुण्ड की झुण्ड अप्सराएं नृत्य करने लगीं और गन्धर्व मधुर गीत गाने लगे। उन रघुवंशशिरोमणि राजकुमारों के विवाह में यह अदभुत दृश्य हमें बालकाण्ड मके देखने को मिलता है।[26] यही बालकाण्ड के अंतिम सर्गों में 1.76.10 हमें गन्धर्व, अप्सराएं, सिद्ध, चारण, किन्नर, यक्ष, राक्षस और नाग का उल्लेख प्राप्त होता है। तदन्तर बालकाण्ड के अन्त में राजा दशरथ के पुत्रों और वधुओं के साथ अयोध्या में प्रवेश का वर्णन है जिसमें राजपरिवार की उन स्त्रियों ने परम सौभाग्यवती सीता, यशस्विन उर्मिला तथा कुशध्वज की दोनों कन्याओं माण्डवी और श्रुतकीर्ति को सवारी से उतारा और मंगल

गीत गाते हुए, सब वधुओं को घर में लाने का वर्णन है।[27] अयोध्या काण्ड में राम के राज्याभिषेक पर हमें गायन का उल्लेख प्राप्त होता है। उस समय अयोध्या की सारी जनता, सब ओर नटों और नर्तकों के समूहों तथा गाने वाले गायकों के मन और कानों को सुख प्राप्त करने वाली वाणी सुनती थी।[28] इसके उपरान्त अयोध्या काण्ड में कैकेयी दशरथ से भरत के लिए राज्य तथा राम के लिए चौदह वर्ष का वनवास का वर मांगती है। यह वर सुनकर दशरथ कैकेयी से कहते हैं, "अब तक जो तू सांत्वनापूर्ण मीठे वचन बोलकर मुझे आश्वासन देती थी, वो सारी बातें झूठी थीं। जैसे व्याध हरिण को मधुर गीत से आकृष्ट करके उसे मार डालता है, उसी तरह तू भी पहले मुझे लुभाकर अब मेरे प्राण ले रही है।[29] इस प्रकार व्यथित होकर भयंकर उच्छवास लेते हुए मनस्वी राजा दशरथ की वह रात धीरे–धीरे बीत गयी। प्रातःकाल राजा को जगाने के लिए मनोहर वाद्यों के साथ मंगल गान होने लगा, परन्तु उन राजशिरोमणि ने तत्काल मनाही भेजकर वह सब बन्द करा दिया।[30] दशरथ अपने मंत्री सुमन्त्र से राम को बुलाने के लिए भेजते हैं तथा सुमन्त्र राम के महल में जाकर राजा दशरथ का सन्देश श्री राम को देते हैं तथा राम सीता से जाने की अनुमति लेकर लक्ष्मण के साथ अपने महल से बाहर निकलते हैं। उस समय अट्टालिकाओं और भूतल पर खड़ी हुई सर्वांगसुन्दरी युवतियां श्री राम का प्रिय करने की इच्छा से श्रेष्ठ वचनों द्वारा उनकी स्तुति गाने लगती हैं। हिनहिनाते हुए घोड़ों, चिंग्घाड़ते हुए हाथियों, जय–जयकार करते हुए आगे–आगे चलने वाले बन्दियों, स्तुति पाठ करने वाले सूतों, वंश की विरूदावलि बखानने मागधों तथा सर्वश्रेष्ठ गुणगायकों के तुमल घोष के बीच उन बन्दी आदि से पूजित एवं प्रशंसित होते हुए, श्री रामचन्द्र जी कुबेर के समान चल रहे थे।[31] इसके उपरान्त श्रीराम के वनवास चले जाने पर अयोध्या की स्त्रियां घोर विलाप करती हैं तथा वहाँ गाने–बजाने और नाचने के उत्सव बंद हो गये, सबका उत्साह जाता रहा। बाजार की दुकानें नहीं खुली, इन सब कारणों से उस समय अयोध्या नगरी जलहीन समुद्र के समान सुनसान लग रही थी।[32] कौशल्या का विलापपूर्वक राजा दशरथ को उपालम्भ देना और सीता के लिए कहना, जो मांगलिक वस्तुओं से सम्पन्न रहकर, सदा गीत और वाद्य की मधुर ध्वनि सुना करती थीं, वहीं जंगल में मांसभक्षी सिंहों का अमंगलकारी शब्द कैसे सुन सकेगी?[33] राजा दशरथ की मृत्यु अवसर पर 'व्याकरण–ज्ञान से सम्पन्न, सूत, उत्तम रूप से वंशपरम्परा का श्रवण कराने वाले मागध और संगीत शास्त्र का अनुशीलन करने वाले गायन अपने अपने मार्ग के अनुसार पृथक–पृथक यशोगान करते हुए वहाँ आये तथा वे सूतगण स्तूति कर रहे थे–इतने में ही पाणिवादक (हाथों से ताल देकर गाने वाले) वहाँ आये और राजाओं के बीते हुए अद्भुत कर्मों का व्याख्यान करते हुए ताल गति के अनुसार तालियां बजाने लगे। 'शुक आदि पक्षियों तथा ब्राह्मणों के मुख से निकले हुए पवित्र शब्द वीणाओं के मधुर

नाद तथा गाथाओं के आर्शीवाद युक्त गान से वह सारा भवन गूंज उठ।[34] तदन्तर भरत अपने मित्रों से अपने देखे हुए भयंकर स्वप्न का वर्णन करते हैं। मैं भय का कोई कारण नहीं देखता, तो भी भय को प्राप्त हो रहा हूँ। मेरा स्वर बदल गया है तथा मेरी कान्ति भी फीकी पड़ गई है। मैं अपने आपसे घृणा–सी करने लगा हूँ। परन्तु इसका कारण क्या है, यह मेरी समझ में नहीं आता।[35] भरत ने अयोध्या में प्रवेश किया और सुमन्त्र से कहा, 'रागयुक्त मधुर कलरव करने वाले मतवाले मृगों और पक्षियों का तुमुल शब्द अभी तक सुनाई नहीं पड़ रहा है।[36] दशरथ के अन्तिम संस्कार पर ऋत्विजों ने वेदोक्त मन्त्रों का जप किया। सामगान करने वाले विद्वान शास्त्रीय पद्धति के अनुसार साम–श्रुतियों का गायन करने लगे।[37] जब भरत वन में श्री राम से मिलने के लिए जाते हैं, तो भी राम की कुश शय्या देख कर निषादराज गुह से कहते हैं, "जो गीतों और वाद्यों की ध्वनियों से, श्रेष्ठ आभूषणों की झंकारों से तथा मृदंगों की ध्वनि से सदा जगाये जाते थे, बहुत से बन्दीगण जिनकी वन्दना करते थे, सूत और मागध अनुरूप गाथाओं और स्तुतियों से जिनको जगाते थे, वे शत्रु संतापी, श्री राम अब भूमि पर कैसे शयन करते होगें।[38] निषादराज गुह से मिलने के बाद भरत, भरद्वाज मुनि के आश्रम में, जो जहाँ भरद्वाज मुनि सेना सहित भरत का दिव्य सत्कार करते हैं तथा विश्वावसु, हाहा और हू हू आदि देव गन्धर्वों का तथा उनके साथ समस्त अप्सराओं का भी आवाहन करते हैं तथा जो अप्सराएं इन्द्र सभा में उपस्थित होती है तथा जो देवांगनाएं ब्रह्माजी की सेवा में जाया करती है उनका भी वे आवाहन करते हैं। वे सभी अलंकारों तथा नृत्यगीत के लिए अपेक्षित अन्याय उपकरणों के साथ यहाँ पधारें। इन सबके आने पर वहाँ संगीत का वह शब्द पृथ्वी, आकाश तथा प्राणियों के कर्णकुहरों में प्रविष्ट होकर गुँजने लगा। आरोह–अवरोह से युक्त, वह शब्द कोमल एवं मधुर था, समताल से विशिष्ट और लयगुण से सम्पन्न था। इनके सिवा नन्दनवन से बीस हजार अप्सराएँ भी आयीं। नारद, तुम्बरु और गोप अपनी कान्ति से सूर्य के समान प्रकाशित होते थे। ये तीनों गन्धर्वराज भरत के सामने गीत गाने लगे। सहस्त्रों सैनिक फूलों के हार पहनकर नाचते हंसते और गाते हुए, सब ओर दौड़ते–फिरते थे।[39] चित्रकूट में भरत राम से मिलते हैं और राम से कहते हैं, "अब अयोध्या में पहले की भाँति सब ओर फैला हुआ, गाने बजाने का गम्भीर नाद नहीं सुनाई पड़ता। यह कितने कष्ट की बात है।[40] इस प्रकार अयोध्याकाण्ड के बाद अरण्यकाण्ड में हमें सांगीतिक तत्त्वों का कई जगह उल्लेख मिलता है, जिसमें सबसे पहले हमें अरण्यकाण्ड के चौथे सर्ग में ही गायन का सन्दर्भ मिलता है। जिसमें विराध अपना परिचय देता हुआ, श्री राम और लक्ष्मण से कहता है, "मुझे शाप के कारण इस भयंकर राक्षस शरीर में आना पड़ा था। मैं तुम्बरू नामक गन्धर्व हूँ। कुबेर ने मुझे राक्षस होने का शाप दिया था। जब मैंने उन्हें प्रसन्न करने की चेष्टा की, तब वे मुझसे इस प्रकार बोले, "गन्धर्व, जब दशरथनन्दन श्री राम युद्ध में तुम्हारा

वध करेंगे, तब तुम अपने पहले वाले स्वरूप को प्राप्त होकर स्वर्ग लोक को जाओगे।"[41] अरण्यकाड के एकादश सर्ग में भी हमें गायन का सन्दर्भ मिलता है। जिसमें प्रकृति में गायन का वर्णन किया है और कहा है, "स्वच्छ जल से भरे हुए उस रमणीय सरोवर में गाने बजाने का शब्द सुनाई देता था, किन्तु कोई दिखाई नहीं दे रहा था। वहाँ क्रीड़ा विहार में लगी हुई, उन अप्सराओं के ही वाद्यों की यह ध्वनि सुनाई देती है, जो भूषणों की झंकार के साथ मिली हुई हैं। साथ ही उनके गीत का शब्द सुनाई पड़ता है।[42] वाल्मीकि रामायण के अरण्यकाण्ड में एक अन्य सन्दर्भ में हमें गायन का तत्त्व प्राप्त होता है। इस सन्दर्भ में जब रावण सीता हरण के विचार से मारीच से मिलने जाता है, तो आकाश मार्ग से यात्रा करते हुए कुबरे के छोटे भाई रावण ने रास्ते में सब ओर बहुत से श्वेत वर्ण के विमानों, गन्धर्वों तथा अप्सराओं को भी देखा। वे इच्छानुसार चलने वाले विशाल विमान पर पुण्यात्मा पुरुषों से सजाया गया था और उनके भीतर से गीत वाद्य की ध्वनि प्रकट हो रही थी।[43] इस प्रकार के गायन के सन्दर्भों का वर्णन हमें अरण्यकाण्ड में मिलता है। अरण्यकाण्ड के अतिरिक्त वाल्मीकि रामायण में किष्किन्धा काण्ड में भी हमें गायन के सन्दर्भ प्राप्त होते हैं, जिसमें सबसे पहला सन्दर्भ किष्किन्धा काण्ड के प्रथम सर्ग में है–जिसमें राम, लक्ष्मण से पम्पा सरोवर की शोभा का वर्णन करते हैं और कहते हैं कि "पर्वत की कन्दरा से विशेष ध्वनि के साथ निकली हुई वायु, मानों उच्च स्वर से गीत गा रही है। मतवाले कोकिलों के कलनाद वाद्य का काम देते हैं और वाद्यों की ध्वनि के साथ वह वायु इन झूमते हुए वृक्षों को मानों नृत्य की शिक्षा सी दे रही है। मधुर, मकरन्द और सुगन्ध से भरे हुए, इन वनों में गुनगुनाते हुए भ्रमरों के व्याज से ये वायु द्वारा हिलाये गये वृक्ष मानों नृत्यु के साथ गान कर रहे हैं। वृक्ष की शाखाओं के अग्रभाग फूलों से ढ़के हैं, जो वायु के झोंके से हिल रहे हैं तथा भ्रमरों को पगड़ी के रूप में सिर पर धारण किये हुए, वे वृक्ष ऐसे जान पड़ते हैं, मानों इन्होंने नाचना गाना आरम्भ कर दिया है।"[44] किष्किन्धा पुरी में पहुँच कर राम वहाँ की प्रकृति का वर्णन करते हैं और कहते हैं कि "यहाँ मधुर अक्षर वाली वाणी के साथ–साथ आभूषणों की झनकारें भी सुनी जाती हैं। वाद्य और गीत की मधुर ध्वनि भी कानों में पड़ती है और दिव्य सुगन्ध का भी अनुभव होता है।"[45] बालि वध के बाद प्रस्त्रवणगिरि पर श्री राम और लक्ष्मण परस्पर बातचीत करते हैं तथा राम लक्ष्मण से कहते हैं कि "मृदंग की मधुर ध्वनि के साथ गर्जते हुए वानरों के गीत और वाद्य का गम्भीर घोष, यहाँ से सुनाई देने लगता है। सुग्रीव राज्य प्राप्त करके और बड़ी भारी लक्ष्मी पर अधिकार प्राप्त करके अपने सुहृदों के साथ आनन्दोत्सव मना रहे हों।"[46]

किष्किन्धा काण्ड के 28वें सर्ग में राम वर्षा ऋतु का वर्णन करते हैं और कहते हैं, "लक्ष्मण देखो विशाल पंखरूपी आभूषणों से विभूषित मोर वन में कहीं नाच रहे

हैं। कहीं जोर–जोर से मीठी बोली बोल रहे हैं और कहीं वृक्षों की शाखाओं पर अपने सारे शरीर का बोझ डालकर बैठे हुए हैं। इस प्रकार उन्होंने कैसा नाच गान का आयोजन–सा कर रखा है। लक्ष्मण देखो! भादों का महीना आ गया है। यह वेदों के स्वाध्याय की इच्छा रखने वाले ब्राह्मणों के लिए उपाक्रम का समय उपस्थित हुआ है। सामगान करने वाले विद्वानों के स्वाध्याय का भी यही समय है।''[47] लक्ष्मण का राजा सुग्रीव के महल में प्रवेश करते ही कानों में संगीत की मीठी तान सुनाई पड़ी, जो वहाँ निरन्तर गूंज रही थी। वीणा की लय पर कोई कोमल कण्ठ से गा रहा था। प्रत्येक पद और अक्षर का उच्चारण समताल का प्रदर्शन करते हुए हो रहा था।[48] सीता की खोज करने के लिए सुग्रीव शतबलि आदि वानरों को उत्तर दिशा की ओर भेजता है तथा वहाँ के स्थानों का परिचय देते हुए कहता है कि "वहाँ निरन्तर उत्कृष्ठ हास परिहास की ध्वनि से युक्त गीत वाद्य का मधुर घोष सुनाई देता है, जो समस्त प्राणियों के मन को आनन्द प्रदान करने वाला है।"[49] किष्किन्धा काण्ड के 51वें सर्ग में एक सन्दर्भ ऐसा आता है, जिसमें हनुमान आदि वानर सीता की खोज करते–करते एक दिव्य गुफा में प्रवेश कर जाते हैं तथा एक वृद्धा तापसी से भेंट करते हैं। वह वृद्धा अपना तथा उस गुफा का परिचय देते हुए कहती है, ''मेरा नाम स्वयंप्रभा है। मैं मेरूसावर्णि की कन्या हूँ। वानर श्रेष्ठ हेमा, मेरी प्यारी सखी है–जो नृत्य तथा गीत की कला में चतुर है। उसने मुझसे अपने भवन की रक्षा के लिए प्रार्थना की थी। इसलिए मैं इस विशाल भवन का संरक्षण करती हूँ।''[50] किष्किन्धा काण्ड के बाद सुन्दर काण्ड में भी गायन प्रचुर सन्दर्भ हमें वाल्मीकि रामायण में मिलते हैं, जिसमें गायन का सबसे पहला सन्दर्भ हमें प्रथम सर्ग में हनुमान द्वारा समुद्र उल्लंघन करते समय मिलता है। आकाश मार्ग से यात्रा करते हुए, वानरवीर हनुमान जी की ऋषि मुनि स्तुति करने लगते हैं तथा देवता और गन्धर्व उनकी प्रशंसा के गीत गाने लगते हैं।[51] लंका में पहुंच कर हनुमान जी रावण के अन्तःपुर में प्रवेश करते हैं तथा वहाँ एक घर से दूसरे घर पर जाते हुए विविध आकार प्रकार के भवन देखते हैं तथा हृदय, कण्ठ और मूर्ध–इन तीन स्थानों से निकलने वाले मन्द्र, मध्यम और उच्च स्वर से विभूषित मनोहर गीत सुनते हैं।[52] रावण के अन्तःपुर में सोयी हुई मन्दोदरी को सीता समझकर अपनी पूँछ पटकने और चूमने लगते है। अपनी वानरों जैसी प्रकृति का प्रदर्शन करते हुए आनन्दित होते हैं तथा खेलने तथा गाने लगते हैं, वे कभी खम्बों पर चढ़ जाते हैं, कभी पृथ्वी पर कूद पड़ते हैं।[53] यह सीता नहीं हो सकती, ऐसा निश्चय हो जाने पर हनुमान जी पुनः रावण के अन्तःपुर तथा पान भूमि का अन्वेषण करने लगते हैं। पान भूमि में वो देखते हैं कि कोई स्त्री क्रीड़ा करने से थकी हुई थीं, तो कोई गीत गाने से। दूसरी नृत्य करके थक गयी थी तथा कितनी ही स्त्रियाँ अधिक मद्यपान करके अचेत हो रही थी। वानरयूथपति

हनुमान जी ने उस पान भूमि में ऐसी सहस्त्रों रमणियों से युक्त देखा जो भाँति–भाँति के आभूषणों से विभूषित रूप लावण्य की चर्चा करने वाली तथा गीत के समुचित अभिप्राय को अपनी वाणी द्वारा प्रकट कर रही थीं।[54] सुन्दर काण्ड के 20वें सर्ग में रावण, सीता को प्रलोभन देता है, और कहता है "मिथिलेशकुमारी! मुझे पाकर तुम विचित्र पुष्प माला, चन्दन, अगरू, नाना प्रकार के वस्त्र, दिव्य आभूषण, बहुमूल्य पेय, शय्या, आसन, नाच, गान और वाद्यों का सुख भोगो।"[55] एक अन्य सन्दर्भ में हमें गायन के तत्त्व प्राप्त होते हैं। इस सन्दर्भ में त्रिजटा राक्षसों के विनाश का स्वप्न देखती है और राक्षसियों को अपने स्वप्न के बारे में बताती है और कहती है कि ''मेरे स्वप्न में यह भी देखने में आया कि तेल पीने वाले तथा लाल मालाओं और लाल वस्त्र धारण करने वाले राक्षसों का वहाँ बहुत बड़ा समाज जुटा हुआ है। गीतों और वाद्यों की मधुर ध्वनि हो रही है।''[56] दूसरी तरफ हनुमान, सीता जी को अशोक वाटिका में खोज लेते हैं। सीता जी से वार्तालाप करने का विचार करते हुए सोचते हैं कि ''जिनका मन अपने जीवन बिन्दु श्री राम में ही लगा है, उन सीता जी को मैं उनके प्रियतम श्रीराम, जो अनायास ही महान कर्म करने वाले हैं, गुण गा–गाकर सुनाऊगा और उन्हें उद्विग्न नहीं होने दूँगा।''[57] सुन्दर काण्ड के 42वें सर्ग में हनुमान, अशोक वाटिका को उजाड़ते हैं। यह समाचार राक्षसियाँ रावण को देती हैं तो रावण हनुमान से युद्ध करने के लिए किंकर नामक राक्षसों को भेजता है। हनुमान जी उन राक्षसों के सामने अपना रूप विशाल कर लेते हैं तथा ''अपनी पूंछ फटकारने लगते हैं जिसका गम्भीर घोष बहुत दूर तक गूंज उठता है। उस घोष से भयभीत होकर पक्षी आकाश से गिर पड़ते हैं। हनुमान जी उस समय बड़े उच्च स्वर से घोषणा करते हैं।''[58] इसके उपरान्त हनुमान जी रावण के मन्त्री के सात पुत्रों का वध करते हैं। उस समय ''मार्ग में खून की नदियाँ बह जाती हैं तथा लंकापुरी राक्षसों के विविध शब्दों के कारण मानों उस समय विकृत स्वर से चित्कार कर रही हो।''[59] इसी काण्ड के एक अन्य सन्दर्भ में हमें गान का उल्लेख मिलता है। जब हनुमान जी लंका को जलाकर पुनः सीता से मिलते हैं तथा उनकी आज्ञा लेकर जाने का विचार करके पर्वतों के अरिष्टगिरि पर चढ़ जाते हैं। पर्वत मानों स्पष्टतया गीत सा गा रहे हों। ऊँचे–ऊँचे देवदारू के वृक्ष मानों हाथ ऊपर उठाये खड़े हों।[60] हनुमान के वापिस आने पर तथा सीता की खोज का समाचार पाकर वानर बहुत प्रसन्न होते हैं तथा यह समाचार राम और सुग्रीव को देने के लिए बड़े हर्ष के साथ किष्किन्धा की तरफ पलायन करते हैं। रास्ते में वह मधुवन में विश्राम के लिए ठहरते हैं। वहाँ पर मधुपान करते हैं। उस मधुपान के मद में आकार ''कोई गाते, कोई हंसते, कोई नाचते, कोई नमस्कार करते, कोई गिरते–पड़ते, कोई जोर–जोर से चलते, कोई उछलते–कूदते तथा कोई प्रलाप करने लगते हैं। कितने ही प्रचण्ड वेगवाले वानर

पृथ्वी से दौडकर बड़े–बड़े वृक्षों की चोटियों तक पहुँच जाते थे। कोई गाता तो दूसरा उसके पास हंसता हुआ जाता था। कोई हंसते हुए के पास जोर–जोर से रोता हुआ पहुँचता था।"[61] इस प्रकार गायन के इस तरह के उल्लेख हमें सुन्दर काण्ड में मिलते हैं। वाल्मीकि रामायण में सात काण्ड हैं तथा सातों काण्डों में ही गायन, वादन तथा नृत्य के सन्दर्भ मिलते हैं। सुन्दर काण्ड के बाद उत्तर काण्ड में भी गायन के सन्दर्भों का उल्लेख पाया गया है, जिसमें गायन का सबसे पहला उल्लेख 16वें सर्ग में है। इस सन्दर्भ में रावण विभीषण का तिरस्कार करता है और कहता है "पूर्व काल की बात है, पद्यवन में हाथियों ने अपने हृदय के उदार प्रकट किये थे, जो अब भी श्लोकों के रूप में गाये और सुने जाते हैं। एक बार कुछ लोगों को हाथ में फंदा लिए आते देख, हाथियों ने जो बातें कही थी–उन्हें बता रहा हूँ, मुझसे सुनो।[62] इसी काण्ड के 18वें सर्ग में गायन का उल्लेख कुछ इस प्रकार हुआ है, "पूर्वकाल में कण्व मुनि के पुत्र सत्यवादी महर्षि कण्डु ने एक धर्म विषयक गाथा का गान किया था। उसे बताता हूँ, सुनो![63] एक अन्य सन्दर्भ में गायन का उल्लेख कुछ इस प्रकार से किया गया है, जिसमें रावण अपने बल की डींग हाँकते हुए कहता है, "मेरा धनुष एक सुन्दर वीणा है, जो बाणों के कोणों से बजायी जाती है। उसकी प्रत्यंचा से जो टंकार ध्वनि निकलती है, वह उसकी भयंकर स्वर लहरी है तथा आर्तों की चीत्कार और पुकार ही उस पर उच्च स्वर में गाया जाने वाला गीत है।"[64] श्री राम युद्ध की इच्छा से वानरों सहित सुवेल शिखर से लंका पुरी का निरीक्षण करते हैं। यह देखते हैं कि लंका के वनों ओर उपवनों में भृंगराज के गीत मुखरित हो रहे हैं, कुरर के शब्द सब और गूंज रहे हैं तथा कोणालक के कलरव हो रहे हैं। सारसों की स्वर लहरियाँ सब ओर छाई हुई हैं। यह देखकर कुछ वानर वीर उस वन और उपवन में घुस गये।[65] इस प्रकार वानर और राक्षसों का युद्ध शुरू हो जाता है। धुम्राक्ष नामक वीर राक्षस युद्ध में कितने ही वानरों को मार डालता है। वानरों और राक्षसों से भरा हुआ वह महान युद्ध, बड़ा भयानक प्रतीत होता था। वह युद्धरूपी गान्धर्व (संगीत महोत्सव) अद्भुत प्रतीत होता था। धनुष की प्रत्यंचा से जो टंकार ध्वनि होती थी, वही मानों वीणा का मधुर नाद था। हिचकियां ताल का काम देती थीं और मन्दस्वर से घायलों का जो कराहना होता था, मानों वही गीत का स्थान ले रहा हो।[66] युद्ध में लक्ष्मण द्वारा इन्द्रजीत के मारे जाने पर आकाश में नाचती हुई अप्सराओं और गाते हुए महामना गन्धर्वों के नृत्य और गान की ध्वनि के साथ देवताओं की दुन्दुभि का शब्द भी सुनायी देने लगा।[67] युद्ध में श्री राम रावण को मारकर विजय प्राप्त करते हैं तथा सीता सहित अयोध्या की तरफ रवाना होते हैं। उधर भरत को राम के अयोध्या लौटने का समाचार प्राप्त होता है, तो वह अयोध्या में श्रीराम के स्वागत की तैयारी करवाते हैं तथा शत्रुघ्न से कहते हैं कि शुद्धाचारी पुरुष कुल देवताओं

का तथा नगर के सभी देवस्थानों का गाजे बाजे के साथ सुगन्धित पुष्पों द्वारा पूजन करें।[68] राम के अयोध्या आने पर भरत श्री राम को राज्य लौटाते हैं तथा कहते हैं, ''अब आप विविध वाद्यों की मधुर ध्वनि से कांची और नूपुरों की झंकार और गीत के मनोहर शब्द सुनकर सोएं और जागें।'' वहीं इसी सर्ग में राम नगर की यात्रा करते हैं। उनकी इस यात्रा में सबसे आगे बाजे वाले थे। वे आनन्दमग्न हो, तुरही, करताल और स्वस्तिक बजाते तथा मंगल गीत गाते थे। इसी सर्ग में 71वें श्लोक में राम के राज्याभिषेक काल में देवगन्धर्व गाने लगे और अप्सराएं नृत्य करने लगीं। भगवान श्री राम इस सम्मान के सर्वथा योग्य थे। इस प्रकार इस काण्ड में कई अवसरों पर हमें गायन के कई सन्दर्भ में प्राप्त हुए जो इस काण्ड की सुन्दरता में और भी चार चांद लगा देते हैं। वाल्मीकि रामायण के उत्तर काण्ड में गायन के जितने सन्दर्भ हमें प्राप्त होते हैं, उतने किसी काण्ड में नहीं मिलते। गायन का सबसे पहला सन्दर्भ द्वितीय सर्ग में मिलता है, जिसमें महर्षि अगस्त्य पुलस्त्य मुनि के गुण और तपस्या का वर्णन करते हैं और कहते हैं कि ''जहां ब्रह्मर्षि पुलस्त्य रहते थे, वह स्थान बड़ा रमणीय था। इसलिए वे सती साध्वी कन्याएं प्रतिदिन वहां आकर गाती बजाती तथा नाचती थी। इस प्रकार उन तपस्वी मुनि के तप में विघ्न डाला करती थीं।''[69] एक अन्य सन्दर्भ में हमें गायन का उल्लेख मिलता है। इस सन्दर्भ में अगस्त्य मुनि श्री राम चन्द्र जी से राक्षस वंश के उत्पति के वर्णन करते हैं तथा राक्षस राज रावण का समलोक पर आक्रमण और उसके द्वारा यमराज के सैनिकों के संहार का वृतान्त सुनाते हैं। इस वृतान्त में राक्षस राज रावण युद्ध की इच्छा से यमलोक जाता है तथा वहाँ देखता है कि एक ओर तो पापी लोगों को तरह–तरह की यातनाएं दी जा रही हैं तथा दूसरी ओर रावण ने देखा, कुछ पुण्यात्मा जीव अपने पुण्यकर्मों के प्रभाव से अच्छे–अच्छे घरों में रहकर संगीत और वाद्यों की मनोहर ध्वनि से आनन्दित हो रहे हैं।[70] उत्तरकाण्ड के 26वें सर्ग में रावण देवलोक पर आक्रमण की इच्छा से कैलाश पर्वत पर छावनी बनाते हैं और वहाँ के विभिन्न स्थानों की सुन्दरता निहारने लगते हैं। मधुर कण्ठवाले कामार्त–किन्नर अपनी कामिनियों के साथ वहाँ रागयुक्त गीत गा रहे थे, जो कानों में पड़कर मन का आनन्द वर्धन करते थे। वहाँ से कुबेर के भवन में गाती हुई अप्सराओं के गीत की मधुर ध्वनि घण्टानाद के समान सुनायी पड़ती थी। संगीत की मीठी तान, भाँति–भाँति के पुष्पों की समृद्धि, शीतल वायु का स्पर्श, पर्वत के आकर्षक गुण, रजनी की मधुवेला और चन्द्रमा का उदय देखकर रावण काम के अधीन हो गया और बारम्बार लंबी सांस खींचकर चन्द्रमा की ओर देखने लगा।[71] वहीं (7.28.26 में) देवेश्वर इन्द्र रावण से युद्ध के लिए निकलते हैं। उनके निकलते ही नाना प्रकार के बाजे बज उठते हैं। गन्धर्व एकाग्र हो जाते हैं तथा अप्सराओं के समूह नृत्य करने लगते हैं। एक अन्य सन्दर्भ में 'श्रीराम को जगाने

वाले सौम्य बन्दीजन राजमहल में उपस्थित हुए, उनके कण्ठ बड़े मधुर थे। वे संगीत की कला में किन्नरों के समान सुशिक्षित थे। उन्होंने बड़े हर्ष में भरकर पथावत रूप से वीर नरेश श्री राम जी का स्तवन आरम्भ किया।[72] एक अन्य सन्दर्भ में हनुमान जी कहते हैं, ''रघुकुलनन्दन नरश्रेष्ठ, जब तक इस पृथ्वी पर रामकथा प्रचलित रहे, तब तक निःसदेह मेरे प्राण इस शरीर में बसे रहें तथा आपकी यह जो दिव्य चरित्र कथा है, इसे अप्सराएं मुझे गाकर सुनाया करें।''[73] एक अन्य सन्दर्भ में जब गर्भिणी सीता का तपोवन देखने की इच्छा होती है, तो वह श्री राम के साथ वन विहार करती है। ''वन विहार करते समय, राम के समीप नृत्य और गीत की कला में निपूर्ण अप्सराएं और नाग कन्याएं, किन्नरियों के साथ मिलकर नृत्य करने लगती हैं। नाचने–गाने में कुशल और चतुर बहुत–सी रूपवती स्त्रियां मधुपान जनित मद के वशीभूत हो, श्री राम के निकट अपनी नृत्य कला का प्रदर्शन करने लगती हैं।[74]

उत्तर काण्ड के 71वें सर्ग में जब शत्रुघ्न अपने सैनिकों के साथ अयोध्या को प्रस्थान करता है, तो मार्ग में वाल्मीकि आश्रम पर ठहरता है तथा वहाँ भोजन करके 'श्रीरामचन्द्र जी के चरित्र का क्रमशः वर्णन सुनता है। यह गान गीत की मधुरता के कारण बड़ा ही प्रिय एवं उत्तम जान पड़ता था। उस बेला में उन्हें जो रामचरित सुनने को मिला था, वह पहले ही काव्यबद्ध कर लिया गया था। वह काव्यगान वीणा की लय के साथ हो रहा था। हृदय, कण्ठ और मूर्ध–इन तीन स्थानों में मन्द्र, मध्यम और तार स्वर के भेद से उच्चारित हो रहा था। संस्कृत भाषा में निर्मित होकर व्याकरण, छन्द, काव्य और संगीत शास्त्र के लक्षणों से सम्पन्न था और गानोचित ताल के साथ गाया था। उस काव्य के सारे अक्षर एवं वाक्य सच्ची घटना का प्रतिपादन करते थे और पहले जो वृतान्त घटित हो चुके थे, उनका यथार्थ परिचय दे रहे थे। वह अद्‌भुत काव्यगान सुनकर पुरुषसिंह शत्रुघ्न मूर्च्छित से हो गये। वे दो घड़ी अचेत से होकर बारम्बार लम्बी सांस खींचते रहे। उस गान में उन्होंने बीती हुई बातों को वर्तमान की भाँति सुना। राजा शत्रुघ्न के जो साथी थे, वे भी उस गीत को सुनकर दीन और नतमस्तक हो बोले, ''यह तो बड़े आश्चर्य की बात है! क्या इस उत्तम गीत बन्ध को हम लोग स्वप्न में सुन रहे हैं?''[75] इस गान को सुनने के पश्चात् ''सोते समय शत्रुघ्न उस उत्तम गान के विषय में अनेक प्रकार की बातें सोचते रहे। इसलिए रात में उन्हें बहुत देर तक नींद नहीं आई। वीणा की लय के साथ, उस रामचरित गान का सुमधुर शब्द सुनकर महात्मा शत्रुघ्न की शेष रात भी जल्दी ही व्यतीत हो गयी।[76] उत्तर काण्ड के 77वें सर्ग में महर्षि अगस्त्य मुनि एक स्वर्गीय पुरूष के शवभक्षण का प्रसंग श्रीराम से सुनते हैं। इस प्रसंग में अगस्त्य एक दिन प्रातकाल स्नान के लिए जाते हैं, तो सरोवर पर एक शव दिखाई देता है। वे

कहते हैं कि मेरे देखते ही देखते वहाँ हंस युक्त और मन के समान वेगशाली एक विमान उतरता है। उस विमान में स्वर्गवासी देवता बैठे थे। उनकी सेवा में सहस्त्रों अप्सराएं बैठी थी। उनमें से कछ मनोहर गीत गा रही थी। दूसरी मृदंग, वीणा और पणव आदि बाजे बजा रही थी। अन्य बहुत–सी अप्सराएं नृत्य करती थीं।[77] उत्तर काण्ड के 93वें सर्ग में श्री राम के यज्ञ में महर्षि वाल्मीकि का आगमन होता है। लव और कुश द्वारा रामायण का गान किया जाता है। इस सन्दर्भ में वाल्मीकि लव और कुश से कहते हैं, "तुम दोनों भाई एकाग्रचित हो, सब ओर घूम–फिरकर बड़े आनन्द के साथ सम्पूर्ण रामायण का गान करो। ऋषियों और ब्राह्मणों के पवित्र स्थानों पर, गलियों में, राजमार्गों पर तथा राजाओं के वासस्थान में भी इस काव्य का गान करो। श्री राम का जो गृह बना है, उसके दरवाजे पर, जहाँ ब्राह्मण लोग यज्ञकार्य कर रहे हैं, वहाँ तथा ऋत्विजों के आगे भी इस काव्य का विशेष रूप से गान करना चाहिए। यहाँ पर्वत के शिखरों पर नाना प्रकार के स्वादिष्ट एवं मीठे फल लगे हैं। भूख लगने पर स्वाद ले लेकर, इस काव्य का गान करते रहना। मैंने पहले भिन्न–भिन्न रांख्या वाले श्लोकों से युक्त रामायण काव्य के सर्गों का जिस तरह तुम्हें उपदेश दिया है, उसी के अनुसार प्रतिदिन बीस–बीस सर्गों का मधुर स्वर से गान करना। ये वीणा के सात तार हैं। इनसे बड़ी मधुर आवाज निकलती है। इसमें अपूर्व स्वरों का प्रदर्शन करने वाले ये स्थान बने हैं। इनके स्वरों को झंकृत करके, सुमधुर स्वर में तुम दोनों भाई काव्य का गान करो और सर्वथा निश्चिंत रहो। तुम्हें आरम्भ से ही इस काव्य का गान करना चाहिए। तुम लोग ऐसा कोई बर्ताव न करना, जिससे राजा का अपमान हो–क्योंकि राजा धर्म की दृष्टि से सम्पूर्ण प्राणियों का पिता होता है। अतएव तुम दोनों भाई प्रसन्न और एकाग्रचित होकर कल सवेरे ही वीणा की लय पर मधुर स्वर से रामायण गान आरम्भ कर दो।[78] रात बीतने पर जब सवेरा हुआ, तब स्नान सन्ध्या के पश्चात समिध–होम का कार्य पूरा करके, वे दोनों भाई ऋषि के बताये अनुसार, वहाँ सम्पूर्ण रामायण का गान करने लगे श्री रघुनाथ जी ने भी यह गान सुना, जो पूर्ववर्ती आचार्यों के बताये हुये नियमों के अनुकूल था। वह संगीत की विशेषताओं से युक्त स्वरों के अलापने की अपूर्व शैली थी। वहाँ पौराणिकों, वैयाकरणों बड़े–बूढ़े, ब्राह्मणों, स्वरों और लक्षणों से युक्त ज्ञाताओं, गीत सुनने के लिए उत्सुक द्विजों को, सामुदिक लक्षणों तथा संगीत विद्या के जानकारों, विशेषतः निगमागम के विद्वानों अथवा पुरवासियों, भिन्न–भिन्न छन्दों के चारणों उनके गुरु लघु अक्षरों तथा उनके सम्बन्धों का ज्ञान रखने वाले वैदिक छन्दों के परिनिष्ठित विद्वानों को, चित्रकला के जानकारों, धर्मशास्त्र के अनुकूल सदाचार के ज्ञाताओं, दर्शन एवं कल्पसूत्र के विद्वानों, नृत्य और गीत में प्रवीण पुरुषों, विभिन्न शास्त्रों के

ज्ञाताओं, नीति–निपुण पुरुषों तथा वेदान्त के अर्थ को प्रकाशित करने वाले ब्रह्मवेत्ताओं को भी वहाँ बुलाया गया। इन सबको एकत्र करके रामायण गान करने वाले उन दोनों बालकों को सभा में बुलाकर बिठाया गया। फिर तो मधुर संगीत का तार बंध गया। बड़ा अलौकिक गान था। गेय वस्तु की विशेषताओं के कारण सभी श्रोता मुग्ध होकर सुनने लगे। किसी को तृप्ति नहीं होती थी। वे सब एकाग्रचित होकर परस्पर इस प्रकार कहने लगे, ''यदि इनके सिर पर जटा न होती और यह वल्कल न पहने होते, तो हमें श्री राम में तथा इन गान करने वाले दोनों बालकों में कोई अन्तर नहीं दिखाई देता।'' नगर और जनपदों में निवास करने वाले मनुष्य, जब इस प्रकार बातें कर रहे थे, उस समय नारद जी के द्वारा प्रदर्शित प्रथम सर्ग–मूल रामायण का आरम्भ से ही गान प्रारम्भ हुआ। वहाँ से लेकर बीस सर्गों तक का गान उन्होंने किया। तत्पश्चात अपराहण का समय हो गया। बीस सर्गों का गान सुनकर भातृवत्सल श्री राम ने अपने भाई भरत से कहा, ''तुम इन दोनों महात्मा बालकों को 18 हजार स्वर्ण मुद्राएं पुरस्कार के रूप में प्रदान करो। इस प्रकार श्री राम, मुनियों और राजाओं के साथ, उस मधुर गीत को सुनकर यज्ञमण्डप में चले गये। इस प्रकार प्रथम दिन कतिपय सर्गों से युक्त सुन्दर स्वर एवं मधुर शब्दों से पूर्ण, ताल और लय से सम्पन्न तथा वीणा की लय की व्यंजना से युक्त, वह काव्य गान, जिसे लव–कुश ने गाया था, श्री राम ने सुना।[79]

इस प्रकार श्रीरघुनाथ जी ऋषियों, राजाओं और वानरों के साथ कई दिनों तक, वह उत्तम रामायण गान सुनते रहे।[80] उत्तर काण्ड के 99वें सर्ग में सीता के रसातल में प्रवेश के पश्चात श्री राम की जीवन चर्चा का वर्णन है। इस सर्ग में श्री राम जब सुबह उठते हैं, तो बड़े–बड़े मुनियों को बुलाकर अपने दोनों पुत्रों से कहा, ''अब तुम निशंक होकर शेष रामायण का गान आरम्भ करो।'' महात्मा महर्षियों के यथास्थान बैठ जाने पर कुश और लव ने भगवान के भविष्य जीवन से सम्बन्ध रखने वाले उत्तर काण्ड का जो उस महाकाव्य का एक अंश था, का गान आरम्भ किया। उत्तर काण्ड के 110वें सर्ग में राम भाइयों सहित विष्णुस्वरूप में प्रवेश तथा साथ आए हुए सब लोगों को संनातक लोक की प्राप्ति का वर्णन है। इस अवसर पर सैकड़ों प्रकार के बाजे बजने तथा गन्धर्वों और अप्सराओं से वह स्थान भर जाता है। इतने में ही श्रीराम जी सरयू के जल में प्रवेश करने के लिए दोनों पैरों से आगे बढ़ने लगते हैं। जो दिव्य ऋषि, गन्धर्व, अप्सरा, गरुड़, नाग, यक्ष, दैत्य–दानव और राक्षस थे। वे भी भगवान श्री राम का गुणगान करने लगते हैं।[81] इस प्रकार वाल्मीकि रामायण के सातों काण्डों में हमें गायन के सन्दर्भ प्राप्त होते हैं।

वादन के तत्त्व

वाल्मीकि रामायण में वादन के जिन तत्त्वों का उल्लेख मिलता है। उनमें ताल, लय, तथा वाद्य प्रमुख है। रामायण में ताल को प्रदर्शित करने के लिए ताल शब्दों को उच्चारण कर हाथ से ताल देने की प्रणाली थी।

षट्पादतन्त्रीमधुराभिधनं प्लवंगमोदीरितकण्ठतालम्।
आविष्कृतं मेघमृदंगनादैर्वनेषु संगीतामिव प्रवृत्तम्।।[82]

महर्षि भरद्वाज के आश्रम में भरत के स्वागतार्थ संगीतकारों को नियुक्त किया गया था, जिसमें शम्य ताल देने के लिए ताल वादकों का दल नियुक्त था (2.91.49)। वनवास से लौटने पर श्रीराम के स्वागतार्थ राजकीय चलयात्रा का आयोजन हुआ था, जिसमें तालपाणि गायकों का समूह नेतृत्व कर रहा था।

स पुरोगामिभिस्तुर्यैस्तालस्वस्तिकपाणिभिः
प्रव्याहरद्भिर्मुदितैर्मगंगलानि वृतो ययौ।

रामायण में ऐसे ताल वादकों के लिए 'तालापचर' संज्ञा का प्रयोग हुआ है। इसी प्रकार ताल के अन्तर्गत एक उल्लेख हमें अयोध्या काण्ड में मिलता है। इस सन्दर्भ में निम्न श्लोक से ताल की अभिव्यक्ति की गई है–

तस्तु स्तुवतां तेषां सूतानां पाणिवादकाः
अपदानान्युदाहृत्य पाणिवादान्यवादयन्।

अर्थात (राजा दशरथ को दिवंगत हुआ जान) वे सूत गण स्तुति कर रहे थे, इतने में ही पाणिवादक (हाथों से ताल देकर गाने वाले) वहाँ आये और राजाओं के बीते हुए अदभुत कर्मों का बखान करते हुए तालगति के अनुसार तालियां बजाने लगे।[83]

इसी प्रकार लय को निम्न श्लोक से वाल्मीकि ने स्पष्ट किया है–

प्रमाणैर्बहुभिर्वद्धां तन्त्रीलयसमन्विताम्।
बालाभ्यां राघवः श्रुत्वा कौतूहलपरोऽभवत्।

अर्थात् बहुसंख्यक प्रमाणों–ध्वनिपरिच्छेद के साधनभूत द्रुत, मध्य और विलम्बित–इन तीनों प्रकार की लय अथवा सप्तविध स्वरों के भेद की सिद्धि के लिए बने हुए स्थानों से बंध और वीणा की लय से मिलता हुआ इन दोनों बालकों का वह मधुर गान सुनकर श्रीराम को बड़ा कौतूहल हुआ।[84] इसी प्रकार बालकाण्ड के चौथे सर्ग में भी लय का प्रमाण हमें मिलता है। वाद्य के अन्तर्गत भेरी, दुन्दुभि, मृदंग, शंख, घण्टा, वीणा विपंची, मड्डूक, पटह, डिंडिम तथा आडम्बर आदि का उल्लेख रामायण में पाया गया है। इन वाद्यों का विस्तृत उल्लेख हम चतुर्थ अध्याय में कर रहे हैं।

वाद्य वादन के सन्दर्भ

वाल्मीकि रामायण में वादन का उल्लेख कई जगह आता है। जिसमें सबसे पहला उल्लेख बालकाण्ड के चतुर्थ सर्ग में आता है। इस सन्दर्भ में दोनों भाई लव और कुश, राम की आज्ञा पाकर वीणा की लय के साथ अपने मन के अनुकूल तार (उच्च) एवं मधुर स्वर में राग अलापते हुए, रामायण का गान करते हैं।[85] बाल काण्ड के 5वें सर्ग में राजा दशरथ द्वारा सुरक्षित अयोध्या नगरी के वर्णन में कहा है कि "भूमण्डल की वह सर्वोतम नगरी दुन्दुभि, मृदंग, वीणा, पणव आदि वाद्यों की मधुर ध्वनि से सदा गूँजती रहती थी।"[86] इसी प्रकार बालकाण्ड के 11वें सर्ग में बादल का उल्लेख मिलता है। इस सन्दर्भ में 'राजा दशरथ शंख और दुन्दुभि आदि वाद्यों की ध्वनि के साथ विप्रवर ऋष्यश्रृंग को आगे करके अपनी सजी सजायी अयोध्या नगरी में प्रवेश करते हैं।[87] बालकाण्ड के 16वें सर्ग में राजा दशरथ पुत्रेष्टि यज्ञ करते हैं तथा अग्नि से प्राजापत्य पुरुष प्रकट होता है। "उसकी कान्ति काले रंग की थी। उसने अपने शरीर पर लाल वस्त्र धारण कर रखा था। उसका मुख भी लाल ही था। उसकी वाणी से दुन्दुभि के समान गम्भीर ध्वनि प्रकट होती थी।"[88] बालकाण्ड के 18वें सर्ग में राम के रूप का वर्णन है। "उनके होंठ लाल हैं, भुजाएं बड़ी–बड़ी और स्वर दुन्दुभि की तरह गम्भीर हैं।"[89] बालकाण्ड के 20वें सर्ग में राजा दशरथ विश्वामित्र के साथ उनके यज्ञ की रक्षा के लिए राम और लक्ष्मण को भेजते हैं। 'कमलनयन श्री राम को विश्वामित्र के साथ जाते देख, उस समय देवताओं ने आकाश से फूलों की वर्षा की। देव दुन्दुभियाँ बजने लगी तथा शंखों और नगाड़ों की ध्वनि होने लगी।[90] बालकाण्ड के 49वें सर्ग में श्रीराम अहिल्या का उद्धार करते हैं, "उस समय देवताओं की दुन्दुभि बज उठती है तथा आकाश से फूलों की वर्षा होने लगती है। गन्धर्वों और अप्सराओं द्वारा महान् उत्सव मनाया जाने लगता है।[91] बालकाण्ड के 73वें सर्ग में राम के विवाहोत्सव पर देवताओं के नगाड़े बजने लगते हैं और आकाश से फूलों की वर्षा होती है। इस प्रकार मन्त्र और संकल्प के जल से अपनी पुत्री सीता का, राजा जनक कन्यादान करते हैं तथा शहनाई आदि बाजों के मधुर घोष से गूँजते हुए, विवाहोत्सव में उन महातेजस्वी राजकुमारों ने अग्नि की तीन बार परिक्रमा करके पत्नियों को स्वीकार करते हुए विवाह–कर्म सम्पन्न किया।[92] राजा दशरथ पुत्रों और वधुओं सहित अयोध्या में प्रवेश करते हैं। उस समय 'अयोध्या पुरी में सब ओर ध्वजा पताकाएं फहराई जा रही थीं तथा सजावट से सारे नगर की रमणीयता बढ़ गयी थी। भाँति–भाँति के वाद्यों की ध्वनि से सारी अयोध्या गूंज रही थी।[93] बालकाण्ड के बाद अयोध्या काण्ड में भी हमें वादन के सन्दर्भ मिलते हैं। इस काण्ड में सबसे पहला सन्दर्भ दूसरे सर्ग में मिलता है। इस सन्दर्भ में राजा दशरथ, श्री राम के राज्याभिषेक का प्रस्ताव रखते हैं। "उस समय राजसभा में बैठे

हुए सब लोगों को सम्बोधित करके महाराज दशरथ मेघ के समान शब्द कहते हुए दुन्दुभि की ध्वनि के सदृश अत्यन्त गम्भीर एवं गूँजते हुए, उच्च स्वर से सबके आनन्द बढ़ाने वाली हितकारक बात कहते हैं।[94] इसके उपरान्त राजा दशरथ, वशिष्ठ और वामनदेव जी को श्री राम के राज्याभिषेक की तैयारी करने का आदेश देते हैं और कहते हैं कि ''नगर में सब ओर पताकाएं फहरायी जाएं तथा राजमार्गों पर छिड़काव कराया जाए तथा समस्त तालजीवी पुरुष और सुन्दर वेष भूषा से विभूषित वारंगनाएँ राजमहल की दूसरी ड्योढ़ी में पहुँचकर खड़ी रहें।[95] इस प्रकार राम के राज्याभिषेक का समाचार सुनकर सारी अयोध्यापुरी हर्ष से भर जाती है तथा ब्राह्मणों का पुण्याहवाचन सम्बन्धी गम्भीर एवं मधुर घोष नाना प्रकार के वाद्यों की ध्वनि से व्याप्त होकर सारी अयोध्यापुरी में फैल जाती है।[96] श्री राम के दिये हुए माल्य और मोदक हाथ में लिए श्रेष्ठ ब्राह्मण हर्षनाद करते हैं। देवमन्दिरों के दरवाजे चूने और चन्दन आदि से लीपकर सफेद एवं सुन्दर बनाए जाते हैं। सब प्रकार के बाजों की मनोहर ध्वनि हो रही है।[97] अयोध्या काण्ड के 10वें सर्ग में राजा दशरथ कैकेयी के भवन में जाते हैं। वहाँ देखते हैं कि कैकेयी के भवन में वाद्यों का मधुर घोष गूँज रहा था, बहुत सी कुब्जा और बौनी दासियां वहाँ भरी पड़ी थीं। चम्पा और अशोक के सुशोभित बहुत से लताभवन और चित्रमन्दिर, उस महल की शोभा बढ़ा रहे थे।[98] एक अन्य सन्दर्भ में राम के राज्याभिषेक के अवसर पर ''सब प्रकार के बाजे, वारंगनाएँ, श्रृंगार युक्त, सौभाग्यवती स्त्रियाँ, आचार्य ब्राह्मण, गौ, पवित्र पशु–पक्षी, नगर के श्रेष्ठ पुरुष अपने सेवकों सहित प्रसिद्ध व्यापारी थे तथा और भी बहुत से प्रिवादी मनुष्य बहुसंख्यक राजाओं के साथ प्रसन्नतापूर्वक श्री राम के अभिषेक के लिए वहाँ उपस्थित थे।''[99] बालकाण्ड के 39वें सर्ग में राजा दशरथ कैकेयी से कहते हैं, ''जैसे बिना तार की वीणा नहीं बज सकती और बिना पहिए का रथ नहीं चल सकता, उसी तरह नारी सौ बेटों की माता होने पर भी बिना पति के सुखी नहीं रह सकती।''[100] राजा दशरथ का भवन जो पहले सदा मुरज, पणव और मेघ आदि वाद्यों के गम्भीर घोष से गूँजता रहता था, वही विलाप और रोदन से व्याप्त हो संकट में पड़कर अत्यन्त दुःखमय प्रतीत होने लगा।[101] अयोध्या काण्ड के 50वें सर्ग में राम के वनवास जाने का वर्णन है। इस सर्ग में श्रीराम श्रृंगवेरपुर में गंगा तट पर पहुँचते हैं तथा गंगा नदी को निहारते हैं कि ''गंगा का जल निश्चिल एवं गहरा है। कहीं वे महान वेग से व्याप्त है, कहीं उसके जन से मृदंग आदि के समान गम्भीर घोष प्रकट होता है और कही ब्रजपात आदि के समान भयंकर नाद सुनाई पड़ रहा है।''[102] गंगा तट पर श्री राम की निषादराज गुह से भेंट होती है तथा गुह उनका अतिथि सत्कार करते हैं और श्रीराम रात्रि में गुह के यहां ठहरते हैं रात्रि में श्रीराम के सोने के पश्चात गुह और लक्ष्मण के बीच वार्तालाप होती है। लक्ष्मण गुह के समक्ष विलाप करते हुए

कहते हैं कि 'रथों, घोड़ों और हाथियों के आवागमन से भरी हुई, विविध वाद्यों की ध्वनियों से निनादित, समस्त कल्याणकारी वस्तुओं से भरपूर, हृष्ट पुष्ट मनुष्यों से सेवित, पुष्पवाटिकाओं और उद्यानों से विभूषित तथा सामाजिक उत्सवों से सुशोभित हुई, मेरे पिता की राजधानी अयोध्यापुरी में जो लोग विचरेंगे, वास्तव में वे ही सुखी है।[103] एक अन्य सन्दर्भ में वादन का उल्लेख हुआ है। इस सन्दर्भ में राजा दशरथ की मृत्यु के पश्चात भरत उदास हो जाते हैं। भरत को प्रसन्न करने के लिए उसके 'कुछ मित्र वीणा आदि बजाने लगते हैं तथा दूसरे लोग उनके खेद की शान्ति के लिए नृत्य करने लगते हैं। और दूसरे मित्रों ने नाना प्रकार के नाटकों का आयोजन किया, जिसमें हास्यरस की प्रधानता थी।'[104]

एक अन्य सन्दर्भ में 'जब भरत अयोध्या वापिस पहुंचे तो उन्होंने देखा कि 'वादनदण्ड द्वारा बजायी जानेवाली भेरी, मृदंग और वीणा का जो आघातजनित शब्द हमेशा अयोध्या में होता रहता था आज वह शब्द न जाने क्यों बंद हो गया है।'[105] अयोध्या काण्ड के 81वें सर्ग प्रातःकाल भरत को जगाने के लिए 'प्रहर की समाप्ति के सूचित करने वाली दुन्दुभि सोने के डंडे से आहत होकर बज उठी। बाजे बजाने वालों ने शंख तथा दूसरे–दूसरे नाना प्रकार के सैकड़ों बाजे बजाये। वाद्यों का वह महान, तुमुल घोष समस्त आकाश को व्याप्त करता हुआ सा गूँज उठा और शोक संतप्त भरत को पुन शोकग्नि की आंच से रांधने लगा। वाद्यों की उस ध्वनि से भरत की नींद खुल गई। वे जाग उठे और 'मैं राजा नहीं हूँ ऐसा कहकर उन्होंने उन बाजों का बजना बंद करा दिया।'[106]

एक अन्य सन्दर्भ में हमें वादन का उल्लेख मिलता है। इस सन्दर्भ में भरत जब राम से मिलने, वन में जाते हैं, तो रास्ते में भरद्वाज मुनि से मिलते हैं। भरद्वाज मुनि सेनासहित भरत का दिव्य सत्कार करते हैं तथा देवताओं का आवाहन करते हैं। उस समय मेघगण दिव्य पुष्पों की वर्षा करने लगते हैं सम्पूर्ण दिशाओं में देवताओं की दुन्दुभियों का मधुर शब्द सुनाई देने लगता है, उत्तम वायु चलने लगती है। अप्सराओं के समुदायों का नृत्य होने लगता है। देवगन्धर्व गाने लगते हैं। सब ओर वीणाओं की स्वरलहरियां फैल जाती हैं, संगीत का वह शब्द पृथ्वी, आकाश तथा प्राणियों के कर्णकुहरों में प्रविष्ट होकर गुंजते लगता है। आरोह–अवरोह से युक्त, वह शब्द कोमल एवं मधुर था। समताल और लयगुण से सम्पन्न था। भरद्वाज मुनि के तेज से मानों बेल के वृक्ष मृदंग बजाते हों। बहेडे के पेड़ शम्या नामक ताल देते हो और पीपल के वृक्ष मानों नृत्य कर रहे हों।[107] इस प्रकार भरद्वाज मुनि के आश्रम में विश्राम करके अपनी सेना सहित वहाँ से प्रस्थान करते हैं। उस समय 'बहुत सी हथनियां और हाथी, जो सुनहरे रस्सों से कसे गये थे और जिनके ऊपर पताकाएं

फहर रही थी, वर्षाकाल के गरजते हुए मेद्यों के समान घण्टानाद करते हुए भरत की सेना वहाँ से प्रस्थान करती है।[108]

अयोध्या काण्ड के 103वें सर्ग में जब राम को अपने पिता दशरथ की मृत्यु का पता चलता है, तो वह विलाप करते हैं और पिता को जलाजंलि देते हैं, तथा पिण्डदान करते हैं। 'उस समय वहाँ रोते हुए, उन महात्माओं का वह रोदन शब्द पृथ्वी, आकाश, पर्वतों की गुफा और सम्पूर्ण दिशाओं को निरन्तर प्रति ध्वनित करता हुआ, मृदंग की ध्वनि के समान सुनाई देता है।[109] इस प्रकार अयोध्या काण्ड में हमें वादन के सन्दर्भ प्राप्त होते हैं जो यह सिद्ध करते हैं कि उस समय भी विभिन्न अवसरों पर भिन्न–भिन्न प्रकार के वाद्यों का वादन होता था।

इसी तरह रामायण के तीसरे काण्ड (अरण्यकाण्ड) में भी हमें वादन के कई उल्लेख प्राप्त होते हैं। जिसमें सबसे पहला उल्लेख इस काण्ड के 24वें सर्ग में आता है। इस सन्दर्भ में जब जनस्थान में राक्षसों से युद्ध करने से पहले श्रीराम, लक्ष्मण से कहते हैं कि देखों 'गरजते हुए राक्षसों का यह घोर नाद सुनायी दे रहा है तथा क्रूरकर्मा राक्षसों द्वारा बजायी जाने वाली भेरियों की यह महाभयानक ध्वनि कानों में पड़ रही है। वही दूसरी तरफ राक्षस सैनिक जोर–जोर से गर्जना करते और नगाड़े पीटते थे। उनका वह अत्यन्त तुमुल नाद, उस वन में सब ओर गूंजने लगा।[110] वहीं 'घोड़े जूते हुए एक तेजस्वी रथ के द्वारा त्रिशरा ने रण भूमि में श्रीराम पर आक्रमण किया। उसने आते ही बड़े भारी मेघ की भान्ति बाणरूपी धाराओं की वर्षा प्रारम्भ कर दी और वह जल से भीगे हुए नगाड़े की तरह विकट गर्जना करने लगा।[111] तथा भयंकर युद्ध करने लगा। युद्ध में श्रीराम द्वारा त्रिशरा, खर और दूषण के मारे जाने पर देवता चारणों के साथ वहाँ आए तथा हर्ष में भयकर दुन्दुभि बजाते हुए वहाँ श्री राम के ऊपर चारों ओर से फूलों की वर्षा करने लगते हैं।[112] इस प्रकार सबका वध हुआ देख अकम्पन जान बचाकर जनस्थान लंका की तरफ भागता है तथा रावण को सबके वध का समाचार सुनाते हैं और बताते हैं कि 'श्री राम के साथ उनके छोटे भाई लक्ष्मण भी हैं, जो उन्हीं के समान बलवान है। उनका मुख पूर्णिमा के चन्द्रमा की भान्ति मनोहर है तथा उनकी आंखें लाल हैं और स्वर दुन्दुभि के समान गम्भीर हैं।[113]

इसी काण्ड के 48वें सर्ग में हमें वादन का उल्लेख मिलता है। इस सन्दर्भ में रावण अपने पराक्रम का वर्णन करता है। लंका की विशेषताओं का वर्णन करते हुए कहता है कि लंका में हाथी, घोड़े और रथों से वहाँ की सड़कें भरी रहती है और भान्ति–भान्ति के वाद्यों की ध्वनि से हमेशा गूजँती हैं। सब प्रकार के मनोवांछित फल देने वाले वृक्षों से लंकापुरी व्याप्त है। नाना प्रकार के उद्यान उसकी शोभा बढ़ाते हैं।[114]

इसी प्रकार एक अन्य सन्दर्भ में रावण सीता को अपने अन्तःपुर का दर्शन कराता है। 'उस समय रावण के महल में दिव्य दुन्दुभियों का घोष हो रहा था। अन्तःपुर को तपाये हुए सुवर्ण के आभूषणों से सजाया गया था।[115] इस प्रकार अरण्य काण्ड के भिन्न–भिन्न सर्गों में हमें वादन के सन्दर्भों का उल्लेख प्राप्त होता है। अरण्यकाण्ड के पश्चात किष्किन्धा काण्ड में कई स्थलों पर वादन के उल्लेख मिलते हैं। जिसमें सबसे पहला उल्लेख इस काण्ड के 11वें सर्ग में मिलता है। इस सन्दर्भ में सुग्रीव राम से अपने भाई बालि के पराक्रम का वर्णन करता है, तथा बालि और दुन्दुभि दैत्य के युद्ध का वर्णन करता है, और कहता है कि उस समय वह महाबली दुन्दुभि दैत्य किष्किन्धापुरी के द्वार पर आकर भूमि को कँपाता हुआ जोर–जोर से गर्जना करने लगा मानों दुन्दभि का गम्भीर नाद हो रहा हो।[116]

इसी काण्ड में 28वें सर्ग में श्री राम वर्षा ऋतु का वर्णन करते हुए, लक्ष्मण से कहते हैं, 'देखो भ्रमररूप वीणा की मधुर झंकार हो रही है। मेढ़कों की आवाज कण्ठताल–सी जान पड़ती है। मेघों की गर्जना के रूप में मृदंग बज रहे हैं। इस प्रकार वनों में संगीतोत्सव का आरम्भ सा हो रहा है' ।[117] वहीं वर्षा ऋतु के समाप्त होने पर तथा शरद ऋतु आने पर श्रीराम शरद ऋतु का वर्णन करते हैं तथा लक्ष्मण से कहते है, 'वेणु के स्वर के रूप में व्यक्त हुए, वाद्य घोष से मिश्रित और प्रातःकाल की वायु से वृद्धि को प्राप्त होकर, सब ओर फैला हुआ दही मथने के बड़े–बड़े भाण्डों और साँडों का शब्द, मानों एक दूसरे का पूरक हो रहा हो।[118]

एक अन्य सन्दर्भ में हमें वादन का उल्लेख मिलता है। इस सन्दर्भ में लक्ष्मण से श्री राम का सन्देश सुनकर सुग्रीव शंख और भेरी की ध्वनि के साथ बन्दीजनों का अभिनन्दन सुनते हुए, राजा परम उत्तम राजलक्ष्मी को पाकर किष्किन्धा पुरी से बाहर निकलते हैं।[119] इसी काण्ड के 43वें सर्ग में राजा सुग्रीव शतबलि आदि वानरों को उत्तर दिशा के स्थानों का परिचय देता हुआ कहता है कि उस प्रदेश को लांघने पर तथा आगे बढ़ने पर 'शेलोदा' नाम वाली नदी का दर्शन होगा। उसके दोनों तटों पर कीचक (वंशी की सी ध्वनि करने वाले) बाँस हैं, यह बात प्रसिद्ध है।[120]

किष्किन्धा काण्ड में वादन का अन्तिम उल्लेख हमें 61वें सर्ग में मिलता है। इस सर्ग में सम्पाति, निशाकर मुनि को अपने पंख जलने का कारण बताते हैं और कहते हैं, कि 'ऊपर के लोकों में कहीं वाद्यों का मधुर घोष हो रहा था, कहीं आभूषणों की झन्कारें सुनायी पड़ती थी, कहीं लाल रंग की साड़ी पहने बहुत सी सुन्दरियां गीत गा रही थी, जिन्हें हम दोनों भाइयों ने अपनी आँखों से देखा था।[121] इस प्रकार किष्किन्धा काण्ड में हमें इस वादन के उल्लेख प्राप्त होते हैं। किष्किन्धा काण्ड के अतिरिक्त सुन्दर काण्ड में भी कई स्थानों पर वादन के सन्दर्भ हमें मिलते हैं। जिसमें

सबसे पहला उल्लेख सुन्दरकाण्ड के तृतीय सर्ग में मिलता है। इस सन्दर्भ में लंका की सुन्दरता के विषय में कवि ने यह कहा है 'सोने के बने विशाल परकोटे से घिरी हुई लंकापुरी क्षुद्र घंटिकाओं की झनकार से युक्त पताकाओं द्वारा अलंकृत थी। वहाँ क्रौंच और मयूरों के कलरव गूँजते रहते थे। उन द्वारों पर राजहंस नामक पक्षी भी निवास करते थे। वहाँ भान्ति–भान्ति के वाद्यों और आभूषणों की मधुर ध्वनि होती रहती थी। जिससे लंकापुरी सब ओर से प्रतिध्वनित हो रही थी।[122]

इसी काण्ड के अगले सर्ग में हनुमान लंकापुरी एवं रावण के अन्तःपुर में प्रवेश करते हैं और देखते है कि 'जिस तरह आकाश श्वेत बादलों से सुशोभित होता है, उसी प्रकार वह रमणीय पुरी अपने श्वेत मेद्य सदृश गृहों से उत्तम शोभा पा रही थी। वे गृह उत्कृष्ट शब्दों तथा वाद्यों के घोषों से मुखरित थे। साथ ही हनुमान जी को महामनस्वी राक्षसों के घरों में सीढ़ियों पर चढ़ते समय स्त्रियों की कांची और मंजीर की मधुर ध्वनि तथा पुरूषों के ताल ठोकने की आवाजें भी सुनाई दी।[123] जिस समय हनुमान जी अन्तःपुर के घर–घर में सीता की खोज कर रहे थे। तो उस समय 'लंकापुरी में वीणा के श्रवण सुखद शब्द झंकृत हो रहे थे, सदाचारिणी स्त्रियाँ पतियों के साथ सो रही थी तथा अत्यन्त अद्‌भुत और भयंकर शील स्वभाव वाले राक्षस वहाँ विहार कर रहे थे।[124] सीता जी की खोज करते–करते वह यह भी देखते है कि 'बाघों के चमड़ों के बने हुए कवचों से रथ ढ़के हुए थे, उनमें हाथी दाँत सुवर्ण तथा चाँदी की प्रतिमाएं रखी हुई थी। उन रथों में लगी हुई छोटी–छोटी घंटिकाओं की मधुर ध्वनि वहाँ होती रहती थीं।

रावण के भवन में भेरी और मृदंग की ध्वनि सब ओर फैली हुई थी। वहाँ शंख की ध्वनि गूँज रही थी। उसकी नित्य पूजा एवं सजावट होती थी। पर्व के दिन वहाँ होम किया जाता था। राक्षस लोग सदा ही उस राजभवन की पूजा करते थे। नूपुरों की झंकार, करधनियों की खनखनाहट, मृदंगों और तालियों की मधुर ध्वनि तथा अन्य गम्भीर घोष करने वाले वाद्यों से वह भवन मुखरित हो रहा था।[125] हनुमान रावण के अन्तःपुर में रावण की सोयी हुई स्त्रियों को देखते हैं। 'रावण की वह स्त्रियां नाचने, गाने और तरह–तरह के बाजे बजाने में निपूर्ण थी। रावण की बांहों में स्थान पाने वाली थी तथा सुन्दर आभूषण धारण किये हुए थीं। कपिवर हनुमान जी ने उन सबको वहाँ सोते हुए देखा। वे स्त्रियाँ मद तथा रतिक्रीड़ा के परिश्रम से थककर, जहाँ–तहाँ सोयी थीं। कोई वीणा को छाती से लगाकर सोई हुई ऐसी जान पड़ती थी, मानों महानदी में पड़ी हुई कोई कमलिनी किसी नौका से सट गयी हो। दूसरी कजरारे नेत्रोंवाली भामिनी काँख में दबे हुए मड्डुक के साथ ही सो गयी थी। वह ऐसी प्रतीत होती थी, जैसे कोई पुत्रवत्सला जननी अपने छोटे से शिशु को गोद में

लेकर सोई हो। कोई संर्वांगसुन्दरी एवं रूचिर कुचों वाली कामिनी पटह को अपने नीचे रखकर सो रही थी, मानों चिरकाल के पश्चात् प्रियतम को अपने निकट पाकर कोई प्रेयसी उसे हृदय से लगाये सो रही हो। कमललोचना युवती वीणा का आलिंगन करके सोयी हुई ऐसी जान पड़ती थी। मानों कामभाव से युक्त कामिनी अपने श्रेष्ठ प्रियतम को भुजाओं में भरकर सो गई हों। नियमपूर्वक नृत्यकला से सुशोभित होने वाली एक अन्य युवती विपंची (वीणा) को अंग में भरकर प्रियतम के साथ सोई हुई प्रेयसी की भान्ति निद्रा के अधीन हो गयी थी। कोई मतवाले नयनों वाली दूसरी सुन्दरी अपने सुवर्ण–सदृश गौर, कोमल, पुष्ट और मनोरम अंगों से मृदंग को दबाकर गौढ़ निद्रा में सो गयी थी। नशे से थकी हुई कोई कृशोदरी अनिन्द्य सुन्दरी रमणी अपने भुजपाशों के बीच में स्थित और काँख में दबे हुए पणव के साथ सो रही थी, दूसरी स्त्री डिंडिम को लेकर उसी तरह उससे सटी हुई सो गयी थी, मानों कोई भामिनी अपने बालक पुत्र को हृदय से लगाकर सोई हो। मदिरा के मद में मोहित हुई, कोई कमलनयनी नारी आडम्बर नामक वाद्य को अपनी भुजाओं में दबाकर सो रही थी। जैसे कामिनीयां अपने चाहनेवाले कामुकों को छाती से लगाकर सोती हैं।' उसी कुचों से दबाये सो गयी थी।[126] अन्य बहुत सी स्त्रियाँ ढोल, मृदंग और चेलिका नामक वाद्यों पर अपने अंगों को टेककर सो गयी थी। दूसरी महिलाएं अच्छे–अच्छे बिछौनों पर सोयी हुई थी।[127]

एक अन्य सन्दर्भ में हनुमान जी सीता जी की खोज करते–करते अशोक वाटिका में पहुंच जाते है। राक्षिसियों से घिरी सीता को देखकर प्रसन्न हो जाते है और यह महसूस करते हैं कि जैसे वीणा अपने स्वामी की अंगुलियों के स्पर्श से वंचित ही हो वादन आदि क्रिया से रहित अयोग्य अवस्था में मूक पड़ी रहती है। उसी प्रकार सीता पति के सम्पर्क से दूर होने के कारण महान् क्लेश में पड़कर ऐसी अवस्था में गयी थी, जो उनके योग्य नहीं थी।[128] सुन्दर काण्ड के 18वें सर्ग में भी वादन का उल्लेख आया है। इस सन्दर्भ में 'मंगल वाद्यों तथा श्रवण–सुखद शब्दों द्वारा महाबली महाबाहु दशमुख रावण को जगाया जाता है।[129] एक अन्य सन्दर्भ में त्रिजटा राक्षसियों को अपना स्वप्न सुनाती है और कहती है कि विभीषण के पास शंखध्वनि हो रही थी, नगाड़े. बजाये जा रहे थे। इनके गम्भीर घोष के साथ ही नृत्य गीत भी हो रहे थे, जो विभीषण की शोभा बढ़ा रहे थे।[130] वहीं एक अन्य सन्दर्भ में जब हनुमान जी सीता से मिलते है और बात करते हैं तो सीता हनुमान से श्रीराम के शारीरिक चिन्हों और गुणों के बारे में पुछती है तो हनुमान जी कहते है, 'श्री राम का स्वर दुन्दुभि के समान गम्भीर और शरीर का रंग सुन्दर एवं चिकना है। उनका प्रताप बहुत बढ़ा–चढ़ा है। उनके सभी अंग सुडौल और बराबर हैं और उनकी कान्ति श्याम है। इस सन्दर्भ में वादन का उल्लेख उपमा के रूप में समझना चाहिए।[131] इसी

काण्ड के 48वें सर्ग में इन्द्रजीत के रथ की घर्घराहट, मृदंग, भेरी, पटह आदि बाजों के घोष को सुनकर हनुमान जी ऊपर की ओर उछलते हैं।[132] क्रूर राक्षस हनुमान जी को पकड़कर बड़े हर्ष के साथ ले चलते हैं और शँख एवं भेरी बजाकर उनके रावण द्रोह आदि, अपराधों की घोषणा करते हुए उन्हें लंकापुरी में सब ओर घुमाते हैं।[133]

इसी काण्ड के एक अन्य सन्दर्भ में जब हनुमान लंका को जला देते है तो इसके बाद वह सीता से मिल कर वापिस जाने के लिए अरिष्टगिरि पर्वत पर चढ़ते है तथा वहाँ वह देखते हैं कि 'वायु के झोंके खाकर हिलतें और मधुरध्वनि करते बासों से उपलक्षित होने वाला अरिष्टगिरि पर्वत मानों बांसुरी बजा रहा है।[134] इस प्रकार वादन के इस तरह के उल्लेख हमें सुन्दरकाण्ड में मिलते हैं।

सुन्दर काण्ड के बाद युद्ध काण्ड में हमें वादन के सबसे अधिक उल्लेख प्राप्त होते हैं। जिसमें वादन का सबसे पहला उल्लेख हमें युद्धकाण्ड के चौथे सर्ग में मिलता है। इस सन्दर्भ में 'जब श्री राम वानर सेना सहित समुद्र तट पर पहुँचते हैं तो परस्पर टकराव और सटकर सिन्दुराज की लहरें मानों आकाश में बजने वाली देवताओं की बड़ी–बड़ी भेरियों के समान भयानक शब्द कर रही हों[135] इसी काण्ड के 10वें सर्ग में जब विभीषण अपशगुनों का भय दिखाकर सीता को लौटा देने के लिए रावण से प्रार्थना करने के लिए रावण के महल में जाते है तो उस समय रावण के महल में शंख–ध्वनि के समान राक्षसों का गम्भीर घोष गूंज रहा था और नाना प्रकार के वाद्यों के मनोरम शब्द उस भवन को निनादित कर रहे थे।[136]

इसी काण्ड के अगले सर्ग में जब रावण सभा में आते है तो उनके पीछे–पीछे चलने वाले राक्षसों के हाथों में गदा और परिध शोभा पा रहे थे। कुछ लोगों ने फरसे धारण कर रखें थे तथा अन्य राक्षसों के हाथों में शूल चमक रहे थे, नाना प्रकार के वाद्यों का वहाँ घोष हो रहा था।[137] इसी काण्ड के एक अन्य सन्दर्भ में जब वानरसेना लंका पर चढ़ाई करने के लिए लंका पहुँचती है तो वानरों ने लंका में महान घोष सुना, जो भेरी और मृदंग के गम्भीर घोष से मिलकर बड़ा ही भयंकर और रोमान्चकारी जान पड़ता था। उस तुमुलनाद को सुनकर वानर यूथपति हर्ष और उत्साह में भर जाते हैं और उसे न सह सकने के कारण उनसे से भी बढ़कर जोर–जोर से गर्जना करने लगते हैं। वानरों की गर्जना सुनकर रावण राक्षसों से कहते है कि 'पहले कभी युद्ध में राम का मेरे बल–पराक्रम से पाला नहीं पड़ा है, इसलिए वह मेरे साथ युद्ध का हौसला रखता है। मेरा धनुष एक सुन्दर वीणा है, जो बाणों के कोनों से बजायी जाती है। उसकी प्रत्यन्चा से जो टंकार ध्वनि निकलती है, वही उसकी भयंकर स्वर लहरी है। आर्तों की चित्कार और पुकार ही उस पर उच्च स्वर में गाया जाने वाला गीत हैं। नाराचों को छोड़ते समय जो यह–शब्द होता है, वही मानों हथेली पर दिया जाने वाला ताल है। बहती हुई नदी के समान जो शत्रुओं की वाहिनी है, वही मानों

उस संगीतोत्सव के लिए विशाल रंगभूमि है। मैं समरांगण में उस रंगभूमि के भीतर प्रवेश करके अपनी वह भयंकर वीणा बजाऊंगा।[138] वहीं दूसरी तरफ युद्ध की इच्छा वाले वानरों के बीच में जिसकी गम्भीर गर्जना ऐसी सुनायी देती है, मानों बहुत सी भेरियों का तुमुल नाद हो रहा हो।[139]

इसी काण्ड के एक अन्य संदर्भ में रावण मायारचित श्रीराम का कटा मस्तक दिखाकर सीता को मोह में डालने का यत्न करता है और अपने मन्त्रियों के साथ बैठकर राम के प्रति किये जाने वाले तत्कालोचित कर्तव्य का निश्चय करके राक्षसों से कहता है कि 'तुम सब लोग शीघ्र ही डंडे से पीट–पीटकर धौंसा बजाते हुए समस्त सैनिकों को युद्ध के लिए एकत्र करो।[140] दूसरी तरफ अशोक वाटिका में 'सरमा'नामक राक्षसी सीता को सांत्वना देती है और रावण द्वारा रचित माया का भेद खोलती है तथा 'डण्डे की चोट से बजने वाले धौंसे का गम्भीर नाद सुनकर मधुरभाषिणी सरमा सीता से कहती है, भीरू यह भयानक भेरीनाद युद्ध के लिए तैयारी की सूचना दे रहा है। मेघ की गर्जना के समान रणभेरी का गम्भीर घोष, हाथियों पर बजते हुए घण्टों का गम्भीर घोष, रथों की घर्घराहट सुनो और हिनहिनाते हुए घोड़ों तथा भान्ति–भान्ति के बाजों की आवाज सुनो। ये सब प्रकार के नाद युद्ध का संकेत कर रहे है।[141] इसी काण्ड के 35वें सर्ग में 'शत्रुनगरी पर विजय पाने वाले महाबाहु श्री राम ने शंखध्वनि से मिश्रित होकर तुमुल नाद करने वाली भेरी की आवाज के साथ लंका पर आक्रमण किया उस भेरीनाद को सुनकर राक्षसराज रावण दो घड़ी तक कुछ सोच विचार करने के पश्चात अपने मन्त्रियों की तरफ देखते है।[142]

एक अन्य सन्दर्भ (6.42. 34–36, 39) में वानर लंका पर चढ़ाई करते है। तथा राक्षसजन रावण के मुख से युद्ध का आदेश सुनते ही बड़ी भारी गर्जना करते हैं 'फिर तो राक्षसों के यहां जिनके मुखभाग चन्द्रमा के समान उज्जवल थे और जो सोने के डण्डे से बजाये या पीटे जाते थे। वे बहुत से धौंसे एक साथ बज उठे साथ ही भयानक राक्षसों के मुख की वायु से पूरित हो लाखों गम्भीर घोषवाले शँख बजने लगे और आभूषणों की प्रभा से सुशोभित काले शरीर वाले निशाचर शंख बजाते समय विद्युत्प्रभा से उदभासित तथा वकपंक्तियों से युक्त नील मेघों के समान जान पड़ते थे, हाथियों के चिग्घाड़ने, घोड़ों के हिनहिनाने, रथों के पहियों की घर्घराहट एवं राक्षसों के मुख से प्रकट हुई आवाज के साथ ही शंख और दुन्दुभियों के शब्द तथा वेगवान वानरों के निनाद से पृथ्वी, आकाश और समुद्र निनादित हो उठे। रात में वानरों और राक्षसों का घोर युद्ध होने लगा तथा चारों और 'भेरी, मृदंग और पणव आदि बाजों की ध्वनि होने लगी, जो शंख के शब्द तथा रथ के पहियों की घर्घराहट से मिलकर बड़ी अदभुत जान पड़ती थी, 'राक्षसों के सिंहनादों और भेरियों की आवाज़ों से वह रात्रि और भी भयंकर हो उठी।[143] इस युद्ध में माया से अदृश्य होकर

इन्द्रजीत नागपाश से राम और लक्ष्मण को बांध देता है। गरुड़ उन दोनों भाइयों को नाग पाश से मुक्त कराते हैं। श्रीराम, लक्ष्मण के नागपाश से मुक्त होते ही वानरों ने डंके पीटे, मृदंग बजाए, शँखनाद किऐ और हर्षोल्लास से भरकर पहले की भान्ति वे गर्जने और ताल ठोंकने लग पड़े।[144] 'इस भीषण गर्जना करते हुए महावली वानरों का वह तुमुलनाद राक्षसों सहित रावण ने सुना, तथा श्री राम के बन्धनमुक्त होने का पता पाकर चिन्तित हुआ रावण धुम्राक्ष को युद्ध के लिए भेजता है। रावण की आज्ञा पाकर बहुत से 'भयानक रूपधरी बलवान निशाचर प्रास और शक्ति आदि अस्त्रों में घण्टे बाँधकर हर्ष और उत्साह से युक्त हो जोर–जोर से गर्जते हुए आये और धुम्राक्ष के साथ युद्ध के लिए जाते हैं।[145] इस युद्ध में धुम्राक्ष मारा जाता है तथा रावण बज्रदंष्ट्र को युद्ध के लिए भेजता है युद्ध भूमि में 'रथ के पहियों की घर्घराहट, धनुष की भयंकर टंकार तथा शंख, भेरी और मृदंगों का घोष एक साथ मिलकर बड़ा भयंकर लगने लगता है।[146] इसी काण्ड के एक अन्य सर्ग में 'राजा की आज्ञा ले भयंकर भेरी बजवाकर कवच आदि धारण करके युद्ध के लिए उद्यत हुआ प्रहस्त अस्त्र शस्त्रों से सुसज्जित रथ पर आरूढ़ होता है तथा लंका से बाहर निकलता है, उसके निकलते ही मेघ की गम्भीर गर्जना के समान धौंसा बजने लगा। अन्य रणवाद्यों का निनाद भी पृथ्वी को परिपूर्ण करता सा प्रतीत होने लगा। सेना के प्रस्थान काल में शंखों की ध्वनि भी सुनायी देने लगी। प्रहस्त के आगे चलने वाले भयानक रूपधरी विशालकाय राक्षस भयंकर स्वर से गर्जना करते हुए आगे बढ़ने लगते हैं।[147] युद्ध काण्ड के 59वें सर्ग में प्रहस्त के मारे जाने से दुःखी रावण स्वयं युद्ध के लिए जाता है। 'रावण के प्रस्थान करते समय शंख, भेरी, और पणव, आदि बाजे बजने लगते है, योद्धा लोग ताल ठोंकने, गर्जनें और सिंहनाद करने लगे। वन्दीजन पवित्र स्तुतियों द्वारा राक्षस राज रावण की भलीभान्ति समाराधना करने लगे।[148] इस युद्ध में रावण परास्त होकर लंका में घुस जाता है और अपनी पराजय से दुखी होकर राक्षसों को कुम्भकर्ण को जगाने के लिए भेजता है 'बहुत यत्न करने पर भी जब कुम्भकर्ण नहीं उठता, तब अमर्ष से भरे हुए राक्षस चन्द्रमा के समान श्वेत रंग के बहुत से शंख फूँकने तथा एक साथ तुमुल ध्वनि के साथ गर्जना करने लगते है। वे निशाचर सिंहनाद करने, ताल ठोंकने और कुम्भकर्ण के विभिन्न अंगों को झकझोरने लगे और उन्हें जगाने के लिए बड़े जोर–जोर से गम्भीर ध्वनि करने लगते है। इस पर भी कुम्भकर्ण के ना जागने पर सबने एक साथ मृदंग, पणव, भेरी और धौंसे बजाने आरम्भ किये। इस तरह वे राक्षस बाजे बजाते और गर्जते रहे लेकिन कुम्भकर्ण की निद्रा नहीं टुटी। तब उन्होंने पहले से भी भारी प्रयत्न आरम्भ किया और सहस्त्रों धौंसे एक साथ बजाये जाने लगे। वे सबके सब लगातार बजाते रहे, उन्हें बजाने के लिए जो डण्डे थे, वे सुन्दर सुर्वण के बने हुए थे।[149] युद्धकाण्ड के 65वें

सर्ग में कुम्भकर्ण की रण यात्रा का वर्णन है। इस सन्दर्भ में रावण उत्तम आर्शीवाद देकर श्रेष्ठ आयुधों से सुसज्जित सेनाओं के साथ कुम्भकर्ण को युद्ध के लिए विदा करता है तथा उसकी युद्ध यात्रा के समय शंख और दुन्दुभियां आदि बाजे भी बजवाता है।[150] युद्ध में कुम्भकर्ण, नरान्तक, देवान्तक, त्रिशिरा, महोदय, तथा महापर्शव आदि निशाचरों के मरने के पश्चात रावण इन्द्रजीत को रणभूमि में भेजता है उस समय 'शंख की ध्वनि के साथ मिली हुई भेरियों की भयानक आवाज सब ओर गूंज उठती है तथा उस तुमुलनाद के साथ इन्द्रद्रोही पराक्रमी इन्द्रजीत बड़े वेग से महल से प्रस्थान करता है[151] युद्ध में इन्द्रजीत ब्रह्मास्त्र का प्रयोग करता है तथा उस ब्रह्मास्त्र से वानर सेना सहित राम और लक्ष्मण मूर्च्छित हो जाते हैं। हनुमान हिमालय पर्वत से औषधियों के पर्वत को लाते है तथा औषधियों की गन्ध से श्री राम लक्ष्मण तथा समस्त वानर सेना पुनः स्वस्थ हो जाती है और कुपित होकर राक्षसों से भयंकर युद्ध करने लगती है और 'लंकापुरी, जिनमें क्रौंच और मोरों के कलरव, वीणा की मधुर ध्वनि तथा भूषणों की झनकारें गूंज रही थी और जो पर्वताकार दिखाई दे रहे थे। उन सभी घरों में आग लगा देते हैं[152] इसी काण्ड के अन्य सर्ग में रावण की आज्ञा से मकराक्ष युद्ध के लिए प्रस्थान करता है। 'उस समय चारों और सहस्त्रों शंखों की ध्वनि होने लगती है। हजारों डंके पीटे जाते हैं। योद्धाओं के गर्जने और ताल ठोंकने की आवाज भी उनके साथ मिल जाती है और इस प्रकार वहाँ बड़ा भारी कोलाहल मच जाता है।'[153]

युद्धकाण्ड के 92वें सर्ग में इन्द्रजीत के वध का समाचार सुनकर रावण मूर्च्छित हो जाता है और कुछ समय के बाद होश में आने के बाद घमण्ड में आकर निशाचरों के बीच में खड़ा होकर कहता है आज मैं युद्ध के लिए तैयार हो रथ पर बैठकर रणभूमि में खड़ा हो जाऊ तो कौन मेरा सामना कर सकता है? साक्षात इन्द्र ही क्यों ना हो, वह भी मुझसे युद्ध करने का साहस नहीं कर सकता 'उन दिनों देवासुर संग्राम में प्रसन्न होकर ब्रह्मा जी ने मुझे जो बाणसहित विशाल धनुष प्रदान किया था आज मेरे उसी भयानक धनुष को सैकड़ों मंगल वाद्यों की ध्वनि के साथ महासमर में राम और लक्ष्मण के वध के लिए उठाया जाएगा।[154] ऐसा कहकर बहुत से राक्षसों से घिरा हुआ रावण सहसा युद्ध के लिए प्रस्थान करता है। फिर तो जहां–तहां सब और वाद्यों का महानाद गूँज उठता है और मृदंग, पटह, शंख तथा राक्षसों के कलह की ध्वनि भी उसमें मिल जाती है।[155] युद्ध में अत्यन्त कुपित हो रावण मायासुर की माया से निर्मित, आठ घण्टों से विभूषित तथा महाभयंकर शब्द करने वाली उस शक्ति का प्रयोग करता है।[156] दूसरी तरफ अत्यन्त क्रोध से भरे हुए श्रीराम मातलिकी लायी हुई देवेन्द्र द्वारा सम्मानित शक्ति को हाथ में ले लेते है। 'श्रीराम द्वारा उठायी हुई वह शक्ति प्रलयकाल में प्रज्वलित होने वाली उल्का के समान प्रकाशमान थी।

उसने समस्त आकाश को अपनी प्रभा से उद्धासित कर दिया तथा उससे घण्टानाद प्रकट होने लगा।[157] युद्ध में रावण के वध के पश्चात आकाश में मधुर स्वर से देवताओं की दुन्दुभियां बजने लगती है और वायु दिव्य सुगन्ध बिखेरती हुई मन्द–मन्द प्रवाहित होने लगती है[159] रावण के अन्तिम संस्कार के समय भान्ति–भान्ति के वाद्य घोषों द्वारा स्तुति करने वाले मागधों ने राक्षस राज रावण के उस शव को रेशमी वस्त्र से ढककर उसे सोने के दिव्य विमान में रखने के पश्चात राक्षसजातीय ब्राह्मण वहाँ नेत्रों से आंसू बहाने लगते हैं।[160]

रावण के दाह संस्कार के पश्चात विभीषण का राज्याभिषेक कराके श्री राम अयोध्या की तरफ चल पड़ते है। अयोध्या में श्री राम के आगमन की सूचना पाकर 'स्तुति और पुराणों के जानकार सूत, समस्त बैतालिक (भाँट), बाजे बजाने में कुशल सब लोग, सभी गणिकाएं, राजरानियां, मन्त्रीगण, सेनाएं, सैनिकों की स्त्रियां, ब्राह्मण, क्षत्रिय तथा व्यवसायी–संघ के मुखिया लोग श्री रामचन्द्र जी के मुखचन्द्र का दर्शन करने के लिए नगर से बाहर निकलते हैं। धर्मात्मा एवं धर्मज्ञ भरत मुख्य–मुख्य ब्राह्मणों, व्यवसायी वर्ग के प्रधानों, वैश्यों तथा हाथों में माला और मिठाई लिए मन्त्रियों से घिरकर अपने बड़े भाई की चरणपादुकाओं को सिर पर धारण किए शंख और भेरियों की गम्भीर ध्वनि के साथ चले। उस समय बन्दीजन उनका अभिनन्दन कर रहे थे। शंखों एवं दुन्दुभियों के गम्भीर नादों से सारी पृथ्वी हिलती सी जान पड़ती थी। शंखों और दुन्दुभियों की ध्वनियों से मिले हुए हाथियों के गर्जन शब्द भी भूतल को कम्पित सा कर रहे थे।[161] इस प्रकार की शंखध्वनि तथा दुन्दुभियों के नाद के साथ श्री राम प्रासाद मालाओं से अलंकृत अयोध्यापुरी की तरफ प्रस्थान करते हैं।[162]

इस प्रकार विभिन्न प्रकार के वाद्यों के वादन का उल्लेख हमें युद्ध काण्ड में देखने को मिले जो रामायण कालीन वादन को प्रदर्शित करते हैं। युद्ध काण्ड के बाद वाल्मीकि रामायण का अन्तिम काण्ड उत्तर काण्ड है। इस काण्ड में भी हमें वादन के उल्लेख प्राप्त होते है।

वादन के अन्तर्गत सबसे पहला उल्लेख हमें 7वें सर्ग में मिलता है इस सर्ग में भगवान् विष्णु द्वारा राक्षसों के संहार के वर्णन में अगस्त्यजी श्रीराम को बताते हैं कि जैसे हवा उमड़ी हुई बदली एवं वर्षा को उड़ा देती है। उसी प्रकार अपनी बाणवर्षा से राक्षसों को भगाकर पुरूषोत्तम श्री हरि ने अपने पांचजन्य नाम महान शंख को बजाया। सम्पूर्ण प्राणशक्ति से श्री हरि के द्वारा बजाया गया वह जल जनित शंखराज भयंकर आवाज से तीनों लोकों को व्यथित करता हुआ सा गूंजने लगा, जैसे वन में दहाड़ता हुआ सिंह मतवाले हाथियों को भयभीत कर देता है, उसी प्रकार उस शंख राज की ध्वनि ने समस्त राक्षसों को भय और घबराहट में डाल दिया और उस

शंखध्वनि को सुनकर शक्ति और साहस हीन हुए। घोड़े युद्ध भूमि में खड़े न रह सके। हाथियों के मद उत्तर गये और वीर सैनिक रथों से नीचे गिर पड़े। शंखराज की ध्वनि, शारंगधनुष की टंकार तथा भगवान विष्णु की गर्जना इन सबके तुमुल नाद ने राक्षसों के कोलाहल को दबा दिया। सहस्त्रों राक्षसों का वध करके भगवान मधुसूदन ने अपने शंख पांचजन्य को उसी तरह गम्भीर ध्वनि से पूर्ण किया, जैसे देवराज इन्द्र मेघ को जल से भर देते है भगवान नारायण के बाणों से भयभीत और शंखनाद से व्याकुल हुई राक्षस–सेना लंका की तरफ भाग जाती है।[163] इस प्रकार राक्षसों की भागती सेना को श्रीहरि पीछे की ओर से मारना आरम्भ करते है, तब माल्यवान लौट पड़ा और श्री हरि से बोला, 'शंख, चक्र और गदा धारण करने वाले देवता! यदि तुम्हारे हृदय में युद्ध का हौंसला है, तो मैं खड़ा हूँ, देखता हूँ, तुममें कितना बल है?' इस प्रकार माल्यवान श्री हरि से युद्ध करता है और माल्यवान के हाथ से छूटकर घंटानाद करती हुई शक्ति, श्रीहरि की छाती से जा लगी और मेघ के अंग में प्रकाशित होने वाली बिजली के समान शोभा पाने लगी।[164] इस काण्ड के एक अन्य सन्दर्भ में हमें वादन का उल्लेख मिलता हैं इस सन्दर्भ में जब राक्षस जाति में विभीषण का जन्म होता है तो आकाश से फूलों की वर्षा होती है और देवताओं की दुन्दुभियां बज उठती है और उस समय अन्तरिक्ष में साधु–साधु की ध्वनि सुनाई देने लगती है।[165]

इस काण्ड के 16वें सर्ग में जब 'नन्दीश्वर रावण को शाप देते है तो आकाश में देवताओं की दुन्दुभियां बज उठती है और फूलों की वर्षा होने लगती है।[166] एक अन्य सन्दर्भ में रावण अनरण्य का वध कर देता है तथा राजा अनरण्य के शाप देते ही मेघ के समान गम्भीर स्वर में देवताओं की दुन्दुभियां बज उठती हैं।[167] उत्तरकाण्ड के 24वें सर्ग में जब देवताओं आदि की कन्याएं रावण को शाप देती है तो 'उस समय आकाश में देवताओं की दुन्दुभियां बज उठती है।[168]

एक अन्य सन्दर्भ में जब रावण रम्भा से बलात्कार करता है, तो नलकूबर रावण को शाप देता है। शाप के मुख से निकलते ही देवताओं की दुन्दुभियां बज उठती है और आकाश से फूलों की वर्षा होने लगती है।[169] उत्तरकाण्ड के 91वें सर्ग में राम अश्वमेघ यज्ञ की तैयारी का आदेश देते हैं और कहते है कि 'ताल लेकर रंगभूमि में संचरण करने वाले सूत्राधर तथा नट और नर्तक भी बुला लिए जाए।'[170] राम के अश्वमेघ यज्ञ में लव–कुश रामायण का गान करते हैं। बहुसंख्यक प्रमाणों ध्वनि परिच्छेदन के साधनाभूत द्रुत, मध्य और विलंबित इन तीनों प्रकार की लय अथवा सप्तविध स्वरों के भेद की सिद्धि के लिए बने हुए स्थानों से बंध और वीणा की लय से मिलता हुआ, इन दोनों बालकों का वह मधुर गान सुनकर श्रीराम को बड़ा आश्चर्य होता है, इस गान को सुनने के लिए मात्राओं के विशेषज्ञों, ज्योतिष विद्या में पारंगत

पण्डितों, कर्मकाण्डियों, कार्य कुशल पुरूषों को भी बुलाया जाता है।[171] इस प्रकार वाल्मीकि रामायण के भिन्न–भिन्न काण्डों से हमें वादन के उल्लेख प्राप्त होते है।

वादन सिद्धान्त

जैसा की हम पहले भी बता चुके हैं कि रामायण में वाद्यों के अन्तर्गत वीणा, विपंची, मृदंग, मड्डूक, चेलिका, पटट, भेरी, पणव, डिंडिम तथा आडम्वर आदि का उल्लेख है। इन वाद्यों के सन्दर्भ लगभग रामायण के सभी काण्डों में मिलते हैं। परन्तु इन वाद्यों के वादन के सिद्धान्त हमें रामायण में कहीं देखने को नहीं मिलते लेकिन कहीं–कहीं सोने के डण्डो से भेरी और दुन्दुभि बजाने के सिद्धान्त निम्न श्लोकों से प्राप्त होते हैं–

भेरीमृदंगवीणनां कोणसंघट्टितः पुनः।
किमद्य शब्दों विरतः सदादीनगतिः पुरा। (2.71.29)

इस श्लोक में भरत कहते हैं कि वादन दण्ड से बजायी जाने वाली भेरी, मृदंग और वीणा का जो आघातजनित शब्द होता है, वह पहले अयोध्या में सदा होता रहता था, कभी उसकी गति अवरूद्ध नहीं होती थी, परन्तु आज वह शब्द न जाने क्यों बन्द हो गया है।

इसी प्रकार एक अन्य श्लोक में वादन दण्ड का उल्लेख किया गया है।

सुवर्णकोणाभिहतः प्राणदद्यामदुन्दुभिः।
दध्मु शंखश्चशतशो वाद्याश्चोच्चावचस्वरान्। (2.81.2)

अर्थात् प्रहर की समाप्ति को सूचित करने वाली दुन्दुभि सोने के डंडे से आहत होकर बज उठी। बाजे बजानेवालों ने शंख तथा दूसरे–दूसरे नाना प्रकार के सैकड़ो बाजे बजाये। इन श्लोकों से हमें वादन के सिद्धान्त का पता चलता है। इसके अतिरिक्त रामायण में अवनद्ध वाद्यों के वादन के लिए पाटाक्षरों का कही उल्लेख नहीं किया गया है।

नृत्य के तत्त्व

रामायण में नृत्य तथा नृत दोनों का उल्लेख है। नृत्य का प्रयोग धार्मिक तथा लौकिक दोनों रूपों में किया जाता था भगवान की आराधना में गीत तथा नृत्य का प्रयोग किया जाता था। शिव की आराधना के पश्चात् रावण के नृत्य करने का उल्लेख है–

ततः सतामर्तिहंर परं वरं वरप्रंद चन्द्रमयूखभूषणम्।
समर्चयित्वा स निशाचरों जगौ प्रसार्य हस्तान् प्रणनर्त चाग्रतः[172]

अप्सराओं के अन्तर्गत, रम्भा, मेनका, अलम्बुसा, धृताची, नाग दत्ता, आदि का उल्लेख रामायण में है।

नृत्य के सन्दर्भ

वाल्मीकि रामायण में गायन, तथा वादन की अपेक्षा हमें नृत्य के कम उल्लेख मिलते है लेकिन फिर भी सम्पूर्ण रामायण का अध्ययन करने पर हमें 55 ऐसे सन्दर्भ मिलते हैं, जिनमें नृत्य का उल्लेख किया गया है। इन सन्दर्भों का उल्लेख हम क्रमश काण्ड के अनुसार कर रहें हैं। जिसमें सबसे पहला सन्दर्भ हमें बालकाण्ड के पांचवें सर्ग में मिलता है। इस सर्ग में राजा दशरथ द्वारा सुरक्षित अयोध्यापुरी के वर्णन में कहा है कि 'उस पुरी में बहुत सी नाटक मण्डलियां थी, जिनमें केवल स्त्रियां ही नृत्य एवं अभिनय करती थी। उस नगरी में चारों ओर उद्यान तथा आमों के बगीचे थे। लम्बाई और चौड़ाई की दृष्टि से वह पुरी बहुत विशाल थी तथा साखु के वन उसे सब ओर से घेरे हुए थे।[173]

इस काण्ड के 13वें सर्ग में राजा दशरथ वशिष्ट जी से यज्ञ की तैयारी के लिए कहते है, तब वशिष्ट जी 'शिल्पकारों, बढ़इयों, भूमि खोदने वालों, ज्योतिषियों कारीगरों, तटों, नर्तकों, विशुद्ध शास्त्रवेक्ताओं तथा बहुश्रुत पुरूषों को बुलाकर उनसे कहते हैं कि तुम सब लोग महाराज की आज्ञा से यज्ञकर्म के लिए आवश्यक प्रबन्ध करो।[174] राजा दशरथ के पुत्रों के 'जन्म के समय गन्धर्वों ने मधुर गीत गाये अप्सराओं ने नृत्य किया। देवताओं की दुन्दुभियां बजने लगीं तथा आकाश से फूलों की वर्षा होने लगी। उस समय अयोध्या में बहुत बड़ा उत्सव हुआ। मनुष्यों की भारी भीड़ एकत्रित हुई। गलियां और सड़के लोगों से खचाखच भरी हुई थी तथा बहुत से नट और नर्तक वहाँ अपनी कला दिखा रहे थे।[175] बालकाण्ड के 32 सर्ग में विश्वामित्र राम, लक्ष्मण के कुशनाथ की सौ कन्याओं का वायु के कोप से कब्जा होने का वृतान्त सुनाते है तथा कहते ही राजर्षि कुशनाभ की पुत्रियां अंलकारों से अलंकृत थी तथा गति बजाती और नृत्य करती हुई वन में विहार करने लगी।[176] उस समय उत्तम गुणों से सम्पन्न तथा रूप यौवन से सुशोभित राजकन्याओं को देखकर वायुदेव उनसे कहता है 'सुन्दरियों! मैं तुम सब को अपनी भार्या बनाना चाहता हूँ'। वायुदेव की बात सुनकर वे सुन्दरियां उसका उपहास उड़ाती है और वायुदेव के प्रस्ताव को ठुकरा देती हैं। उनकी यह बात सुनकर वायुदेव अत्यन्त कुपित हो जाते है और उनके भीतर प्रविष्ट होकर उनके सब अंगों को मोड़कर टेढ़ा (कुब्जा) कर देते हैं।

बालकाण्ड के 64 वें सर्ग में विश्वामित्र मीठी बोली बोलने वाले कोकिल की मधुर काकली सुनते है तथा प्रसन्नचित होकर जब उस ओर दृष्टिपात करते हैं, तो सामने रम्भा खड़ी दिखाई देती है। 'कोकिल के कलरव, रम्भा अनुपम गीत और नृत्य

के अप्रत्याशित दर्शन से मुनि के मन में सन्देह हो जाता है,[177] और देवराज इन्द्र का वह सारा कुचक्र उनकी समझ में आ जाता है फिर तो मुनिश्वर को क्रोध आ जाता है और वे रम्भा को शाप दे देते हैं। इसी काण्ड के 73वें सर्ग में 'रघुवंश शिरोमणि राजकुमारों के विवाह के अवसर पर दिव्य दुन्दुभियों की गम्भीर ध्वनि, दिव्य गीतों के मनोहर शब्द और दिव्य वाद्यों के मधुर घोषों के साथ झूंड की झुंड अप्सराएं नृत्य करने लगती है। गन्धर्व मधुर गीत गाने लगते हैं।[178] विवाह के उपरान्त राजा दशरथ जब अपने पुत्र वधुओं सहित अयोध्या लौट रहे होते हैं, तो रास्ते में परशुराम से भेंट होती है जो शिव धनुष के टुटने का समाचार सुनकर महेन्द्रपर्वत से शीघ्र यहां आ जाते है और श्री राम से कहते है' यह महान वैष्णव धनुष मेरे पिता पितामाहों के अधिकार में रहता चला आया है अतः अब तुम क्षत्रिय धर्म को सामने रखकर यह उत्तम धनुष हाथ में लो और इस श्रेष्ठ धनुष पर बाण चढ़ाओं राम परशुराम की बात सुनकर उस उत्तम धनुष पर बाण चढ़ाते हैं। उस समय श्री राम को देखने के लिए सम्पूर्ण देवता और ऋषि ब्रह्माजी को आगे करके वहाँ एकत्र हो जाते हैं। 'गन्धर्व, अप्सराएं, सिद्ध, चारण, किन्नर, यक्ष, राक्षस और नाग भी उस अत्यन्त अदभुत दृश्य को देखने के लिए वहाँ आ जाते हैं।[179]

इस प्रकार बाल काण्ड के बाद अयोध्या काण्ड में भी हमें नृत्य के कुछ सन्दर्भ मिलते हैं। जिसमें सबसे पहला उल्लेख अयोध्या काण्ड के तीसरे सर्ग में आया है इस सर्ग में 'राम के राज्याभिषेक के समय नगर में सब और पताकाएं फहरायी जाती है तथा राजमार्गों पर छिड़काव कराया जाता है। समस्त तालजीवी (संगीतानिपुण) पुरुष तथा सुन्दर वेष–भूषा से विभूषित नर्तकियां राजमहल की दूसरी कक्षा (ड्यौढ़ी) में आकर खड़ी हो जाती है।[180] उस समय सब ओर नट और नर्तक है।[181] राम के राज्याभिषेक वाले दिन सब प्रकार के बाजे नर्तकिया, श्रृंगार युक्त, सौभाग्यवती स्त्रियां, आचार्य ब्राह्मण, गौ पवित्र पशुपक्षी, नगर और जनपद के श्रेष्ठ पुरूष अपने सेवकों सहित प्रसिद्ध–प्रसिद्ध बहुसंख्यक राजाओं के साथ प्रसन्नतापूर्वक श्रीराम के अभिषेक के लिए वहाँ उपस्थित होते है।[182]

इसी काण्ड के 48वें सर्ग में 'राम के वन जाने पर अयोध्या में गाने बजाने और नाचने के उत्सव बन्द हो गये। सबका उत्साह जाता रहा। बाजार की दुकानें नहीं खुली तथा इन सब कारणों से अयोध्या नगरी बड़ी सुनसान लग रही थी।[183] अयोध्या काण्ड के 67वें सर्ग में राजा दशरथ की मृत्यु के पश्चात मार्कण्डेय आदि मुनि राजा के बिना होने वाली देश की दुखस्था का वर्णन करते हैं और कहते है कि राजारहित जनपद में कदाचित महायज्ञों का आरम्भ हो भी तो उसमें धन सम्पन्न ब्राह्मण भी ऋत्विज्ञों को पर्याप्त दक्षिणा नहीं देते। 'अराजक देश में राष्ट्र को उन्नतिशील बनाने

वाले उत्सव, जिनमें नट और नर्तक हर्ष में थककर अपनी कला का प्रदर्शन करते तो हैं किन्तु बढ़ नहीं पाते दूसरे–दूसरे राष्ट्रहितकारी संघ भी नहीं पनपने पाते हैं।[184]

एक अन्य सन्दर्भ में हमें नृत्य का उल्लेख प्राप्त होता है। इस सन्दर्भ में दशरथ युग भरत को चिन्तित जानकर 'कुछ लोग वीणा आदि बजाने लगते। दूसरे लोग उनके खेद की शान्ति के लिए नृत्य कराने लगे तथा कुछ मित्रों ने नाना प्रकार के नाटकों का आयोजन किया, जिसमें हास्य रस की प्रधानता थी।[185] अयोध्याकाण्ड के 91वें सर्ग में भरत की सेना गंगा पार करके जब भरद्वाज मुनि के आश्रम में पहुचती है तो भरद्वाज मुनि सेनासहित भरत का दिव्य सत्कार करते हैं तथा 'घृताची, विश्वाची, मिश्रंकशी, अलम्बुषा, नागदत्ता, हेमा, सोमा, अद्रिकृतस्थली तथा जो अप्सराएं इन्द्र की सभा में उपस्थित होती है तथा जो देवागंनाएं बहनाजी की सेवा में जाया करती है उनका तुम्बुरू सहित आवाहन करते हैं लगता है। इन सब के आने पर वहाँ उत्तम वायु चलने लगती है तथा अप्सराओं के समुदायों का नृत्य होने लगा। देवगन्धर्व गाने लगे और सब और वीणाओं की स्वरलहरियां फैल जाती है। इनके सिवा नन्दनवन से बीस हजार अप्सराएं भी आयी और नारद, तुम्बरू, गोप अपनी कान्ति से वहाँ, सूर्य के समान प्रकाशित होने लगे और ये तीनों भरत के सामने गीत गाने लगे, अलम्बुषा, मिश्रकेशी, पुण्डरीका और वामना ये चार अप्सराएं भरद्वाज मुनि की आज्ञा से भरत के समीप नृत्य करने लगीं। उस समय भरद्वाज मुनि के तेज से बेल के वृक्ष मृदंग बजाते, बहेड़े के पेड़ शम्या नामक ताल देते और पीपल के वृक्ष वहाँ नृत्य करते जान पड़ते थे। फिर तो सहस्त्रों सैनिक फूलों के हार पहनकर नाचते, हँसते और गाते हुए सब और दौड़ते फिरते हैं।[186]

इस प्रकार अयोध्या काण्ड के पश्चात अरण्यकाण्ड के चौथे सर्ग में मिलता है इस सन्दर्भ में विराध अपना परिचय देते हुए कहता है कि मैं रम्भा नामक अप्सरा में आसक्त था इसलिए ठीक समय से मैं वैश्रवण (कुबेर) की सेवा में उपस्थित न हो सका इसलिए कुपित हो राजा वैश्रवण मुझे पूर्वोक्त शाप देकर उससे छुटने की अवधि बताई थी।[187] इस प्रकार अरण्यकाण्ड के पश्चात किष्किन्धा में हमें नृत्य के कुछ सन्दर्भ मिलते है, जिसमें सबसे पहला सन्दर्भ हमें प्रथम सर्ग में मिलता है। इस सन्दर्भ में श्री राम लक्ष्मण के सामने पम्पा सरोवर की सुन्दरता का वर्णन करते हुए कहते है। 'पर्वत की कन्दरा से विशेष ध्वनि के साथ निकली हुई, वायु मानों उच्च स्वर से गीत गा रही है। मतवाले कोकिलों के कलनाद वाद्य का काम देते है। और उन वाद्यों की ध्वनि के साथ वह वायु इन झूमते हुए वृक्षों को मानों नृत्य की शिक्षा सी दे रही है। मधुर मकरन्द और सुगन्ध से भरे हुए इन वनों में गुनगुनाते हुए भ्रमरों के व्याज से ये वायु द्वारा हिलाये गये वृक्ष मानों नृत्य के साथ गान कर रहे हों। जिनकी शाखाओं के अग्रभाग फूलों से ढ़के हैं। जो वायु के साथ झोंके से हिल रहे

है। भ्रमरों को पगड़ी के रूप में सिर पर धारण किये हुए है, वे वृक्ष ऐसे जान पड़ते है, मानों इन्होंने नाचना गाना आरम्भ कर दिया है लक्ष्मण वह देखों पर्वत शिखर पर नाचते हुए अपने स्वामी मयूर के साथ–साथ वह मोरनी भी काम पीड़ित होकर नाच रही है, निश्चय ही वन में किसी राक्षस ने मोर की प्रिया का अपहरण नहीं किया है, इसीलिए यह रमणीय वनों में अपनी वल्लभा के साथ नृत्य कर रहा है।[188] इसी काण्ड के 28वें सर्ग में श्रीराम वर्षा ऋतु का वर्णन करते हैं और लक्ष्मण से कहते है 'देखों अपराहणकाल में इन वनों की शोभा अधिक बढ़ जाती है वर्षा के जल से हरी–हरी घासें बढ़ गयी हैं। झुण्ड के झुण्ड मोरों ने अपना नृत्योत्सव आरम्भ कर दिया है और मेघों ने इनमें निरन्तर जल बरसाया है। सुन्दर नृत्य से सुशोभित हो गये है। कदम्बवृक्ष फूलों और शाखाओं से सम्पन्न हो गये हैं। सांड गौओं के प्रति उन्हीं के समान काम भाव से आसक्त है और पृथ्वी हरी भरी खेती तथा हरे भरे वनों से अत्यन्त रमणीय प्रतीत होने लगा है, नदियां बह रही है, बादल पानी बरसा रहे हैं, मतवाले हाथी चिग्घाड़ रहे है, वनप्रान्त शोभा पा रहे है। प्रियतमा के संयोग से वंचित हुए वियोगी प्राणी चिन्तामग्न हो रहे हैं। मोर नाच रहे है और वानर निश्चित एवं सुखी हो रहे हैं। कहीं भ्रमरों के समूह गीत गा रहे हैं, कहीं मोर नाच रहे हैं और कहीं गजराज मदमत होकर विचर रहे हैं। इस प्रकार ये वनप्रान्त अनेक भावों के आश्रय बनकर शोभा पा रहे हैं।

कदम्ब, सर्ज, अर्जुन और स्थल–कमल से सम्पन्न वन के भीतर की भूमि मधु–जल से परिपूर्ण हो मोरों के मदयुक्त कलरवों और नृत्यों से उपलक्षित होकर आपान भूमि (मधुशाला) के समान प्रतीत होती है। विशाल पंखरूपी आभूषणों से विभूषित मोर वनों में कही नाच रहे हैं, कही जोर–जोर से मीठी बोली बोल रहे हैं और कही वृक्षों की शाखाओं पर अपने सारे शरीर का बोझ डालकर बैठे हुए हैं। इस प्रकार उन्होंने नाच–गान का आयोजन सा कर रखा है।[189] किष्किन्धा काण्ड में नृत्य का अन्तिम उल्लेख हमें 51वें सर्ग में मिलता है इस सर्ग में सीता की खोज करते–करते हनुमान अंगद आदि वानर एक दिव्य गुफा में चले जाते है तथा वहाँ उन्हें एक वृद्धा तापसी मिलती है हनुमान के पूछने पर वह अपना परिचय देती हुई कहती है। "मेरा नाम स्वयंप्रभा है, मैं मेरूसावर्णि की कन्या हूँ। 'नृत्य और गीत की कला में चतुर हेमा मेरी प्यारी सखी है। उसने मुझसे अपने भवन की रक्षा के लिए प्रार्थना की थी इसलिए मैं इस विशाल भवन का संरक्षण करती हूँ।'[190]

किष्किन्धा काण्ड के पश्चात हमें सुन्दर काण्ड में भी नृत्य के कुछ उल्लेख मिलते है। जिसमें सबसे पहला उल्लेख सुन्दर काण्ड के 10वें सर्ग में मिलता है। इस सन्दर्भ में हनुमान रावण के अन्तःपुर में रावण पत्नियों को देखता है जो नाचने और बाजे बजाने में निपूर्ण थी, और राक्षसराज रावण की बांहों और अंगों में स्थान

पाने वाली तथा सुन्दर आभूषण धारण किये हुए थी।[191] हनुमान अन्तःपुर की पान भूमि में देखते है कि 'वहाँ कोई स्त्रियां क्रीड़ा करने से थकी हुई थी तो कोई गीत गाने से। दूसरी नृत्य करके थक गई थीं और कितनी ही स्त्रियां अधिक मद्यपान करके अचेत हो रही थीं।[192]

सुन्दर काण्ड के 20वें सर्ग में रावण सीता को प्रलोभन देते हुए कहता है। 'मिथिलेश कुमारी' मुझे पाकर तुम विचित्र पुष्प–माला, चन्दन, अगरू, नाना प्रकार के वस्त्र, दिव्य आभूषण, बहुमूल्य पेय, शया, आसन, नाच, गान और वाद्य का सुख भोगो।[193] एक अन्य सन्दर्भ में सीता राक्षसियों की बात मानने से इन्कार कर देती है तो राक्षसियां सीता को मारने काटने की धमकी देती हुई कहती है। समस्त शोकों को नष्ट करने वाली सुरा को भी शीघ्र मंगवा लो, आज उसके साथ मनुष्य के मांस का आस्वादन करके हम निकुम्भिला देवी के सामने नृत्य करेगी।[194] इसी काण्ड के 27वें सर्ग में त्रिजटा ने अपने स्वप्न में देखा कि विभीषण के पास शंख ध्वनि हो रही थी, नगाड़े बजाये जा रहे थे। इनके गम्भीर घोष के साथ ही नृत्य भी हो रहे थे, जो विभीषण की शोभा बढ़ा रहे थे।[195]

सुन्दर काण्ड के 57वें सर्ग में जब हनुमान लंका से वापिस आकर वानरों से कहते है कि लंका में मुझे सीता का दर्शन हो गया, तो यह बात सुनकर बहुत से वानर हर्ष से उल्लासित हो अपनी पूँछ ऊपर उठाकर नाचने लगे और कितने ही वानर अपनी पूंछ हिलाने लगते हैं।[196] इस समाचार को श्रीराम को सुनाने के लिए सभी वानर किष्किन्धा की तरफ प्रस्थान करते हैं तथा रास्ते में एक वन में पहुंच जाते है उस वन का नाम मधुवन था तथा वह सुग्रीव के मामा महावीर दधिमुख नामक वानर से सुरक्षित था। वानरों ने उस महान मधुवन को देखकर कुमार अंगद से मधुपान करने की आज्ञा मागीं। 'युवराज की अनुमति मिल जाने से सभी वानरों को बड़ा हर्ष हुआ, और वे आनन्द मग्न होकर इधर–उधर नाचने लगे। मधु के मद में मस्त होकर कोई वानर गाते, कोई हसते, कोई नाचते, कोई नमस्कार करते, कोई गिरते पड़ते, कोई जोर–जोर से चलते, कोई उछलते कूदते और कोई प्रलाप करने लगे।[197] इस प्रकार सुन्दर काण्ड के बाद युद्ध काण्ड में हमें नृत्य के कुछ उल्लेख मिलते है जिसमें सबसे पहला उल्लेख इस काण्ड के चौथे सर्ग में है। इस सन्दर्भ में श्रीराम आदि के साथ वानर सेना प्रस्थान करती है और समुद्र तट पर पड़ाव डालती है। उस समय उन महामनस्वी वानर वीरों ने देखा, समुद्र वायु के थपेड़ें खाकर पवन की प्रेरणा से आकाश में उठकर उत्ताल तरंगों के द्वारा नृत्य सा कर रहा था।[198]

युद्ध काण्ड के 74वें सर्ग में जब जाम्वन्त के कहने पर हनुमान जी हिमालय के लिए प्रस्थान करते हैं तो उस समय लंका का विशाल और ऊँचा द्वार भी हिल

गया। मकान और दरवाजे ढ़ह गये। सारी नगरी भय से व्याकुल हो उस रात में नाचती सी जान पड़ती है।[199] इसी काण्ड के 90वें सर्ग में इन्द्रजीत के मरते ही आकाश में नाचती हुए अप्सराओं और गाते हुए महामना गन्धर्वों के नृत्य और गान की ध्वनि के साथ ही देवताओं की दुन्दभियों का शब्द भी सुनाई देने लगता है।[200] युद्ध काण्ड के अन्तिम सर्ग में राम के 'राज्याभिषेक के समय देव गन्धर्व गाने लगे और अप्सराएं नृत्य करने लगी। भगवान श्रीराम इस सम्मान के सर्वथा योग्य थे।[201]

इस प्रकार युद्ध काण्ड के पश्चात उत्तरकाण्ड में हमें नृत्य के कुछ उल्लेख मिलते है जिसमें सबसे पहला उल्लेख इस काण्ड के दूसरे सर्ग में मिलता है। इस सर्ग में महर्षि अगस्त्य पुलस्त्य की तपस्या का वर्णन करते हैं और कहते है कि 'जहां ब्रह्मर्षि पुलस्त्य जी रहते थे, वह स्थान बड़ा रमणीय था इसलिए वे सती साध्वी कन्याएं प्रतिदिन वहाँ आकर गाती बजाती तथा नाचती थी और उन तपस्वी मुनि के तप में विघ्न डाला करती थीं।[202] इसी काण्ड के 28वें सर्ग में इन्द्र और रावण के युद्ध का वर्णन किया गया है इस सन्दर्भ में देवश्रवर इन्द्र के युद्ध में निकलते ही नाना प्रकार के बाजे बज उठे, गन्धर्व एकाग्र हो गये और अप्सराओं के समूह नृत्य करने लगे।[203] उत्तरकाण्ड के 42वें सर्ग में राम और सीता अशोक वाटिका में विहार करते है। उस समय श्री राम के समीप नृत्य और गीत की कला में निपूर्ण अप्सराएं और नागकन्याएं किन्नरियों के साथ मिलकर नृत्य करने लगती है बहुत सी नाचने गाने में कुशल और चतुर रूपवती स्त्रियां मधुपान जनित मद के वशीभूत हो श्री राम के निकट अपनी नृत्य कला का प्रदर्शन करने लगती है।[204]

एक अन्य सन्दर्भ में महर्षि अगस्त्य जी श्री राम से एक स्वर्गीय पुरूष के शव भक्षण का प्रसंग सुनाते हैं और कहते है कि एक सुबह मैं स्नान के लिए तालाब पर गया तो मैंने वहा एक शव देखा और मेरे देखते ही देखते एक विमान उत्तरा जिसमें देवता बैठे थे तथा उनकी सेवा में सहस्त्रों अप्सराएं बैठी थी, उनमें से कुछ मनोहर गीत गा रही थी, दूसरी मृदंग, वीणा और पणव आदि बाजे बजा रही थी। अन्य बहुत सी अप्सराएं नृत्य करने लगी। [205] उत्तरकाण्ड के 91वें सर्ग में श्रीराम के अश्व मेघ यज्ञ में 'ताल लेकर रंगभूमि में संचरण करने वाले सूत्राधर तथा नट और नर्तकों को भी बुलाया जाता है।[206] इसी काण्ड के 94वें सर्ग में चित्रकला के जानकारों, धर्मशास्त्र के अनुकूल सदाचार के ज्ञाताओं, दर्शन एवं कल्पसूत्र के विद्वान नृत्य और गीत में प्रवीण पुरूषों, विभिन्न शास्त्रों के ज्ञाताओं, नीति–निपुण पुरूषों तथा वेदान्त के अर्थ को प्रकाशित करने वाले ब्रह्मवेक्ताओं को वहाँ बुलवाया और इन सबको एकत्र करके रामायण गान करने वाले उन दोनों बालकों को सभा में बुलाकर बिठाया।[207]

नृत्य के सिद्धान्त

रामायण में नृत्य के सन्दर्भ में हमें कम सिद्धान्त मिलते हैं। उस काल में नृत्य के किस प्रकार का प्रचलन था यह रामायण में वर्णित नहीं है। लेकिन नृत्य के साथ गायन तथा वादन अनिवार्य रूप से किया जाता था। ऐसा उल्लेख हमें रामायण के सन्दर्भों से मिलता है। वाल्मीकि ने उत्प्रेक्षा के द्वारा यह दिखाया है कि नृत्य में गायन तथा अंग–प्रत्यंगों के साथ आन्तरिक भावों की अभिव्यक्ति भी की जाती थी। केवल स्त्रियां ही नृत्य करती थी ऐसा उल्लेख निम्न श्लोक से प्रकट होता है। वधुनाटकसंघैश्च संयुक्तां सर्वतः पुरीम। अर्थात् उस पुरी में ऐसी बहुत सी नाटक मण्डलियां थीं जिनमें सिर्फ स्त्रियां ही नृत्य करती थी। एक अन्य सन्दर्भ में श्रीराम आदि के विवाहोत्सव पर झुण्ड–की–झुण्ड अप्सराएं नृत्य करने लगी ऐसा रामायण में उल्लेख है। इन उल्लेखों से हम यह कह सकते है कि रामायण काल में नृत्य के लिए कोई विशेष सिद्धान्त नहीं था।

सन्दर्भ सूची

1. पादबद्धोऽक्षर समस्तन्त्रीलय समन्वित : शोकार्तस्य प्रवृत्तो में श्लोकी भवतु नान्यथा बाल का 2.18
2. पाठये गेये च मधुरं प्रमाणैस्त्रिभिरन्वितम्।
   जातिभि : सप्तभिर्युक्तं तन्त्रीलयसमन्वितम् रामायण 1.4.8
3. रसैः श्रृडगकरूणहास्य रौद्र भयानके।
   वीरादिभी रसैर्युक्त काव्यमेतदृगयताम्। वही. 1.4.9
4. वही. 1.4.10
5. भारतीय संगीत का इतिहास, परांजपे, पृ. 136
6. वाल्मीकि रामायण 1.4. 34–35
7. वा. रा. 2.76.18
8. वा. रा. 4.33.21
9. भारतीय संगीत का इतिहास, परांजपे, पृ. 149
10. वा. रा. 7.94.2
11. वा. रा. 1.4.8
12. वा. रा. 7.4.17
13. वा. रा. 4.33.21
14. परांजपे, भारतीय संगीत का इतिहास पृ. 149

15. वा. रा. 1. 14.28
16. वा. रा. 1.4.9
17. परांजपे भारतीय संगीत का इतिहास पृ. 150–151
18. वा. रा. 1.4.10
19. वा. रा. 7.93.14
20. रामायण 1. 13–15
21. रामायण 1.4. 34–35
22. रामायण 1. 18.17, 19, द्र. भारतीय संगीत का इतिहास, परांजपे, पृ. 137
23. रामायण 1.32.13
24. वही. 1.62.20–21
25. रामायण 1.64.10
26. रामायण 1.73. 37–38
27. वाल्मीकि रामायण 1.77.11–12
28. वाल्मीकि रामायण 2.6.14
29. वाल्मीकि रामायण 2.12.77
30. वही 2.13.23
31. वा. रामायण 2.16.38, 46
32. वा. रामायण 2.48.37
33. वा. रामायण 2.61.6
34. वा. रामायण 2.65.2. 4.6
35. वा. रामायण 2.69.20
36. वा. रामायण 2.71.27
37. वा. रामायण 2.76.18
38. वा. रामायण 2.88. 8–9
39. वा. रामायण 2.91.16, 18, 27, 45–46, 62
40. वा. रामायण 1.104.19
41. वा. रा. 3.4.16–17
42. वा. रा. 3.11.7,19
43. वा. रा. 3.35,19–20

44. वा. रा. 4.1.15,18,20
45. वा. रा. 4.13.22
46. वा. रामायण 4.27.27
47. वा. रा. 4.28. 37, 54
48. वा. रा. 4.33.31
49. वा. रा. 4.43.51
50. वा. रा. 4.51.17
51. वा. रा. 5.1.85
52. वा. रा. 5.4.9—10
53. वा. रा. 5.10.54
54. वा. रा. 5.11.5,7
55. वा. रा. 5.20.9—10
56. वा. रा. 5.27.36
57. वा. रा. 5.30.41
58. वा. रा. 5.42.32
59. वा. रा. 5.45.16
60. वा. रा. 5.56.29
61. वा. रा. 5.61. 16, 18
62. वा. रा. 6.16.6
63. वा. रा. 6.18.26
64. वा. रा. 6.24.41
65. वा. रा. 6.49.11
66. वा. रा. 6.52.24
67. वा. रा. 6.90.85
68. वा. रा. 6.127.2
69. वा. रा. 7.2.11
70. वा. रा. 7.21.18
71. वा. रा. 7.26.7,9,12
72. वा. रा. 7.37.2—3

73. वा. रा. 7.40.18
74. वा. रा. 7.42.20. 21
75. वा. रा. 7.71. 14–18, 21
76. वा. रा. 7.72. 1–2
77. वा. रा. 7.77.12
78. वा. रा. 7.93. 5–8, 11, 14–16
79. वा. रा. 7.94. 1–2, 5–6, 9–10, 12, 15–17, 31–32
80. वा. रा. 7.95. 1
81. वा. रा.7.110.7,14
82. वा. रा. 4.28.36
83. वा. रा. 2.65.4
84. वा. रा. 7.94.3
85. वा. रा. 1.4.33
86. वा. रा. 1.5.18
87. वा. रा. 1.11.26
88. वा. रा. 1.16.12
89. वा. रा. 1.18.11
90. वा. रा. 1. 20. 4–5
91. वा. रा. 1. 49. 19
92. वा. रा. 1.73.29, 39
93. वा. रा. 1.77.6
94. वा. रा. 2.2.2
95. वा. रा. 2.3.17
96. वा. रा. 2.6.8
97. वा. रा. 2.7.4
98. वा. रा.2.10.13
99. वा. रा. 2.14.39–41
100. वा. रा. 2. 39. 29
101. वा. रा. 2.50.17

102. वा. रा. 2.50.17
103. वा. रा. 2.51.22
104. वा. रा. 2.69.4
105. वा. रा. 2.71.29
106. वा. रा. 2.81.2—4
107. वा. रा. 2.91. 25—27, 49
108. वा. रा. 2.92.34
109. वा. रा. 2.103.49
110. वा. रा. 3.24.10, 29
111. वा. रा. 3.27.8
112. वा. रा. 3.30.29
113. वा. रा. 3.31.16
114. वा. रा. 3.48.12
115. वा. रा. 3.55.9
116. वा. रा. 4.11.26
117. वा. रा. 4.18.36
118. वा. रा. 4.30.50
119. वा. रा. 4.38.13
120. वा. रा. 4.43.37
121. वा. रा. 4.61.6
122. वा. रा. 5.3.6,11
123. वा. रा. 5.4.5,12
124. वा. रा. 5.5.9
125. वा. रा. 5.6.6.12,43
126. वा. रा. 5.10.32,37.45,49
127. वा. रा. 5.11.6
128. वा. रा. 5.17.23
129. वा. रा. 5.18.3
130. वा. रा.5.27.33

131. वा. रा. 5.35.16

132. वा. रा.5.48.29

133. वा. रा. 5.53.17

134. वा. रा. 5.56.31

135. वा. रा. 6.4.118

136. वा. रा. 6.10.4

137. वा. रा. 6.11.8

138. वा. रा. 6.24.3–4,43

139. वा. रा. 6.26.38

140. वा. रा. 6.32.43

141. वा. रा. 6.33.20–21,27

142. वा. रा. 6.35.1–2

143. वा. रा. 6.44.12,25

144. वा. रा. 6.50.62

145. वा. रा. 6.51.1,23

146. वा. रा. 6.53.22

147. वा. रा. 6.57.24, 28–29

148. वा. रा. 6.59.8

149. वा. रा. 6.60.36–38, 42–48, 51

150. वा. रा. 6.65.33

151. वा. रा. 6.73.14

152. वा. रा. 6.75.20

153. वा. रा. 6.78.16

154. वा. रा. 6.92.31–33

155. वा. रा. 6.95.35

156. वा. रा. 6.100.30

157. वा. रा. 6.102.65

158. वा. रा. 6.108.27

159. वा. रा. 6.111.107–108

160. वा. रा. 6.127.3–4,18,22

161. वा. रा. 6.128.33

162. वा. रा. 7.7.9–12,16,23–24

163. वा. रा. 7.8.5,10

164. वा. रा. 7.9.36

165. वा. रा. 7.16.21

166. वा. रा. 7.19.31

167. वा. रा. 7.24.21

168. वा. रा. 7.26.56

169. वा. रा. 7.91.15

170. वा. रा. 7.94,3,7

171. वा. रा. 7.31.44

172. वा. रा. 1.5.12

173. वा. रा. 1.13.7

174. वा. रा. 1.18.17–18

175. वा. रा. 1.32.13

176. वा. रा. 1.64.10

177. वा. रा. 1.73.37–38

178. वा. रा. 1.76.10

179. वा. रा. 2.3.17

180. वा. रा. 2.6.14

181. वा. रा. 2.14.39

182. वा. रा. 1.32.13

183. वा. रा. 2.48.37

184. वा. रा. 2.67.15

185. वा. रा. 2.69.4

186. वा. रा. 2.91.17–18,26,46–47,49,62

187. वा. रा. 3.4.18

188. वा. रा. 4.1.15,18,20,38,40

189. वा. रा. 4.28.21,26—27,33—34,37

190. वा. रा. 4.51.17

191. वा. रा. 5.10.32

192. वा. रा. 5.11.5

193. वा. रा. 5.20.9—10

194. वा. रा. 5.24.46

195. वा. रा. 5.27.33

196. वा. रा. 5.57.42

197. वा. रा. 5.61. 15—16

198. वा. रा. 6.4.120

199. वा. रा. 6.74.40

200. वा. रा. 6.90.85

201. वा. रा. 6.128.71

202. वा. रा. 7.2.11

203. वा. रा. 7.28.26

204. वा. रा. 7.42.20—21

205. वा. रा. 7.77. 10—13

206. वा. रा. 7.91.15

207. वा. रा. 7. 94. 9—10

4

रामायण में वर्णित वाद्य

रामायण का अध्ययन करने पर हमें संगीत विषयक समुन्नित तथा प्रसार के स्र्वत्र दर्शन होते हैं। सामगान, गन्धर्व गान के साथ अनेक वाद्यों का उल्लेख प्राप्त होता हैं। स्वागत तथा विदाई जैसे समारोहों में संगीत का आवश्यक स्थान था। राज परिवार के सदस्यों तथा अतिथि विशेषों का स्वागत शंख और दुन्दुभि के घोष तथा 'मागध' के आदि के गान से किया जाता था। श्री राम के वनवास से लौटने पर वादित्र कुशल व्यक्तियों ने शंख और दुन्दुभियों से स्वागत किया था। रावण के अन्तःपुर के संगीत का वर्णन करते हुए, वाल्मीकि ने वीणा, विपंची, मृदंग, पटह, पणव, डिंडिम, आडम्बर तथा चेलिका आदि वाद्यों का उल्लेख किया है। तत् वाद्यों में वीणा, उस समय का सर्वाधिक लोकप्रिय वाद्य रहा है। अवनद्ध वाद्यों में मुरज, पणव, मृदंग, दुन्दुभि, भेरी, धौंसा आदि का उल्लेख रामायण में है। अवनद्ध वाद्यों का वादन, जिस प्रकार के दण्ड से किया जाता था, उसे 'कोण' संज्ञा प्रदान की गई है। समाज में जैसे लोक उत्सवों में ताल वाद्यों में मृदंग, मुरज, पणव, आदि का विशेष प्रचलन था, वही युद्ध में शंख, पटह, भेरी, दुन्दुभि वाद्यों का प्रयोग किया जाता था। अतः रामायण काल में विशेषतया, दुन्दुभि, भेरी, शंख, पणव, मुरज, चेलिका, वेणु, घण्टा, वीणा, विपंची, नुपूर, आडम्बर, आदि वाद्यों का उल्लेख मिलता है। इन उल्लेखों के आधार पर हमने वाद्यों को चार प्रकार में बांटा हैं।

1. तत् वाद्य
2. अवनद्ध वाद्य
3. सुषिर वाद्य
4. घन वाद्य

तत् वाद्य

वाल्मीकि रामायण में हमें तत् वाद्य का उल्लेख ज्यादा नहीं मिलता। लेकिन सम्पूर्ण रामायण का अध्ययन करने पर हमें प्रत्येक काण्ड में कुछ–कुछ सन्दर्भों में तत् वाद्य का उल्लेख मिलता है। जिसमें सबसे पहला उल्लेख बालकाण्ड के द्वितीय सर्ग में आता है। इस सन्दर्भ में क्रौंच के वध करने वाले निषाद से वाल्मीकि कहते हैं, 'निषाद! तुझे नित्य–निरन्तर कभी भी शान्ति न मिले, क्योंकि तुमने इस क्रौंच के जोड़े में से एक की, जो काम से मोहित हो रहा था, बिना किसी अपराध के ही हत्या कर डाली।' ऐसा कहकर, जब उन्होंने इस पर विचार किया, तब उनके मन में यह चिन्ता हुई कि 'अहों ! इस पक्षी के शोक से पीड़ित होकर, मैंने यह क्या कह डाला। यही सोचते हुए, वाल्मीकि एक निश्चय पर पहुँच गये और अपने शिष्य से बोले 'तात! शोक से पीड़ित हुए मेरे मुख से जो वाक्य निकल पड़ा है, यह चार चरणों में आबद्ध है। इसके प्रत्येक चरण में बराबर–बराबर (यानी आठ–आठ) अक्षर है तथा इसे वीणा की लय पर गाया भी जा सकता है।[1] इसी काण्ड के चौथे सर्ग में हमें तत् वाद्य का एक और उल्लेख प्राप्त होता है इस सन्दर्भ में वाल्मीकि 24000 श्लोकों से युक्त रामायण काव्य का निर्माण करके, उसे लव–कुश को कंठस्थ करवाते है। तथा कहते है कि, यह महाकाव्य पढ़ने और गाने में मधुर, द्रुत, मध्य और विलम्बित, इन तीनों गतियों से अन्वित, षडज आदि सातों स्वरों से युक्त, वीणा बजाकर स्वर और ताल के साथ गाने योग्य तथा श्रृंगार, करूण, हास्य, रौद्र, भयानक तथा वीर आदि सभी रसों से अनुप्रमाणित है इस प्रकार आज्ञा पाकर लव–कुश दोनों भाई, वीणा की लय के साथ अपने मन के अनुकूल तार (उच्च स्वर) एवं मधुर स्वरों में राग अलापते हुए, रामायण काव्य का गान करने लगते हैं।[2]

बालकाण्ड में तत् वाद्य का अन्तिम उल्लेख, हमें पंचम सर्ग में मिलता है। इस सन्दर्भ में राजा दशरथ द्वारा सुरक्षित अयोध्यापुरी के वर्णन में तत् वाद्य का उल्लेख आया है। इस सन्दर्भ में भूमण्डल की सर्वोतम नगरी अयोध्या दुन्दुभि, मृदंग, वीणा, पणव, आदि वाद्यों की मधुर ध्वनि से हमेशा गूँजती रहती थी।[3]

बालकाण्ड के बाद अयोध्या काण्ड में भी हमें तत् वाद्य के कुछ उल्लेख मिलते हैं। जिसमें सबसे पहला उल्लेख, अयोध्या काण्ड के 49वें सर्ग में मिलता है। इस

सन्दर्भ में राजा दशरथ विलाप करते हुए कैकेयी से कहते हैं कि, 'जिस प्रकार बिना तार के वीणा नहीं बज सकती और बिना पहिये का रथ नहीं चल सकता, उसी प्रकार नारी सौ बेटों की माता होने पर भी बिना पति के सुखी नहीं रह सकती।'[4]

इसी काण्ड के 65वें सर्ग में राजा दशरथ के दिवंगत हुआ जान, उनकी रानियां विलाप करती है और सूत, मागध तथा संगीत शास्त्र का अनुशीलन करने वाले गायक, अपने अपने मार्ग के अनुसार पृथक–पृथक यशोगान करते हुए वहां आते है। उस समय शुक आदि पक्षियों तथा ब्राह्मणों के मुख से निकले हुए पवित्र शब्द, वीणाओं के मधुर नाद तथा गाथाओं के आशीर्वाद युक्त गान से वह सारा भवन गूँज उठता है।[5] वहीं दूसरी तरफ कैकेय प्रदेश में दशरथ पुत्र भरत को चिन्तित जान कुछ लोग वीणा, आदि बजाने लगे। दूसरे लोग उनके खेद की शान्ति के लिए नृत्य करने लगे। दूसरे मित्रों ने नाना प्रकार के नाटकों का आयोजन किया। जिसमें हास्यरस की प्रधानता थी।[6]

इसी काण्ड के एक अन्य सर्ग में जब भरत सुमन्त्र सहित अयोध्या नगरी में वापिस आते हैं। और देखते हैं कि 'वादन दण्ड द्वारा बजायी जाने वाली भेरी, मृदंग और वीणा का जो आघात जनित शब्द होता है, वह पहले अयोध्या में सदा होता रहता था। कभी उसकी गति अवरूद्ध नहीं होती थी। परन्तु आज वह शब्द न जाने क्यों बंद हो गया है।[7] इसी काण्ड के 91वें सर्ग में हमें तत् वाद्य का उल्लेख मिलता है। इस सन्दर्भ में जब भरत राम से मिलने वन में जाते हैं, तो रास्ते में वे भरद्वाज मुनि के आश्रम में विश्राम करते हैं। उस समय भरद्वाज मुनि सेना सहित भरत का दिव्य सत्कार करते हैं और देव गन्धर्वों, और अप्सराओं का आवाहन करते हैं। इन सब के आने पर वहां उत्तम वायु चलने लगती हैं। अप्सराओं के समुदायों का नृत्य होने लगा है। देवगन्धर्व गाने लगते हैं और सब और वीणाओं की स्वर लहरियां फैलने लगती है।[8] इस प्रकार अयोध्या काण्ड के भिन्न–भिन्न सर्गों में हमें तत् वाद्यों का उल्लेख प्राप्त होता हैं।

अयोध्या काण्ड के बाद अरण्य काण्ड आता है। जिसमें हमें तत् वाद्य का एक भी उल्लेख नहीं मिलता तथा उसके अगले काण्ड (किष्किन्धा काण्ड) में भी हमें दो एक ऐसे सन्दर्भ मिलते हैं, जिनमें तत् वाद्य का उल्लेख आता है। जिसमें सबसे पहला उल्लेख, श्री राम द्वारा वर्षा ऋतु का वर्णन करते समय आता है। इस सन्दर्भ में श्रीराम वर्षा ऋतु को वर्णित करते हुए कहते हैं कि भ्रमररूप वीणा की मधुर झंकार हो रही है। मेंढ़कों की आवाज कण्ठताल सी जान पड़ती है। मेघों की गर्जना के रूप में मृदंग बज रही है।

इस प्रकार वनों में संगीतोत्सव का आरम्भ सा हो रहा है।[9] इसी काण्ड के एक अन्य सर्ग में हमें तत् वाद्य का दूसरा उल्लेख मिलता है। इस सन्दर्भ में जब लक्ष्मण

श्रीराम का सन्देश लेकर किष्किन्धा पुरी में जाते हैं तो सुग्रीव के अन्तःपुर में प्रवेश करते ही लक्ष्मण के कानों में संगीत की मीठी तान सुनाई पड़ती है। जो वहाँ निरन्तर गूँज रही थी। तथा वीणा के लय पर कोई कोमल कण्ठ से वहां गा रहा था। प्रत्येक पद और अक्षर का उच्चारण समताल का प्रदर्शन करते हुए हो रहा था।[10]

किष्किन्धा काण्ड के बाद सुन्दर काण्ड में हमें तत् वाद्य के कुछ उल्लेख मिलते है इस काण्ड में सबसे पहला उल्लेख, हमें पांचवें सर्ग में मिलता इस सर्ग में हनुमान जी रावण के अन्तःपुर में सीता को ढूढ़ँते हुए यह देखते हैं कि उन घरों में 'वीणा के श्रवण सुखद शब्द झंकृत हो रहे हैं, सदाचारिणी स्त्रियां पतियों के साथ सो रही हैं तथा अत्यन्त अदभुत और भयंकर शील स्वभाव वाले निशाचर निशीध काल में विहार कर रहे हैं।[11] सुन्दरकाण्ड के दसवें सर्ग में जब हनुमान, रावण के अन्तःपुर में सीता की खोज कर रहा होते हैं तो वे देखते है कि 'कोई स्त्री वीणा को छाती से लगाकर सोयी हुई सुन्दरी ऐसी जान पड़ती थी, मानों महानदी में पड़ी हुई कोई कमलिनी किसी नौका से सट गयी है। और कोई कमललोचन युवती वीणा का आलिंगन करके सोयी हुई ऐसी जान पड़ती थी, मानों कामभाव से युक्त कामिनी अपने श्रेष्ठ प्रियतम को भुजाओं में भरकर सो गयी हो। नियमपूर्वक नृत्यकाल से सुशोभित होने वाली एक अन्य युवती विपंची वीणा को अंग में भरकर प्रियतम के साथ सोयी हुई प्रेयसी की भान्ति निद्रा के अधीन हो गयी थी। मदिरा के मद से मोहित हुई कोई कमलनयनी नारी आडम्बर नामक वाद्य को अपनी भुजाओं के आलिंगन से दबाकर प्रगाढ़ निद्रा में सोयी थी।[12] इसी काण्ड में तत् वाद्य का अन्तिम उल्लेख हमें 17वें सर्ग में मिलता है। इस सन्दर्भ में हनुमान जी सीता को अशोक वाटिका में देखकर बड़े प्रसन्न होते है और यह महसूस करते हैं कि जैसे वीणा अपने स्वामी की अंगुलियों के स्पर्श से वंचित हो, वादन आदि की क्रिया से रहित अयोग्य अवस्था में मूक पड़ी रहती है, उसी प्रकार सीता पति के सम्पर्क से दूर होने के कारण महान क्लेश में पड़कर ऐसी अवस्था में पहुँच गयी है जो उनके योग्य नहीं है।[13]

सुन्दर काण्ड के बाद युद्ध काण्ड में हमें तत् वाद्य के कुछ उल्लेख मिलते है। जिसमें सबसे पहला उल्लेख इस काण्ड के 24वें सर्ग में मिलता है इस सन्दर्भ में रावण अपने बल की डींग हाँकते हुए कहता है कि 'पहले कभी युद्ध में राम का, मेरे बल–पराक्रम से पाला नहीं पड़ा है, इसलिए वह मेरे साथ लड़ने का हौसला रखता है। मेरा धनुष एक सुन्दर वीणा है। जो बाणों के कोनों से बजायी जाती है। उसकी प्रत्यंचा से जो टंकार ध्वनि उठती है, वही उसकी भयंकर स्वरलहरियां हैं। आर्तों की चीत्कार और पुकार ही उस पर उच्चस्वर में गाया जाने वाला गीत है। नराचों को छोड़ते समय जो चट–चट शब्द होता है, वही मानों हथेली पर दिया जाने वाला ताल है। बहती हुई नदी के समान जो शत्रुओं की वाहिनी है वही मानों उस

संगीतोत्सव के लिए विशाल रंगभूमि है मैं समरांगण में उस रंगभूमि के भीतर प्रवेश करके अपनी वह भयंकर वीणा बजाऊँगा।[14]

सुन्दर काण्ड के 75वें सर्ग में राक्षसों तथा वानरों का भयकर युद्ध होता है। वानर 'जिनमें क्रौंच और मोरों के कलरव, वीणा की मधुर ध्वनि तथा भूषणों की झन्कारें गूँज रही थी और जो पर्वताकार दिखायी देते थे, उन सभी गृहों को आग से जला देते हैं।[15] इस प्रकार तत् वाद्य के अन्तर्गत हमें इतने ही उल्लेख सुन्दर काण्ड में मिलते हैं।

सुन्दरकाण्ड के बाद उत्तरकाण्ड में भी हमें तत् वाद्य के कुछ उल्लेख मिलते हैं। जिसमें सबसे पहला उल्लेख इस काण्ड के 71वें सर्ग में मिलता है। इस सन्दर्भ में शत्रुघ्न अपने थोड़े से सैनिकों के साथ अयोध्या को प्रस्थान करते हैं, तथा रास्ते में वाल्मीकि आश्रम में ठहरते है। उस बेला में उन्हें जो रामचरित सुनने को मिला, वह पहले ही काव्यबद्ध कर लिया गया था। वह काव्यगान वीणा की लय के साथ हो रहा था तथा हृदय, कण्ठ और मूर्ध इन तीन स्थानों से मन्द्र, मध्यम और तार स्वर के भेद से उच्चारित हो रहा था। संस्कृत भाषा में निर्मित होकर व्याकरण, छन्द, काव्य और संगीत शास्त्र के लक्षणों से सम्पन्न और मनोचित ताल के साथ गाया गया था।[16] इस प्रकार वीणा की लय के साथ, उस रामचरित गान का सुमधुर शब्द सुनकर महात्मा शत्रुघ्न की शेष रात बहुत जल्दी ही बीत गयी।[17]

इसी काण्ड के 93वें सर्ग में श्रीराम के यज्ञ में महर्षि वाल्मीकि आते हैं और रामायण गान के लिए कुश–लव को आदेश देते है और कहते हैं, 'ये वीणा के सात तार है। इनसे बड़ी मधुर आवाज निकलती है। इसमें अपूर्व स्वरों का प्रदर्शन करने वाले, ये स्थान बने हैं। इनके स्वरों को झंकृत करके, मिलाकर सुमधुर स्वर में तुम दोनों भाई काव्य का गान करो और सर्वथा निश्चिन्त रहो। अतएव तुम दोनों भाई प्रसन्न और एकाग्रचित होकर कल सवेरे से ही वीणा की लय पर मधुर स्वर से रामायण–गान आरम्भ कर दो।[18] इस प्रकार वाल्मीकि की आज्ञा पाकर अगली सुबह वे दोनों भाई ऋषि के बताए अनुसार वहां सम्पूर्ण रामायण का गान करने लगते हैं। 'बहुसंख्यक प्रमाणों–ध्वनिपरिच्छेद के साधन भूत द्रुत, मध्य और विलंबित इन तीनों की आवृतियों अथवा सप्तविध स्वरों के भेद की सिद्धि के लिए बने हुए स्थानों से बंध और वीणा की लय से मिलता हुआ, उन दोनों बालकों का वह मधुर गान सुनकर श्रीराम जी को बड़ा कौतूहल हुआ। इस प्रकार प्रथम दिन कतिपय सर्गों से युक्त सुन्दर स्वर एवं मधुर शब्दों से पूर्ण, ताल और लय से सम्पन्न तथा वीणा की लय की व्यंजना से युक्त वह काव्य गान, जिसे लव–कुश ने गाया था, श्रीराम ने सुना।[19] इस प्रकार वाल्मीकि कृत रामायण के भिन्न–भिन्न काण्डों और सर्गों से हमें तत् वाद्य के उल्लेख प्राप्त होते है।

अवनद्ध वाद्य

आदि कवि वाल्मीकि कृत रामायण में अवनद्ध वाद्यों का सबसे ज्यादा उल्लेख हमें मिलता है। अवनद्ध वाद्य के अन्तर्गत दुन्दुभि, मृदंग, पणव, मुरज, नगाड़ा, धौंसा, भेरी, मडडुक, पटह, डिम्डिम, ढोल, चेलिका, आदि का उल्लेख रामायण के विभिन्न काण्डों में हमें मिलता है। अवनद्ध वाद्य का सबसे पहला उल्लेख, बालकाण्ड के 5वें सर्ग में आता है। इस सन्दर्भ में राजा दशरथ द्वारा सुरक्षित अयोध्या पुरी के वर्णन में कहा है, कि 'भूमण्डल की सर्वोतम नगरी अयोध्या, दुन्दुभि, मृदंग, वीणा, पणव आदि वाद्यों की ध्वनि से सदा गूँजती रहती थी।[20] एक अन्य सन्दर्भ में सुमन्त्र के कहने से राजा दशरथ सपरिवार अंगराज के यहाँ जाकर शंख और दुन्दुभि आदि वाद्यों की ध्वनि के साथ विप्रवर ऋष्यश्रृंग को आगे करके अपने सजे सजाये नगर में प्रवेश करते हैं।[21] बालकाण्ड के 16वें सर्ग में राजा दशरथ द्वारा पुत्रेष्टि यज्ञ का वर्णन है। इस सन्दभ में राजा दशरथ के यज्ञ में अग्निकुंड से एक विशालकाय पुरूष प्रकट होता है। उसकी अंगकान्ति काले रंग की थी। उसने अपने शरीर पर लाल वस्त्र धारण कर रखा था। उसका मुख भी लाल ही था। उसकी वाणी से दुन्दुभि के समान गम्भीर ध्वनि प्रकट होती थी।[22] एक अन्य सन्दर्भ में 'राम आदि भाइयों के जन्मोत्सव पर गन्धर्वों ने मधुर गीत गये। अप्सराओं ने नृत्य किया। देवताओं की दुन्दुभियां बजने लगी तथा आकाश से फूलों की वर्षा होने लगी।[23]

बालकाण्ड के एक अन्य सन्दर्भ में 'कमलनयन श्री राम' को विश्वामित्र जी के साथ जाते देख देवता आकाश से फूलों की वर्षा करते हैं, और दुन्दुभियां बजाते हैं। श्री राम की यात्रा के समय शंख और नगाड़े भी बजते हैं।[24] बालकाण्ड के 49वें सर्ग में जब श्री राम अहिल्या का उद्धार करते हैं। तो अहिल्या श्री राम का अतिथि सत्कार करती है। उस समय देवताओं द्वारा आकाश से फूलों की वर्षा होती है। दुन्दुभियां बज उठती है और गन्धर्व, अप्सराओं द्वारा महान उत्सव मनाया जाता है।[25] इसी प्रकार श्रीराम के विवाह के अवसर पर देवताओं के नगाड़े बजने लगे और आकाश से फूलों की बड़ी भारी वर्षा हुई, दिव्य गीतों के मनोहर शब्द और दिव्य वाद्यों के मधुर घोष के साथ झूण्ड की झूण्ड अप्सरायें नृत्य करने लगी और गन्धर्व मधुर गीत गाने लगे।[26] इस प्रकार अवनद्ध वाद्य के अन्तर्गत हमें इतने ही उल्लेख बालकाण्ड में मिलते है।

बालकाण्ड के पश्चात अयोध्या काण्ड में भी अवनद्ध वाद्यों का उल्लेख आता है। इस काण्ड में सबसे पहला उल्लेख, दूसरे सर्ग में मिलता है। इस सन्दर्भ में महाराज दशरथ मेघ के समान शब्द करते हुए, दुन्दुभि की ध्वनि के समान अत्यन्त गम्भीर एवं गूंजते हुए उच्चस्वर से राम के राज्याभिषेक की बात कहते हैं।[27] अयोध्या

काण्ड के 39वें सर्ग में श्रीराम के वन जाते समय, राजा दशरथ का जो भवन पहले मुरज, पणव, और मेघ आदि वाद्यों के गम्भीर घोष से गूँजता रहता था, वही विलाप और रोदन से व्याप्त संकट में पड़कर अत्यन्त दुखःमय प्रतीत होने लगा।[28]

इसी काण्ड के 50वें सर्ग में जब श्रीराम वनवास को चले जाते है और श्रृंगवेरपुर में गंगा तट पर पहुँचते हैं, तो यह देखते है कि 'कहीं गंगा का जल निश्चल एवं गहरा है, कहीं वे महान वेग से व्याप्त है। कहीं उसके जल से मृदंग आदि के समान गम्भीर घोष प्रकट होता है। तो कहीं ब्रजपात के समान भयंकर नाद सुनायी दे रहा है।[29] अवनद्ध वाद्य का एक अन्य उल्लेख इसी काण्ड के 71वें सर्ग में भी मिलता है। इस सन्दर्भ में राजा दशरथ की मृत्यु के समय 'जब भरत अयोध्या वापिस पहुंचते है तो उन्होंने देखा कि वादन दण्ड द्वारा बजायी जाने वाली भेरी, मृदंग और वीणा का जो आघात जनित शब्द होता है वह पहले अयोध्या में सदा होता रहता था, परन्तु आज वह शब्द न जाने क्यों बंद हो गया है।[30] एक अन्य सन्दर्भ में भरत को उठाने के लिए 'प्रहर की समाप्ति को सूचित करने वाली दुन्दुभि सोने के डंडे से आहत होकर बज उठी। बाजे बजानेवालों ने शंख तथा दूसरे–दूसरे नाना प्रकार के सैकड़ों बाजे बजाने शुरू कर दिये।[31]

इस काण्ड के 88वें सर्ग में राम की कुश–शैय्या देखकर, भरत निषाद राज़ गुह से कहते है, कि जो गीतों और वाद्यों की ध्वनियों से, श्रेष्ठ आभूषणों की झनकारों से तथा मृदंगों के उत्तम शब्दों से सदा जगाये जाते थे, बहुत से बन्दीगण समय–समय पर जिनकी वन्दना करते थे, सूत और मागध अनुरूप गाथाओं और स्तुतियों से जिनको जगाते थे, वे शत्रुसंतापी श्रीराम, अब भूमि पर कैसे शयन करते होगें।[32] 91वें सर्ग में भरद्वाज मुनि सेनासहित भरत का दिव्य सत्कार करते हैं। उनके आवाहन से मेघगण सेना सहित भरत पर दिव्य पुष्पों की वर्षा करते हैं। और सम्पूर्ण दिशाओं में देवताओं की दुन्दुभियों का मधुर स्वर सुनायी देने लगता है। भरद्वाज मुनि के तेज से बेल के वृक्ष मृदंग बजाते, बहेडे के पेड़ शम्या नामक ताल देते और पीपल के वृक्ष नृत्य करते प्रतीत होते है।[33]

अयोध्या काण्ड के बाद अरण्य काण्ड में भी हमें अवनद्ध वाद्य के उल्लेख मिलते है जिसमें सबसे पहला उल्लेख, इस काण्ड के 24वें सर्ग में मिलता है। इस सन्दर्भ में श्रीराम ने लक्ष्मण से कहा ये, 'गर्जते हुए राक्षसों का घोर नाद सुनायी दे रहा है तथा राक्षसों द्वारा बजायी जाने वाली भेरी की ध्वनि भी स्पष्ट सुनाई दे रही है। वे राक्षस सैनिक जोर–जोर से गर्ज़ना करते और नगाड़े पीटते हैं। उनका यह अत्यन्त तुमुल नाद वन में सब ओर गूंज रहा है।[34]

युद्ध में 'त्रिशिरा, राम के समुख आते ही बड़े भारी मेघ की भान्ति बाणरूपी धाराओं की वर्षा प्रारम्भ कर देता है और जल से भीगें हुए नगाड़े की तरह विकट

गर्जना करने लगता है।[35] इस युद्ध में त्रिशिरा, खर और दूषण के मारे जाने पर देवता चारणों के साथ मिलकर आये और हर्ष में भरकर दुन्दुभियां बजाते हुए, श्रीराम पर फूलों की वर्षा करने लगते है।[36] युद्ध में अकम्पन बचकर भाग जाता है तथा रावण को बताता है कि राम के साथ उनके छोटे भाई लक्ष्मण भी हैं। जो उन्हीं के समान बलवान हैं। उनका मुख पूर्णिमा के चन्द्रमा की भान्ति मनोहर है। उनकी आँखें कुछ–कुछ लाल है और स्वर दुन्दुभि के समान गम्भीर है।[37] एक अन्य सन्दर्भ में रावण सीता का हरण करने के पश्चात लंका में ले आता है। और अपने अन्तःपुर का दर्शन करता है। रावण के उस महल में दिव्य दुन्दुभियों का मधुर घोष होता रहता था। उस अन्तःपुर को तपाये हुए सोने के आभूषणों से सजाया गया था।[38] अरण्यकाण्ड के पश्चात् किष्किन्धा काण्ड में हमें अवनद्ध वाद्य के तीन–चार ही उल्लेख मिलते हैं, जिसमें सबसे पहला उल्लेख, किष्किन्धा काण्ड के 11वें सर्ग में आता है। इस सन्दर्भ में सुग्रीव श्री राम को बालि के पराक्रम का वर्णन करते हुए महाबली दुन्दभि और बालि के युद्ध का वृतान्त सुनाते हुए कहते हैं कि उस राक्षस ने भैंसे का रूप धारण कर रखा था और वह किष्किन्धा पुरी के द्वार पर आकर भूमि को कँपाता हुआ ज़ोर–ज़ोर से गर्जना करने लगता है। मानों दुन्दुभि का गम्भीर नाद हो रहा है।[39] इसी काण्ड के 27वें सर्ग में सुग्रीव के राज्याभिषेक के अवसर पर मृदंग की मधुर ध्वनि के साथ गर्जते हुए वानरों के गीत और वाद्य का गम्भीर घोष श्रीराम और लक्ष्मण सुनते हैं।[40] वहीं अगले सर्ग में श्रीराम वर्षा ऋतु का वर्णन हुए लक्ष्मण से कहते हैं, 'लक्ष्मण ! देखो, भ्रमर रूपी वीणा की मधुर झंकार हो रही है। मेढ़कों की आवाज कण्ठताल सी जान पड़ती है। मेघों की गर्जना के रूप में मृदंग बज रहे हैं। इस प्रकार वनों में संगीतोत्सव का आरम्भ सा हो रहा है।'[41] इसी काण्ड के 38वें सर्ग में लक्ष्मण, श्रीराम का सन्देश लेकर किष्किन्धा पुरी में जाते हैं। श्री राम का सन्देश सुनकर, शंख और भेरी की ध्वनि के साथ बन्दीजनों का अभिनन्दन सुनते हुए, राजा सुग्रीव परम उत्तम राजलक्ष्मी को पाकर किष्किन्धा पुरी से बाहर निकलते हैं।[42]

किष्किन्धा काण्ड के पश्चात सुन्दर काण्ड में भी हमें अवनद्ध वाद्य के कुछ उल्लेख मिलते हैं। इन उल्लेखों में सबसे पहला उल्लेख, इसी काण्ड के छठे सर्ग में आता है। इस सन्दर्भ में हनुमान, रावण तथा अन्य राक्षसों के घरों में सीता की खोज करते समय यह देखते है कि 'रावण के भवन में भेरी और मृदंग की ध्वनि सब ओर फैली हुई थी। वहां शंख की ध्वनि गूँज रही थी। उसकी नित्य पूजा एवं सजावट होती थी। पर्वों के दिन वहां होम किया जाता था। राक्षस लोग सदा ही उस राजभवन की पूजा करते थे। नूपुरों की झंकार, करधनियों की खनखनाहट, मृदंगों और तालियों की मधुर ध्वनि तथा अन्य गम्भीर घोष करने वाले वाद्यों से वह राजभवन मुखरित हो रहा था।[43] इस सर्ग के बाद हमें 10वें सर्ग में अवनद्ध वाद्य का उल्लेख

देखने को मिलता है इस सर्ग में हनुमान जी रावण के अन्तपुर में रावण की सोयी हुई स्त्रियों को देखते हैं कि 'कजरारे नेत्रोंवाली भामिनी काँख में दबे हुए मड़डुक (लघुवाद्य विशेष) के साथ ही सो रही थी। वह ऐसी प्रतीत होती थी, जैसे कोई पुत्रवत्सला जननी अपने छोटे से शिशु को गोद में लिए सो रही हो। कोई सुन्दरी एवं रूचिर कुचों वाली कामिनी पटह को अपने नीचे रखकर सो रही थी, मानों चिरकाल के पश्चात् प्रियतम को अपने निकट पाकर कोई प्रेयसी उसे हृदय से लगाये सो रही हो, और कोई मतवाले नयनों वाली दूसरी सुन्दरी अपने सुवर्ण सदृश गौर, कोमल, पुष्ट और मनोरम अंगों से मृदंग को दबाकर गौढ़ निद्रा में सो गयी थी, नशे से थकी हुई, कोई कृशोदरी अनिन्घ सुन्दरी रमणी अपने भुजपाशों के बीच में स्थित और काँख में दबे हुए पणव के साथ सो रही थी। कुछ स्त्रियां डिम्डिम को लेकर, उसी तरह सटी हुई सो गयी थी, मानों कोई भामिनी अपने बालक को हृदय से लगाये सो रही हो।[44]

एक अन्य सन्दर्भ में हनुमान, रावण के अन्तःपुर की पान भूमि में सीता की खोज करते हैं और देखते हैं कि बहुत–सी स्त्रियाँ ढ़ोल, मृदंग और चेलिका नामक वाद्यों पर अपने अंगों को टेककर सो गयी थीं तथा अन्य दूसरी महिलाएं अच्छे–अच्छे बिछौनों पर सोयी हुई थीं।[45] इसी काण्ड के 27वें सर्ग में त्रिजटा अपने स्वप्न का वर्णन करते हुए, राक्षसियों से कहती है कि मैंने स्वप्न में देखा कि विभीषण के पास शंखध्वनि हो रही थी और नगाड़े बजाये जा रहें थे। नगाड़ों के गम्भीर घोष के साथ ही नृत्य गीत भी हो रहा था। जो विभीषण की शोभा बढ़ा रहे थे।[46] एक अन्य सन्दर्भ में जब हनुमान, सीता से अशोक वाटिका में मिलते हैं, तो श्रीराम के गुणों का वर्णन करते हुए कहते है, 'कि श्रीराम का स्वर दुन्दुभि के समान गम्भीर और शरीर का रंग सुन्दर एवं चिकना है। उनका प्रताप बहुत बढ़ा–चढ़ा है। उनके सभी अंग सुडौल और बराबर है। उनकी कान्ति श्याम है। इस सन्दर्भ में अवनद्ध वाद्य का उल्लेख, उपमा के रूप में हुआ है। सीता से मिलने के पश्चात् हनुमान जी अशोक वाटिका का विध्वंस कर देते हैं। यह समाचार रावण को मिलता है, और रावण इन्द्रजीत को युद्ध करने के लिए भेजते हैं। 'इन्द्रजीत के रथ की घर्घराहट सुनकर, मृदंग भेरी और पटह आदि बाजों के शब्द एवं खीचें जाते हुए धनुष की टंकार सुनकर हनुमान जी युद्ध करने की इच्छा से ऊपर की ओर उछले है।[47] इस युद्ध में इन्द्रजीत ब्रह्मास्त्र चलाकर हनुमान को बन्दी बनाकर रावण के सामने पेश करते है तथा रावण राक्षसों को हनुमान की पूँछ में आग लगाने का आदेश देते है।

तदन्तर वे क्रूरकमा राक्षस अपने दिव्य आकार को छिपाये रखने वाले सत्त्वगुणशाली महान् वानरवीर हनुमान को पकड़कर बड़े हर्ष के साथ ले चले और शंख एवं भेरी बजाकर उनके (रावण–द्रोह आदि) अपराधों की घोषणा करते हुए, उन्हें

लंकापुरी में सब ओर घुमाने लगते हैं।[48] इस प्रकार सुन्दर काण्ड में हमें अवनद्ध वाद्यों के इतने ही उल्लेख मिलते है। सुन्दरकाण्ड के पश्चात् युद्धकाण्ड में अवनद्ध वाद्यों के सबसे ज्यादा उल्लेख हमें वाल्मीकि रामायण में मिलते है इस काण्ड में सबसे पहला उल्लेख, चौथे सर्ग में आता है। इस सन्दर्भ में 'जब श्रीराम, वानर सेना सहित समुद्र तट पर पहुँचे, तो परस्पर टकराकर और सटकर सिन्दुराज की लहरें आकाश में बजने वाली देवताओं की बड़ी–बड़ी भेरियों के समान भयानक शब्द करने लगी।[49] यहां अवनद्ध वाद्य का उल्लेख उपमा के रूप में किया गया है। एक अन्य सन्दर्भ में समुद्र पार करके 'वानरों ने लंका में महान कोलाहल सुना, जो भेरी और मृदंग के गम्भीर घोष से मिलकर, बड़ा ही भयंकर और रोमान्चकारी जान पड़ता था।[50] युद्ध की इच्छा वाले वानरों के बीच में जिसकी गम्भीर गर्जना ऐसी सुनायी देती थी, मानों बहुत सी भेरियों का तुमुल नाद हो रहा हो।[51] यहां भी अवनद्ध वाद्य का उल्लेख, उपमा के रूप में किया गया है। इसी काण्ड के 32वें सर्ग में अवनद्ध वाद्य का एक अन्य उल्लेख आता है। इस सन्दर्भ में रावण, राक्षसों से कहता है, कि 'तुम सब लोग शीघ्र ही डंडे से पीट–पीटकर धौंसा बजाते हुए समस्त सैनिकों को युद्ध के लिए एकत्र करो।[52] 'डंडे की चोट से बजने वाले धौंसे का गम्भीर नाद सुनकर मधुर भाषिणी सरमा ने सीता से कहा, भीरू! यह भयानक भेरीनाद युद्ध की तैयारी के लिए सूचना दे रहा है। मेघ की गर्जना के समान रणभेरी का गम्भीर घोष तुम भी सुन लो।[53] इसी समय भेरी नाद और शंख ध्वनि से मिला हुआ, समस्त सैनिकों का महान कोलाहल सुनायी दिया, जो भूकम्प पैदा कर रहा था।[54] शत्रुनगरी पर विजय पानेवाले महाबाहु श्रीराम ने शंख ध्वनि से मिश्रित हो, तुमुल नाद करने वाली भेरी की आवाज के साथ लंका पर आक्रमण किया। उस भेरी नाद को राक्षस राज रावण भी सुनता है।[55] इसी काण्ड के 42वें सर्ग में वानर लंका पर चढ़ाई कर देते हैं। 'फिर तो राक्षसें के यहाँ जिनके मुखभाग चन्द्रमा के समान उज्जवल थे, और जो सोने के डंडे से बजाये जाते थे, वे बहुत से धौंसे एक साथ बज उठते है, तथा दूसरी तरफ शंख और दुन्दुभियों के शब्द तथा वेगवान वानरों के निनाद से पृथ्वी, आकाश और समुद्र निनादित हो उठता है।[56] रात में वानर और राक्षसों का भयंकर युद्ध होता है उस समय भेरी, मृदंग और पणव आदि बाजों की ध्वनि होने लगती है, जो शंखों के शब्द तथा रथ के पहियों की घर्घराहट से मिलकर बड़ी अदभुत जान पड़ती थी। इस प्रकार राक्षसों के सिंहनादों और भेरियों की आवाजों से वह भयानक रात और भी भयंकर हो उठी।[57]

इसी काण्ड के एक अन्य सन्दर्भ में 'श्रीराम और लक्ष्मण के नागपाश से मुक्त होते ही वानरों ने डंके पीटे, मृदंग बजाये, शंखनाद किये और हर्षोल्लास से भरकर पहले की भान्ति वे गर्जते और ताल ठोंकने लगे।[58] इसी काण्ड के 53वें सर्ग में

बज्रदष्ट्र सेना सहित युद्ध के लिए प्रस्थान करता है। उस समय रथ के पहियों की घर्घराहट–धनुष की भयानक टंकार तथा शंख, भेरी और मृदंगों का शब्द एक में मिलकर बड़ा भयंकर प्रतीत होता है।[59]

युद्ध में अकम्पन की मृत्यु के पश्चात प्रहस्त राजा की आज्ञा ले भयंकर भेरी बजवाकर कवच आदि धारण करके युद्ध के लिए उद्यत हुआ, अस्त्र–शस्त्रों से सुसज्जित रथ पर आरूढ़ होता है। प्रहस्त के लंका से बाहर निकलते ही मेघ की गम्भीर गर्जना के समान धौंसा बजने लगा और अन्य रण वाद्यों का निनाद की भी पृथ्वी को परिपूर्ण करता सा प्रतीत होने लगा।[60] युद्ध में प्रहस्त की मृत्यु के बाद रावण स्वयं युद्ध के लिए प्रस्थान करता है। रावण के प्रस्थान करते समय शंख, भेरी, पणव आदि बाजे बजने लगते है, योद्धा लोग ताल ठोंकने, गर्जन और सिंहनाद करने लगते है तथा वन्दीजन पवित्र स्तुतियों से रावण की भली भान्ति समाराधना करने लगे।[61]

युद्ध में अपनी पराजय से दुःखी होकर रावण लंका में आ जाता है। और युद्ध के लिए कुम्भकर्ण को जगाने के लिए, राक्षसों को भेजा जाता है राक्षस, कुम्भकर्ण को उठाने के लिए शंख, भेरी और पणव बजाने लगे, परन्तु कुम्भकर्ण की निद्रा नहीं टूटी। तब वे राक्षस, पुनः पूरी शक्ति लगाकर भेरी, मृदंग और शंख बजाने लगे, परन्तु कुम्भकर्ण नहीं जागा। तब वे राक्षस, सब और सहस्त्रों धौंसे एक साथ बजाने लगे वे सब के सब लगातार बजाते रहे, उन्हें बजाने के लिए जो डण्डे थे, वे सुन्दर सुवर्ण के बने हुए थे। इतना सब करने पर भी शाप के अधीन हुआ कुम्भकर्ण नहीं जागा। इससे वहां आए हुए, सब राक्षस क्रोध में आकर कोई धौंसे बजाने लगे, कोई महान् कोलाहल करने लगे, कोई कुम्भकर्ण के सिर के बाल नोचने लगे और कोई दाँत से उसके कान काटने लगे।[62]

कुम्भकर्ण के जाग जाने पर रावण उसे उत्तम आशीर्वाद देकर, श्रेष्ठ आयुधों से सुसज्जित सेनाओं के साथ युद्ध के लिए विदा करता है। यात्रा के समय, उसने शंख और दुन्दुभि आदि बाजे भी बजवाये।[63] एक अन्य सन्दर्भ में हमें अवनद्ध वाद्य का उल्लेख मिलता है। इस सन्दर्भ में शंख की ध्वनि के साथ मिली हुई भेरियों की भयानक आवाज के साथ इन्द्रदोही पराक्रमी इन्द्रजीत बड़े वेग के साथ रणभूमि की ओर प्रस्थान करता है।[64]

युद्ध में इन्द्रजीत के मरते ही आकाश में नाचती हुई अप्सराओं और गाते हुए महामना गन्धर्वों के नृत्य और गान की ध्वनि के साथ देवताओं की दुन्दुभि का शब्द भी सुनाई देने लगता है।[65] एक अन्य सन्दर्भ में अवनद्ध वाद्य का उल्लेख, हमें मिलता है। इस सन्दर्भ में जब रावण सैनिकों सहित रणभूमि के लिए प्रस्थान करता

है, तो जहां–तहां सब ओर वाद्यों का महानाद गूँज उठता है। मृदंग–पटह, शंख तथा राक्षसों के कलह की ध्वनि भी उसमें मिल जाती है।[66]

युद्ध में रावण का वध होते ही आकाश में मधुर स्वर से देवताओं की दुन्दुभियां बजने लगती है।[67] इसी काण्ड के 127वें सर्ग में राम के अयोध्या आने पर भरत अपने बड़े भाई की चरणपादुकाओं को सिर पर धारण किए, शंख और भेरियों की गम्भीर ध्वनि के साथ राम से मिलने चले उस समय घोड़ों की टापों, रथ के पहियों की नेमियों और शंख एवं दुन्दुभियों के गम्भीर नादों से सारी पृथ्वी हिलती सी जान पड़ती थी। शंखों और दुन्दुभियों की ध्वनि से मिले हुए हाथियों के गर्जन शब्द भी भूतल को कम्पित सा कर देते थे।[68]

युद्ध काण्ड के पश्चात् उत्तर काण्ड में हमें अवनद्ध वाद्य के कुछ उल्लेख मिलते हैं इन सन्दर्भों में सबसे पहला उल्लेख, उत्तरकाण्ड के नौंवे सर्ग में मिलता है। इस सन्दर्भ में अगस्य मुनि श्रीराम से रावण आदि राक्षसों के जन्म का वर्णन करते हुए कहते हैं, कि 'विभीषण का जन्म होने पर आकाश से फूलों की वर्षा हुई और देवताओं की दुन्दुभियां बज उठी और उस समय अन्तरिक्ष में साधु–साधु की ध्वनि सुनाई देने लगी।'[69] एक अन्य सर्ग में अवनद्ध वाद्य का उल्लेख आया है इस सन्दर्भ में जब नन्दीकेश्वर रावण को शाप देता है। तो आकाश से फूलों की वर्षा होती है और दुन्दुभियां बज उठती है।[70] इसी काण्ड के 19वें सर्ग में जब रावण अनरण्य का वध करता है तो राजा अनरण्य रावण को शाप देती है[71] तो उस समय आकाश से फूलों की वर्षा होती है और देवताओं की दुन्दुभियां बज उठती है।[72] उत्तरकाण्ड के 26वें सर्ग में जब रावण रम्भा का बलात्कार करता है, तो नलकूबर के मुख से प्रज्वलित अग्नि के समान दग्ध कर देने वाले शाप के निकलते ही, देवता दुन्दुभियां बजाने लगते है और फूलों की वर्षा करते हैं।[73]

इस प्रकार वाल्मीकि रामायण के सातों काण्डों में भिन्न–भिन्न सन्दर्भों में हमें अवनद्ध वाद्य के उल्लेख मिलते हैं।

सुषिर वाद्य

वाल्मीकि रामायण के सुषिर वाद्यों के अन्तर्गत शंख और बांसुरी का ही उल्लेख मिलता है। बालकाण्ड के 11वें सर्ग में सुषिर वाद्य का सबसे पहला उल्लेख आया है। इस सन्दर्भ में सुमन्त्र के कहने से राजा दशरथ परिवार सहित अंगराज के यहां जाकर 'शंख और दुन्दुभि आदि वाद्यों की ध्वनि के साथ विप्रवर ऋष्यश्रृंग को आगे करके अपनी सजी सजाई अयोध्या पुरी में प्रवेश करते हैं।[74] बालकाण्ड के 22वें सर्ग में कमल नयन श्री राम को विश्वामित्र के साथ जाते देख देवता आकाश से फूलों

की वर्षा करते हैं और दुन्दुभियां बजाते है। श्री राम की यात्रा के समय शंख और नगाड़े बजने लगते हैं।[75]

बालकाण्ड के बाद अयोध्या काण्ड में भी सुषिर वाद्य का ज्यादा उल्लेख नहीं आया है। इस काण्ड में सुषिर वाद्य के अन्तर्गत केवल एक ही उल्लेख आया है। सन्दर्भ में 'भरत को जगाने के लिए सूत और मागधों ने मंगलमयी स्तुतियों द्वारा भरत का स्तवन आरम्भ किया। प्रहर की समाप्ति को सूचित करने वाली दुन्दुभि, सोने के डण्डे से आहत होकर बज उठी। बाजे बजाने वालों ने शंख तथा दूसरे–दूसरे नाना प्रकार के सैकड़ों बाजे बजाए।[76]

अरण्यकाण्ड में भी हमें सुषिर वाद्य का एक ही उल्लेख मिलता है। इस सन्दर्भ में मायावी मृग को देखकर श्रीराम, लक्ष्मण से कहते है, 'लक्ष्मण ! देखो, इसका मुख सम्पुट इन्द्रनील मणि के बने हुए चषक (पान पात्र) के समान जान पड़ता है उदर शंख और मोती के समान सफेद है यह अवर्णनीय मृग किसके मन को नहीं लुभायेगा।'[77] यहां सुषिर वाद्य (शंख) का उल्लेख उपमा के रूप में किया गया है।

अरण्य काण्ड के बाद किष्किन्धा काण्ड में भी हमें सुषिर वाद्य के उल्लेख कम ही मिलते है। इस काण्ड के 30वें सर्ग में श्रीराम शरद ऋतु का वर्णन करते हुए, लक्ष्मण से कहते हैं 'लक्ष्मण! देखों 'वेणु के स्वर रूप में व्यक्त हुए, वाद्य घोष से मिश्रित और प्रातःकाल की वायु से वृद्धि को प्राप्त होकर सब ओर फैला हुआ दही मथने के बडे–बडे भाण्डों और साँडों का शब्द मानों एक दूसरे का पूरक हो रहा है।'[78] इसी काण्ड के 38वें सर्ग में लक्ष्मण, श्रीराम का सन्देश लेकर, सुग्रीव के पास जाते हैं, तो 'शंख और भेरी की ध्वनि के साथ वन्दीजनों का अभिनन्दन सुनते हुए राजा सुग्रीव परम उत्तम राजलक्ष्मी को पाकर किष्किन्धापुरी से बाहर निकलते है।'[79]

एक अन्य सन्दर्भ में सुषिर वाद्य का उल्लेख हमें मिलता है इस सन्दर्भ में सुग्रीव सुषेण आदि वानरों को पश्चिम दिशा के स्थानों का परिचय देते हुए कहते है, कि 'समुद्र के चतुर्थ भाग में चक्रवान् नामक पर्वत है। वही विश्वकर्मा ने सहस्त्रार चक्र का निर्माण किया था। वहीं से पुरुषोतम भगवान, विष्णु पंचजन्य और हयग्रीव नामक दानवों का वध करके पांचजन्य शंख तथा वह सहस्त्रार सुदर्शन चक्र लाये थे।'[80] इसके बाद सुग्रीव उत्तर दिशा का परिचय देते हुए शतबलि आदि वानरों को बताते हैं, कि 'शैलोदा' नाम वाली नदी के दोनों तटों पर कीचक (वंशी की तरह ध्वनि करने वाले) बाँस हैं, यह वहां की प्रसिद्ध बात है।'[81]

किष्किन्धा काण्ड के पश्चात सुन्दर काण्ड में सुषिर वाद्य के कुछ उल्लेख मिलते हैं। जिसमें सबसे पहला सन्दर्भ में सुन्दर काण्ड के द्वितीय सर्ग में आता है इस सन्दर्भ में हनुमान लंका में पहुंच कर, शंख की तरह तथा दूध और मृणाल जैसे

वर्णवाले चन्द्रमा को आकाश में इस प्रकार उदित एवं प्रकाशित होते देखा, मानों किसी सरोवर में कोई हंस तैर रहा हो। इस सन्दर्भ में चन्द्रमा को शंख की उपमा दी है।[82] इसी काण्ड के 27वें सर्ग में त्रिजटा अपने स्वप्न का वर्णन करते हुए कहती है कि राक्षसों में एकमात्र विभीषण ही ऐसे थे जिनके पास शंख ध्वनि हो रही थी, नगाड़े बजाये जा रहे थे। इनके गम्भीर घोष के साथ ही नृत्य गीत भी हो रहा था जो विभीषण की शोभा बढ़ा रहे थे।[83]

एक अन्य सर्ग में सीता के पूछने पर हनुमान श्रीराम के शारीरिक गुणों का वर्णन करते हुए कहते है कि 'श्रीराम के कन्धे मोटे, भुजाएं बड़ी–बड़ी, गला शंख के समान और मुख सुन्दर है। गले की हँसली मास से ढकी हुई है और नेत्र में कुछ–कुछ लालिमा है।'[84] इसी काण्ड के 53वें सर्ग में 'क्रूर राक्षस हनुमान को पकड़ कर बड़े हर्ष के साथ शंख एवं भेरी बजाकर उनके (रावण द्रोह आदि) अपराधों की घोषणा करते हुए, उन्हें लंकापुरी में सब ओर घुमाने लगते हैं।[85]

एक अन्य सन्दर्भ में सीता से मिलकर वापिस जाने के लिए पर्वतों में उत्तम अरिष्ट गिरि पर चढ़ जाते है और देखते है, कि 'वायु के झोंके खाकर हिलते और मधुर ध्वनि करते बाँसों से उपलक्षित होने वाला वह पर्वत मानों बाँसुरी बजा रहा हो, और भयानक विषधर सर्पों की फूँकार से लम्बी साँस खींचता सा जान पड़ता था।'[86]

सुन्दर काण्ड के पश्चात युद्धकाण्ड में सुषिर वाद्य के सबसे अधिक उल्लेख पाये जाते हैं। इस सन्दर्भ में सबसे पहला उल्लेख, युद्धकाण्ड के 10वें सर्ग में मिलता है। इस सर्ग में विभीषण रावण के महल में जाता है। और देखता है कि 'रावण के घर में शंख–ध्वनि के समान राक्षसों का गम्भीर घोष गूंज रहा था और नाना प्रकार के वाद्यों के मनोरम शब्द उस भवन की शोभा बढ़ा रहे थे'[87]

एक अन्य सर्ग में हमें सुषिर वाद्य का उल्लेख मिलता है। इस सन्दर्भ में श्रीराम ने शंख–ध्वनि से मिश्रित हो, तुमुल नाद करने वाली भेरी की आवाज के साथ लंका पर आक्रमण किया।[88] वानरों पर चढ़ाई करते समय, भयानक राक्षसों ने मुख की वायु से पूरित हो, लाखों गम्भीर घोषवाले शंख बजाए। शंख बजाते समय वे विद्युत्प्रभा से उद्भसित तथा वक पक्तियों से युक्त नील मेघों के समान जान पड़ते थे। शंख और दुन्दुभियों के शब्द तथा वेगवान, वानरों के निनाद से पृथ्वी, आकाश और समुद्र निनादित हो उठे।[89] युद्ध में भेरी, पणव और मृदंग आदि बाजों की ध्वनि, जो शंखों की गूँज तथा रथ के पहियों की घर्घराहट से मिलकर बड़ी अदभुत सुनाई देने लगी।[90]

एक अन्य सन्दर्भ में राम और लक्ष्मण के नागपाश से मुक्त होते ही वानर ने डंके पीटे, मृदंग बजाये, शंखनाद किए और हर्षोल्लास से भरकर पहले की भान्ति

गर्जने और ताल ठोंकने लगे।[91] और पुनः युद्ध करने लगे 'उस समय रथ के पहियों की घर्घराहट, धनुष की भयानक टंकार तथा भेरी और शंख का शब्द एक साथ मिलकर बड़ा भयंकर प्रतीत होने लगा।[92]

एक अन्य सन्दर्भ में सेनापति प्रहस्त के प्रस्थान काल में शंखों की ध्वनि सुनाई देने लगी और प्रहस्त के आगे चलने वाले भयानक रूपधरी राक्षस भयंकर स्वर से गर्जना करने लगे।[93] युद्ध में प्रहस्त के मारे जाने के पश्चात् रावण स्वयं युद्ध के लिए प्रस्थान करता है। रावण के प्रस्थान करते समय, शंख, भेरी और पणव आदि बाजे बजने लगते हैं। योद्धा लोग ताल ठोंकने, गर्जने और सिंहनाद करने लगते हैं। वन्दीजन पवित्र स्तुतियों द्वारा राक्षसराज रावण की भली भान्ति समाराधना करने लगते हैं।[94] युद्ध में पराजय होकर, रावण बड़ा दुखी होता है और कुम्भकर्ण को जगाने के लिए राक्षसों को भेजता है। कुम्भकर्ण को जगाने के लिए अमर्ष से भरे हुए राक्षस, चन्द्रमा के समान श्वेत रंग के बहुत से शंख फूंकने तथा एक साथ तुमुल ध्वनि से गर्जना करने लगते हैं।[95] कुम्भकर्ण के जाग जाने पर राक्षस राज रावण शंख, भेरी, और दुन्दुभि आदि बाजे बजवाकर, उत्तम आर्शीवाद देकर श्रेष्ठ आयुधों से सुसज्जित सेनाओं के साथ, उसे युद्ध के लिए विदा करता है।[96] इसी काण्ड में 72वें सर्ग में शंख की ध्वनि के साथ मिली हुई भेरियों की भयानक आवाज़ सब ओर गूँज उठती है और तुमुल नाद के साथ इन्द्रजीत रणभूमि की ओर प्रस्थान करता है, जैसे पूर्ण चन्द्रमा से उपलक्षित आकाश की शोभा होती है। उसी प्रकार ऊपर तने हुए शंख और शशि के समान वर्णवाले श्वेत छत्र से वह शत्रुसूदन इन्द्रजीत सुशोभित हो रहा था।[97]

एक अन्य सर्ग में मकराक्ष के युद्ध में प्रस्थान करते समय, चारों और सहस्त्रों शंखों की ध्वनि होने लगी तथा हजारों डंके पीटे जाने लगे।[98] युद्ध काण्ड के 127वें सर्ग में भरत अपने बड़े भाई श्रीराम की चरण पादुकाओं को सिर पर धारण किए, शंखों और भेरियों की गम्भीर ध्वनि के साथ चले, उस समय वन्दीजन, उनका अभिनन्दन कर रहे थे। घोड़ों की टापों और रथ के पहियों की नेमियों और शखों एवं दुन्दुभियों के गम्भीर स्वर से पृथ्वी हिलती सी जान पड़ती थी।[99]

इस प्रकार युद्ध काण्ड के पश्चात् उत्तर काण्ड में सुषिर वाद्यों के कुछ उल्लेख मिलते हैं। जिनमें सबसे पहला उल्लेख, 6वें सर्ग में मिलता है। इस सन्दर्भ में 'शंख, चक्र धारण करने वाले नारायण देव को नमस्कार करके देवताओं ने उनके प्रति बहुत अधिक सम्मान का भाव प्रकट किया।[100]

एक अन्य सन्दर्भ में अगस्त्य जी राम से कहते है, 'जब विष्णु भगवान राक्षसों से युद्ध करने के लिए जाते है तो शंख ध्वनि सुनकर शक्ति और साहस से हीन

हुए घोड़े युद्धभूमि में खड़े न रह सके, हाथियों के मद उतर गये और वीर सैनिक रथों से नीचे गिर पड़े। भगवान नारायण के बाणों से भयभीत और शंखनाद से व्याकुल हुई राक्षस सेना लंका की और भाग गयी।'[101] तब भागती हुई राक्षस सेना को भगवान विष्णु पीछे से मारने लगे। यह देख कर माल्यवान नामक राक्षस रूक गया और बोला 'शंख, चक्र और गदा धारण करने वाले देवता! यदि तुम्हारे हृदय में युद्ध का हौंसला है, तो मैं खड़ा हूँ। और देखता हूँ कि तुम में कितना बल है? दिखाओं अपना पराक्रम'[102]

इस प्रकार वाल्मीकि कृत रामायण के विभिन्न सर्गों में हमें सुषिर वाद्यों के उल्लेख मिलते हैं।

घन वाद्य

वाल्मीकि रामायण में घन वाद्यों के अन्तर्गत झांझ, मंजीरा, घण्टिका, घण्टा, नुपूर आदि का ही उल्लेख हमें देखने को मिलता है। रामायण में इनके उल्लेख भी कम ही आये है। घन वाद्य का सबसे पहला उल्लेख, अयोध्या काण्ड में मिलता है। इस सन्दर्भ में जब भरत भरद्वाज मुनि से जाने की आज्ञा लेकर, श्रीराम से मिलने के लिए चित्रकूट के लिए प्रस्थान करते हैं, तो 'उस समय बहुत सी हथिनीयां और हाथी, जो सुनहरे रस्सों से कसे गये थे और जिनके ऊपर पताकाएं फहरा रही थी, वर्षा काल के गरजते हुए मेघों के समान घण्टानाद करते हुए वहां से प्रस्थित हुए।'[103]

अयोध्या काण्ड के बाद सुन्दर काण्ड में घन वाद्य के कुछ उल्लेख पाये जाते है। इन उल्लेखों में सबसे पहला सन्दर्भ सुन्दरकाण्ड के तृतीय सर्ग में मिलता है। इस सर्ग में सोने के बने हुए, विशाल परकोटे से घिरी हुई क्षुद्र घटिकाओं की झन्कार से युक्त पताकाओं द्वारा अलंकृत लंकापुरी को देखकर बड़े विस्मित होते हैं।[104] 'जहाँ–तहाँ महामनस्वी राक्षसों के घरों में सीढ़ियों पर चढ़ते समय स्त्रियों की कांची और मंजीर की मधुर ध्वनि तथा पुरूषों के ताल ठोंकने और गर्जनें की भी आवाजें उन्हें सुनाई देती हैं।[105] हनुमान जी, रावण तथा अन्यान्य राक्षसों के घरों में सीता की खोज करते समय यह भी देखते है कि सिहों और बाघों के चमड़े के बने हुए कवचों से वहां बहुत से रथ ढ़के हुए थे, उनमें हाथी दांत सुवर्ण तथा चाँदी की प्रतिमाएं रखी हुई थीं। छोटी–छोटी घंटिकाओं की मधुर ध्वनि वहां होती थीं। ऐसे विचित्र रथ उस रावण भवन में सदा आ जा रहे थे।[106] इसी काण्ड के 14वें सर्ग में हनुमान जी अशोक वाटिका में प्रवेश करते है तथा देखते है कि वहां के 'वृक्ष जब वायु के झोंके खाकर हिलते हैं, तब उनसे सैंकड़ों घुँघरूओं के बजने की सी मधुर ध्वनि होती है। यह सब देखकर हनुमान जी बड़े विस्मित होते हैं।[107]

एक अन्य सर्ग में जाम्बवन्त के पूछने पर हनुमान जी उन्हें अपनी लंका यात्रा का वृतान्त सुनाते हुए कहते हैं कि अशोक वाटिका अन्वेषण करते हुए, मैंने देखा कि सीता जी राक्षसियों के बीच में बैठी थी और राक्षसियां उन्हें बारम्बार धमका रही थीं। वे सिर पर एक ही वेणी धारण किये, दीनभाव से अपने पति के चिन्तन में लीन हो रही थीं। वैसी अवस्था में पड़ी हुई। उन यशस्विनी नारी श्रीरामपत्नी सीता को अशोक वृक्ष के नीचे बैठी देख, मैं भी उस वृक्ष पर स्थित हो गया और उन्हें वहीं से निहारने लगा। इतने में ही रावण के महल में करधनी और नूपूरों की झन्कार से मिला हुआ अधिक गम्भीर कोलाहल सुनायी पडा।[108]

सुन्दर काण्ड के बाद युद्ध काण्ड में घन वाद्य के कुछ उल्लेख मिलते है। जिसमें सबसे पहला उल्लेख 33वें सर्ग में आता है। इस सन्दर्भ राक्षसी सरमा, सीता से कहती है कि 'हाथियों पर बजते हुए घण्टों का गम्भीर घोष सुनो, रथों की घर्घराहट, हिनहिनाते घोड़ों तथा भान्ति–भान्ति के बाजों की आवाज़ भी सुन लो।[109] इस समय राक्षसों में बड़ी भारी घबराहट है। जिससे यह पता लगता है कि उन पर कोई बड़ा भारी भय उपस्थित हुआ है। इसी काण्ड के 51वें सर्ग में धुम्राक्ष के युद्ध में प्रस्थान करते समय 'भयानक रूपधरी बलवान् निशाचर प्रास और शक्ति आदि अस्त्रों में घण्टे बाँधकर हर्ष और उत्साह से युक्त हो, जोर–जोर से गर्जते हुए आये और धुम्राक्ष को घेरकर खड़े हो गये।[110]

एक अन्य सन्दर्भ में घन वाद्य का उल्लेख मिलता है इस सन्दर्भ में रावण पुत्र और भाई युद्ध के लिए प्रस्थान करते हैं। उस समय उनकी राक्षससेना, हाथी, घोड़े और रथों से भरी थी, सैंकड़ों–हजारों घुँघरूओं की गूंज से निनादित, काले मेघों की घटा जैसे दिखाई देने वाले राक्षसों के हाथों में बड़े–बड़े आयुध लेकर उनके साथ युद्ध में प्रस्थान करते हैं।[111]

एक अन्य सन्दर्भ में युद्ध में अत्यन्त कुंपित हुआ रावण मायासुर की माया से निर्मित, आठ घण्टों से विभूषित तथा महाभयंकर शब्द करने वाली अमोघ शक्ति का प्रयोग करता है।[112] इसी काण्ड के एक अन्य सदर्भ में रावण युद्ध में श्री राम को मारने के लिए शूल का प्रयोग करता है। 'रावण के हाथ से छूटते ही वह शूल आकाश में चमक उठता है और विधुन्मालाओं से व्याप्त सा जान पड़ता है तथा आठ घण्टों से युक्त होने के कारण उसमें गम्भीर घोष उत्पन्न होने लगता है। दूसरी तरफ राम भी शक्ति का प्रयोग करते हैं। श्री राम द्वारा उठाई हुई वह शक्ति प्रलयकाल में प्रज्वलित होने वाली उल्का के समान प्रकाशमान थी। उस शक्ति ने समस्त आकाश को अपनी प्रभा से उदभासित कर दिया और उससे घण्टा नाद प्रकट होने लगा।[113] एक अन्य सर्ग में श्री राम अयोध्या जाने के लिए उद्यत होते है। उनकी आज्ञा से

विभीषण पुष्पक विमान को मंगवाता हैं। जो छोटी–छोटी घंटियों से युक्त झालरों से व्याप्त था। उसमें मोती और मणियों की खिड़कियां लगी थीं, सब ओर घंटे बंधे थे–जिससे मधुर ध्वनि हो रही थी।[114] एक अन्य सर्ग में जब श्रीराम अयोध्या पहुँच जाते हैं। तो भरत उनसे कहता हैं कि अब आप विविध वाद्यों की मधुर ध्वनि, कांची तथा नूपुरों की झन्कार और गीत के मनोहर शब्द सुनकर सोया और जागा करें।[115]

इस प्रकार युद्ध काण्ड में घन वाद्यों के उल्लेख के बाद उत्तरकाण्ड में घन वाद्यों के एक–दो उल्लेख मिलते हैं। जिसमें पहला उल्लेख इस काण्ड के 8वें सर्ग में आता है। इस सन्दर्भ में अगस्त्य जी श्रीराम से श्री हरि विष्णु और राक्षस माल्यवान के युद्ध का वृतान्त सुनाते हुए कहते है कि युद्ध में माल्यवान के हाथ से छूटकर घंटानाद करती हुई वह शक्ति श्रीहरि की छाती में लगती है, और मेघ के अंग में प्रकाशित होने वाली बिजली के समान शोभा पाने लगती है।[116] एक अन्य सन्दर्भ में जब रावण देवलोक पर आक्रमण करने के लिए अपनी सेना सहित प्रस्थान करता है, तो सूर्यास्त होने पर ठहर जाना ठीक समझते है और वहीं छावनी डाल देते है। रात में रावण 'वहां से कुबेर के भवन में गाती हुई अप्सराओं के गीत, घण्टा नाद की मधुर ध्वनि सुनता है।'[117]

इस प्रकार वाल्मीकि कृत रामायण के भिन्न–भिन्न काण्डों और उनके सर्गों में घन वाद्य का उल्लेख हमें मिलता है।

सन्दर्भ सूची

1. वाल्मीकि रामायण 1.2.18
2. वा. रा. 1.4.8–9, 33–34
3. वा. रा 1.5.18
4. वा. रा 2.39.29
5. वा. रा 2.65.6
6. वा. रा 2.69.4
7. वा. रा 2.71.29
8. वा. रा 2.91.26
9. वा. रा 4.28.36
10. वा. रा 4.33.21
11. वा. रा. 5.5.9
12. वा. रा 5.10.37,40.41,45

13. वा. रा 5.17.23
14. वा. रा 6.24.42–43
15. वा. रा 6.75.20
16. वा. रा 7.71.15
17. वा. रा 7.72.2
18. वा. रा 7.93.14,16
19. वा. रा. 7.94.3,32
20. वा. रा 1.5.18
21. वा. रा 1.11.26
22. वा. रा. 1.11.26
23. वा. रा 1.16.12
24. वा. रा. 1.18.17
25. वा. रा. 1.22.4–5
26. वा. रा 1.49.19
27. वा. रा. 1.73.29, 37–38
28. वा. रा 2.2.2
29. वा. रा 2.39.41
30. वा. रा. 2.50.17
31. वा. रा. 2. 17.27
32. वा. रा. 2.81. 2
33. वा. रा. 2. 88.8–9
34. वा. रा. 3.24.10,49
35. वा. रा. 3. 27.8
36. वा. रा. 3.30.29
37. वा. रा. 3.31.16
38. वा. रा. 3.55.9
39. वा. रा. 4.11.26
40. वा. रा.4.27.27

41. वा. रा. 4.28.36
42. वा. रा.4.28.36
43. वा. रा.4.38.3
44. वा. रा. 5.10.38–39,42–44
45. वा. रा. 5.11.6
46. वा. रा. 5.27.33
47. वा. रा. 5.48.29
48. वा. रा. 5.53.16–17
49. वा. रा. 6.4.118
50. वा. रा. 6.24.3
51. वा. रा. 6.24.38
52. वा. रा. 6.32.43
53. वा. रा.6.33.20–21
54. वा. रा.6.34.27
55. वा. रा. 6.35.1–2
56. वा. रा. 6.42. 34,39
57. वा. रा. 6.44,12,25
58. वा. रा. 6.50.62
59. वा. रा. 6.57.24.28
60. वा. रा.6.59.8
61. वा. रा. 6.60.38,42,46,48,51
62. वा. रा. 6.65.33
63. वा. रा.6.73.14
64. वा. रा.6.90.85
65. वा. रा.6.90.85
66. वा. रा. 6.95.35
67. वा. रा.6.108.27
68. वा. रा. 6.127.18,22

69. वा. रा. 7.9.36
70. वा. रा. 7.16.21
71. वा. रा. 7.19.31
72. वा. रा.7.24.21
73. वा. रा. 7.26.56
74. वा. रा. 1.11.26
75. वा. रा. 1.22. 4—5
76. वा. रा. 2.2.2
77. वा. रा. 3.43.29
78. वा. रा. 4.30.50
79. वा. रा. 4.38.13
80. वा. रा. 4.42.28
81. वा. रा. 4.43.37
82. वा. रा. 5.2.58
83. वा. रा. 5.27.33
84. वा. रा. 5.35. 15
85. वा. रा. 5.53.17
86. वा. रा. 5.56.31
87. वा. रा. 6.10.4
88. वा. रा. 6.35.1
89. वा. रा. 6.42.35—36, 39
90. वा. रा. 6.44.12
91. वा. रा. 6.50.62
92. वा. रा. 6.53.22
93. वा. रा. 6.57.29
94. वा. रा.6.59.8
95. वा. रा. 6.60.36,38,42,46
96. वा. रा. 6.65.33

97. वा. रा.6.73. 14—15

98. वा. रा. 6.48.16

99. वा. रा.6.127.18,22

100. वा. रा. 7.6.13

101. वा. रा. 7.7.12,24

102. वा. रा. 7.8.5

103. वा. रा. 2.92.34

104. वा. रा. 5.3.6

105. वा. रा. 5.4.12

106. वा. रा. 5.6.6

107. वा. रा. 5.14.40

108. वा. रा.5.58.63

109. वा. रा. 6.33.27

110. वा. रा. 6.51.23

111. वा. रा.6.69.41

112. वा. रा.6.100.30

113. वा. रा.6.102.59, 65

114. वा. रा 6.120.26

115. वा. रा. 6.128.10

116. वा. रा 7.8.10

117. वा. रा. 7.26.9

5

रामायण में संगीत का व्यवहार

सामान्य पाठक को रामायण व्यावहारिक अथवा धर्म–निरपेक्ष रचना न प्रतीत होकर ऐसी कृति लगती है, जिसमें शान्तिप्रियता, धर्मभीरूता, सात्विकता, संयम आदि का ही प्रमुख व्यवहार हो। उसका ध्यान आदि काव्य के उन स्थलों की ओर बड़ा कम जाता है, जो तत्कालीन आर्यों के समृद्ध भौतिक जीवन की ओर इंगित करते हैं। सच पूछा जाए तो प्राचीन भारतीय संस्कृति के बारे में यह जो भ्रांत धारणा है कि वह विशुद्ध आध्यात्मिक और सर्वथा पारलौकिक एवं अव्यवहारिक भी, रामायण के सुक्ष्म अध्ययन से इसका निराकरण हो जाता है। सांसारिक विषयों में आर्य कितना रस लेते थे। अपने क्षणभंगुर जीवन से अधिक से अधिक सुख प्राप्त करने में, उसे सामाजिक और सुविधापूर्ण बनाने में कितना उत्साह रखते थे इसकी प्रचुर सामग्री वाल्मीकि ने रामायण में प्रस्तुत की है। उस युग की तीन प्रमुख राजधानियां अयोध्या, किष्किंधा और लंका सभी तरह के आकर्षण का केन्द्र और मनोरंजन की रम्यस्थलियां थी। अयोध्या के निवासी हृष्ट और प्रमुदित थे उनमें ऐसा कोई नहीं था जिसे अल्प भोग प्राप्त हो। नवीन राजा के अभिषेकोत्सव पर आमोद प्रमोद का विशाल पैमाने पर आयोजन किया जाता था। गणिकाएं, नट–नर्तक, सूत, मागध, वन्दीजन, पुरोहित, सेनाध्यक्ष, व्यापारी, नागरिक, ग्रामीण सब राजपथों और प्रसादों में एकत्र होकर आनंदोत्सव में मग्न हो जाते थे।[1] गायन और वादन इन दोनों रूपों में संगीत का सेवन मनोरंजन का सर्वाधिक प्रमुख साधन था। नागरिक जीवन का वह अभिन्न अंग था।

राजा प्रजा, नर नारी, आर्य वानर राक्षस, समाज के सभी वर्गों में संगीत की धारा प्रचुर मात्रा में बहती थी। उत्सवों और समारोहों का ही नहीं, नागरिकों के दैनिक जीवन का भी वह एक सामान्य लक्षण था। नगरों में रथों की घरघराहट के साथ–साथ वाद्य यन्त्रों की ध्वनि गुंजायमान रहती थी। राजाओं का जीवन संगीत की माधुरी से परिप्लावित रहता था। दशरथ, राम, भरत और रावण प्रतिदिन पौ फटते ही वाद्य यंत्रों की ध्वनि तथा सूतों, मागधों की स्तुतियों से जगाये जाते थे। राजकीय जुलूसों में संगीतज्ञ आगे–आगे चला करते थे। रावण अपनी राज्य सभा में हजारों शंख और तुरहियों की ध्वनियों के बीच जाया करता था। सुग्रीव के प्रसाद में लक्ष्मण को समान ताल, पद और अक्षर वाले सुमधुर गीत सुनाई पड़े थे। रावण की अंत्येष्टि के समय भी वाद्य यन्त्र बजाये गये थे। वनवास से लौटने पर राम का कुशल वादकों ने शंख और दुंदुभियों से स्वागत किया था।

इस प्रकार रामायण में अनेक स्थलों में संगीत का व्यवहार होता रहा है। जिसका वर्णन हम इस अध्याय में कर रहें हैं।

यज्ञों में सामगान की परम्परा

वाल्मीकि कृत रामायण के अध्ययन से यह तथ्य भी स्पष्ट हो जाता है कि सामगान की परम्परा इस काल में भी प्रचलित थी। लेकिन इस काल में सामगान का उतना अधिक प्रचलन नहीं था। जितना कि वैदिक एवं सूत्रकाल में था। रामायण में सामगान का व्यवहार अंत्येष्टि के अवसर पर, यज्ञों के अवसर पर तथा भगवान की स्तुति करते समय देखनें में आया है। सामगान की पद्धति का प्रचार इस बात का परिचायक है कि प्राचीन काल से ही जन साधारण की धार्मिक संगीत के प्रति रूचि थी। 'रामायण में साम तथा गान्धर्व दोनों के सम्बन्ध में प्रमाण मिलते हैं। सामगान केवल यज्ञयाग तक सीमित वैदिक संगीत था तथा गान्धर्व तदतिरिक्त प्रसंगों पर अथवा यज्ञयागों में यज्ञविधि से बाहर किया जाने वाला लौकिक संगीत था। रामायणकालीन पाठ्यक्रम में वेद तथा शिक्षादि षट् वेदांगों का अन्तर्भाव था। इसके अन्तर्गत साम के शिक्षा ग्रन्थों का यथाविधि अध्यापन किया जाता रहा हो इसमें सन्देह नहीं है। इस परिस्थिति में सामगीतों के वर्ण तथा स्वरों का गान शिक्षा प्रणीत नियमों के अनुकूल किया जाता रहा होगा। अश्वमेघ यज्ञ के अवसर पर यज्ञकर्म के लिए एकत्रित ऋत्विजों में उदगाता के समादरपूर्ण स्थान का उल्लेख रामायण में है।[2] यज्ञकार्य के सम्पन्न करने में सामगायक को वही समादर प्राप्त था तथा वही पारिश्रमिक प्रदान किया जाता था जैसा की अन्य वेदपाठियों को।[3]

रामायण में साम गान का उल्लेख सबसे पहले बालकाण्ड में मिलता है इस सन्दर्भ में राजा दशरथ ऋषियों से यज्ञ कराने के लिए प्रस्ताव रखते है तथा महर्षि

वशिष्ट से यज्ञ की तैयारी का अनुरोध करते हैं, 'वशिष्ट जी यज्ञ की तैयारी के लिए सेवकों की नियुक्ति करते है और यज्ञ सम्बन्धी कर्मों में निपुण तथा यज्ञविषयक शिल्पकर्म में कुशल, परम धर्मात्मा, बड़े ब्राह्मणों, यज्ञकर्म समाप्त होने तक उसमें सेवा करने वाले सवेकों, शिल्पकारों, बढ़इयों, ज्योतिषियों, कारीगरों, नटों, नर्तकों, विशुद्ध, शास्त्रवेत्ताओं तथा बहुश्रुत पुरूषों को बुलाकर कहते है। तुम सब लोग राजा की आज्ञा से यज्ञकर्म के लिए आवश्यक प्रबन्ध करो।[4] इस प्रकार महाराज दशरथ द्वारा आयोजित अश्वमेघ यज्ञ का सांगोपांग अनुष्ठान होता है और ऋष्यश्रृंग आदि महर्षियों द्वारा अभ्यास काल में सीखे गये अक्षरों से युक्त स्वर और वर्ण से सम्पन्न मन्त्रों द्वारा इन्द्र आदि श्रेष्ठ देवताओं का आवाहन किया जाता है। उस समय मधुर एवं मनोरम सामगान के लय में गाये हुए मन्त्रों द्वारा देवताओं का आवाहन करके होताओं ने उन्हें उनके योग्य हविषय के भाग भी समर्पित किये।[5]

इसी प्रकार एक अन्य सर्ग में राजा दशरथ के अन्त्येष्टि संस्कार में सामगान का उल्लेख मिलता है इस अवसर पर 'राजा दशरथ को श्मशान भूमि में पहुँचा कर चिता की तैयारी की जाने लगी, किसी ने चन्दन लाकर रखा तो किसी ने अगर, कोई–कोई गुग्गुल तथा देवदारू की लकड़ियाँ लाकर चिता में डालने लगे। इसके बाद ऋत्विजों ने अग्नि में आहुति देकर वेदोक्त मंत्रों का जप किया तथा सामगान करने वाले विद्वान शास्त्रीय पद्धति के अनुसार साम–श्रुतियों का गायन करने लगे।[6] किष्किन्धा काण्ड में श्री राम वर्षा ऋतु का वर्णन करते हुए लक्ष्मण से कहते है देखो 'भादों का महीना आ गया। यह वेदों के स्वाध्याय की इच्छा रखने वाले ब्राह्मणों के लिए उपाक्रम का समय है। सामगान करने वाले विद्वानों के स्वाध्याय का भी यही समय है।[7] इस सन्दर्भ से हमें यह भी पता चलता है कि सामगान विशेष रूप से भादों (वर्षा ऋतु) में किया जाता था।

इसके अतिरिक्त उत्तर काण्ड में रावण को सामस्तोत्रों द्वारा शंकर भगवान की स्तुति करते बताया गया है।

सामभिर्विविधैः स्तोत्रौः प्रणम्य स दशाननः[8]

इन सब तथ्यों के आधार पर हम कह सकते है कि गन्धर्व गान के साथ–साथ सामगान का भी रामायण में प्रचलन था।

सामाजिक उत्सवों पर गान्धर्व संगीत का व्यवहार

रामायण काल में गायन और वादन इन दोनों रूपों में संगीत का सेवन मनोरंजन का सर्वाधिक प्रमुख साधन था। सामाजिक उत्सवों के अवसर पर 'नगरों में रथों की घरघराहट के साथ–साथ वाद्य यन्त्रों की ध्वनि गुंजायमान रहती थी।[9] राजाओं का

जीवन संगीत की माधुरी से परिप्लावित रहता था। राजकीय जुलूसों में संगीतज्ञ आगे–आगे चला करते थे। 'रावण अपनी राज्य सभा में हजारों शंख और तुरहियों की ध्वनि के बीच जाया करता था[10] राम के जन्म पर गन्धर्वों ने मधुर गीत सुनाए, **'कलं च गन्धर्वा।'**[11] इसी तरह राम के विवाहोत्सव पर अप्सराओं ने नृत्य और गन्धर्वों ने गान किया था तथा राम के राज्याभिषेक का शुभ समाचार सुनते ही गाते हुए गायकों की मन एवं कानों को सुख देने वाले गीत जनता सुनने लगी।

'गायकानां च गायतां। मन कर्णसुखा वाचः शुश्राव जनता ततः[12]

'रामायण में गान्धर्व के साथ ही गन्धर्व तथा अप्सराओं का अनेक बार उल्लेख हुआ है। गन्धर्व तथा अप्सरा दोनों संगीत कला तथा रूप सौदर्य के लिए प्रतिमान रहे हैं। गन्धर्व जन विशेषतः गान तथा वीणा–वादन किया करते थे और अप्सराओं का कार्य इनके साथ नृत्य प्रदर्शन करना था। देवगन्धर्वों में विश्वावसु, हाहा, हू हू, नारद, पर्वत तथा तुम्बरू तथा अप्सराओं के अन्तर्गत धृतावी, मेनका, रम्भा, मिश्रकेशी, अलम्बुसा इत्यादि का उल्लेख मिलता है। भरद्वाज मुनि के आश्रम में भरत के स्वागतार्थ इन गन्धर्वों तथा अप्सराओं ने गीत–नृत्य किया था।[13] गन्धर्व तथा अप्सरागण का उल्लेख रामायण में दिव्य तथा अपौरूषेय कलाकारों के रूप में हुआ है।[14] 'यज्ञ समारोहों पर अन्य देवताओं के साथ इनका हविर्भाग निश्चित माना गया था।[15] अलौकिक पुरूषों के जन्म, विवाह आदि के अवसर पर इनके संगीत का आयोजन किया था।

रामायण में राम स्वयं गन्दर्भ कला के अतिरिक्त अन्याय ललित कलाओं के ज्ञाता बताये गये हैं। राजा के प्रबोधन काल में मंगल गीत के साथ मृदंग तथा शंख शब्दों का घोष किया जाता था। संगीत राजाओं के मनोरंजन का प्रमुख साधन था। 'स्वागत तथा विदाई जैसे सामाजिक समारोहों में संगीत का अवश्यक स्थान था राजपरिवार के सदस्यों तथा अतिथि विशेषों का स्वागत शंख, दुन्दुभि के घोष तथा मागध आदि के स्तुति–गान से किया जाता था।[16] पुत्रेष्टि यज्ञ का पौरोहित्य करने के लिए ऋष्य श्रृंग को लेकर जब दशरथ ने नगर प्रवेश किया था तो शंख दुन्दुभियों के निर्घोष से उनका स्वागत किया गया था।[17]

राम के अयोध्या लौटने का समाचार प्राप्त होते ही भरत ने आदेश दिया था। कि शुचिव्रत पुरूष संगीत के साथ देवताओं का यथाविधि अर्चना करें। जब भरत ने राम से भेंट करने के हेतु नंदिग्राम के लिए प्रस्थान किया तो शंख तथा दुन्दुभियों की ध्वनि तथा बन्दियों के स्तुतिगान से प्रस्थान मंगल का आयोजन हुआ था। राजकीय चलयात्राओं में तुर्यधारी, तालवादक तथा स्वस्तिकपाणि नर्तक आगे–आगे चल रहे थे।[18] राजपुरूषों के जीवन में संगीत का प्रयोग सुख तथा दुख दोनों प्रसंगों

पर किया जाता था। रावण की अंत्येष्टि के समय विविध तुर्यों के निर्घोष के साथ स्तुतिगान किया गया था।[19]

रामायण में संगीत सदा से प्रणय का अभिन्न अंग रहा है। तपस्वियों को लुभाने के लिए अप्सराओं को गान तथा नृत्य के लिए नियुक्त किया जाता था। ऋष्यश्रृंग को मोहित करने के लिए अप्सराओं ने मधुर स्वर में गान किया था। मदकर्णि नामक मुनि को तपस्या से निवृत करने हेतु अप्सराओं को नियोजित किया गया था। उनकी नृत्य क्रीड़ा के साथ वादित किये गये वाद्यों की ध्वनि से समस्त वनभूमि प्रतिध्वनि हो उठी थी।[20]

रामायण में नृत्य तथा नृत दोनों शब्दों का उल्लेख है। नृत्य का प्रयोग धार्मिक तथा लौकिक दोनों समारोहों पर किया जाता था।

रामायण काल में सामाजिक उत्सवों का समारोह राष्ट्र के संवर्धन का साधन माना जाता था। अयोध्या के नर–नारी प्रसन्न मुद्रा में रहते थे, सामाजिक उत्सव उनमें हर्ष का संचार करते थे। सामूहिक भोजों, विशेष कर धार्मिक समारोहों के अवसर प्रचुर मात्रा में आते रहते थे। विशिष्ट घटनाओं को भी अनुरूप उत्साह और भव्यता से मनाया जाता था। जीवन की रसता को दूर करने में ये सभी हाथ बंटाते थे। नवीन राजा के अभिषेकोत्सव पर आमोद–प्रमोद का विशाल पैमाने पर आयोजन किया जाता था, गणिकाएं, नट–नर्तक, पुरोहित, सेनाध्यक्ष, व्यापारी, नागरिक, गामीण सब राजपथों और प्रसादों में एकत्र होकर आंनदोत्सव में मग्न हो जाते थे।[21]

रामायण में इन्द्रध्वज नाम के सामाजिक महोत्सव का बार–बार उल्लेख आया है, अवश्य ही यह एक सार्वजनिक एवं लोकप्रिय समारोह रहा होगा। यह उत्सव किस प्रकार मनाया जाता था, इसका सविस्तार वर्णन रामायण में नहीं पाया जाता।[22] इन तथ्यों से हमें यह ज्ञात होता है कि रामायण कालीन सामाजिक उत्सवों पर गान्धर्व संगीत का व्यवहार होता था।

अन्य अवसरों पर में संगीत का व्यवहार

रामायण काल में लोगों को ऐहिक (उस लोक से सम्बन्ध रखनेवाली, संसारी) सुख सुविधाएं पर्याप्त उपलब्ध थीं। राष्ट्र पर समृद्धि का जो वितान छाया हुआ था और फलतः समाज में जो वैभव और विलास मुखरित था, वह विभिन्न प्रकार के मनोविनोदों और क्रीड़ा–कौतुकों के प्रोत्साहन और प्रचलन के लिए अनुकूल था। उस समय के नृपति और श्रष्ठि वर्ग ने आमोद–प्रमोद और शान–शौकत का ऐसा ठाठ कायम कर लिया था, जो हमें आज भी चकाचौंध कर देने में समर्थ है। वैदिक काल के अधिकांश यज्ञ यागों ने रामायण काल में आकर इतना बृहत्काय और

सामूहिक रूप धारण कर लिया कि जनसाधारण के लिए उनका समारोह अत्यंत प्रभावशाली और अनुरंजनकारी सिद्ध होने लगा। उस समय के सुनियोजित और वैभवशाली नगर, चित्र विचित्र और सम्पति युक्त प्रासाद, समृद्धि से जगमगाते हुए राजकीय भवन जिनमें दास–दासियां सेवा के लिए प्रस्तुत रहती थी, नट और नर्तक, रंगस्थलिया, क्रीड़ा खेल और आराम–विहार, चमकदार वेशकीमती वस्त्र–भूषण तथा सुगंधयुक्त प्रसाधन सामग्री इन सबका प्रचलन यह सिद्ध करने के लिए प्रर्याप्त था कि रामायणकालीन आर्य जीवन के वरदानों का उपयोग करने में तत्पर रहते थे।

मनोरंजन सार्वजनिक अभिरूचि थी। उस युग की तीन प्रमुख राजधानियां अयोध्या, किष्किन्धा और लंका सभी तरह से आकर्षण का केन्द्र और मनोरंजन की रम्यस्थलियां थीं। अयोध्या के निवासी हृष्ट और प्रमुदित थे उनमें ऐसा कोई नहीं था, जिसे अल्प भोग प्राप्त हों। वहां के राजमार्गों पर सम्पन्न नागरिकों का वेगवान घोड़ों से जुते पुष्प रथों पर सवार होकर विहारार्थ जाते हुए दिख पड़ना सामान्य दृश्य था। क्रीड़ा के लिए उद्यानों में भ्रमण, उपनगरों की रथ–यात्रा, हाथी–घोड़ों की सवारी आदि मनोविनोद के सामान्य प्रचलित साधन थे। स्त्रियों को भी मनोरंजन के भरपूर साधन और अवसर प्राप्त थे। चित्र विचित्र मालाएं, चन्दन, अगरु, विविध प्रकार के वस्त्र, आभरण बहुमूल्य खान–पान, गीत–नृत्य वाद्य आदि का उपभोग करने में वे स्वतन्त्र थी। (5. 20. 9–10)[23] सामाजिक उत्सवों का समारोह राष्ट्र के संवधर्न का साधक माना जाता था। अयोध्या के नर–नारी प्रसन्न मुद्रा में रहते थे, सामाजिक उत्सव उनमें हर्ष का संचार करते थे। सामूहिक भोजों, विशेषकर धार्मिक समारोहों के अवसर प्रचुर मात्रा में आते रहते थे। विशिष्ट घटनाओं को भी अनुरूप उत्साह और भव्यता के साथ मनाया जाता था।

राजा के अभिषेकोत्सव पर मनोरंजन का विशाल पैमाने पर आयोजन किया जाता था। गणिकाएं, नट, नर्तक, पुरोहित, सेनाध्यक्ष, व्यापारी, नागरिक, ग्रामीण सब राजपथों और प्रासादों में एकत्र होकर आन्दोत्सव में मग्न हो जाते थे।

रामायण में इन्द्र ध्वज नाम के सामाजिक महोत्सव का उल्लेख आता है। यह उस समय का लोकप्रिय समारोह था। इसमें इन्द्र की ध्वजा आश्विन–पूर्णिमा के सात दिन पहले से रस्सियों के सहारे स्थापित की जाती थी। प्रतिदिन उसे बड़े उत्साह से फहराया जाता और पूर्णिमा के दिन रस्सियां खोलकर जमीन पर पटक दिया जाता था। यह ध्वजा चित्र विचित्र और अलंकारों से सज्जित होती तथा आकस्मिकता से गिरा दी जाती थी यह उत्सव किस प्रकार मनाया जाता था इसका सविस्तार वर्णन रामायण में नहीं पाया जाता लेकिन फिर भी अनुमान लगाया जा सकता है कि वह एक शरत्कालीन कृषि महोत्सव था जिसमें फसल की कटाई के समय पके धान के

सुनहरे खेतों में एक ध्वजा गाड़ दी जाती और उसे इन्द्र का प्रतीक मान लिया जाता था। उसकी पूजा करके अच्छी वर्षा और फसल प्रदान करने के उपलक्ष्य में इन्द्र के प्रति कृतज्ञता ज्ञापित की जाती थी। इस अवसर पर नर–नारी नृत्य, गान और आमोद–प्रमोद द्वारा अपने उल्लास एवं हर्षातिरेक को अभिव्यक्त करते थे। इन्द्रध्वजा महोत्सव वर्तमान भारत के होली उत्सव तथा यूरोप के पोल फेस्टिवल से बहुत मेल खाता है।[24]

नगरों में मनोरंजन स्थलों को समाज की संज्ञा दी जाती थी, जहां धार्मिक, सामाजिक और आर्थिक विषय विमर्श होता था तथा, संगीत, नृत्य आदि मनोरंजन के साधन उपलब्ध थे। राम ने कोसल राज्य को ***'समाजोत्सवशोक्तिः'*** बताया है (2.100.44)। हास्य विनोद के सार्वजनिक स्थल गोष्ठी कहलाते थे। कैकय में खिन्नमन भरत के मनोरंजनार्थ जो अनेक आयोजन किये गये थे, उनमें हास्य गोष्ठियां भी थीं। बौद्ध और जैन साहित्य में समाजों का वर्णन आता है। वात्स्यायन ने अपने समय में प्राचीन गोष्ठियों का विस्तृत ब्यौरा कामसूत्र में दिया है। भास के और संस्कृत के अन्य नाटकों में काव्यों में तथा विशाल भाण साहित्य में गोष्ठियों के प्रचुर वर्णन मिलते है। समाज और गोष्ठी प्राचीन भारतीयों के सामाजिक मनोरंजन के प्रतीक थे।[25]

रामायण में कथाएं सुनना सुनाना भी मनोरजन का एक सुलभ प्रकार था। ऐसी कथाओं का विशाल संग्रह वनवासी ऋषि मुनियों के मस्तिष्क में विद्यमान था। विश्वामित्र ने राम को प्राचीन कथाएं सुनाकर मनोरंजन और ज्ञान का दोहरा लाभ पहुंचाया था। कई बार तो उन्हें कथाएं कहते–कहते आधी रात बीत जाती थी। इस प्रकार की कथाओं और आख्यानों का अधिकांश उल्लेख बालकाण्ड और उत्तरकाण्ड में पाया जाता है। कथाकारों के अतिरिक्त उन दिनों हास्यकार भी हुआ करते थे। जिनका काम राजाओं की खिन्नता को अपनी हंसी मजाक से दूर करना था। 'उतरकाण्ड में राम की सभा में हास्यकार भी मौजूद थे। श्रमहारी उक्तियों में चतुर दरबारी 'वादिन्य' कहलाते थे। दशरथ ने ऐसे लोगों को राम के साथ वन में जाने का भी आदेश दिया था। स्वयं राम अनुरंजकारी कलाओं में निष्णात थे **(वैहारिकाणों शिल्पानां विज्ञाता)** (2.1.28)।[26] संगीत और वाद्य इन दोनों रूपों में संगीत का सेवन मनोरंजन का सर्वाधिक प्रमुख साधन था। नागरिक जीवन का वह अभिन्न अंग था। राजा–प्रजा, नर–नारी, आर्य, वानर, राक्षस, समाज के सभी वर्गों में संगीत को प्रश्रय मिलता था।

उत्सवों और समारोहों का ही नहीं नागरिकों के दैनिक जीवन का भी वह एक सामान्य लक्षण था। नगरों में रथों की घरघराहट के साथ–साथ वाद्य यंत्रों की

अनवरत ध्वनि गुजांयमान रहती थी। (2.114.19–21) किष्किन्धा, लंका तथा अयोध्या नगरियां संगीत से गुंजित रहती थी। जब पिता की मृत्यु से अनभिज्ञ भरत कैकय देश से अयोध्या लौटे, तब नगर में वाद्य यंत्रों की गूंज बन्द पाकर उन्हें आश्चर्य हुआ था। राजाओं का जीवन संगीत की माधुरी से परिप्लावित रहता था। दशरथ, राम, भरत और रावण प्रतिदिन पौ फटते ही वाद्य यंत्रों की ध्वनि तथा सूतों और मागधों की स्तुतियों से जगाये जाते थे। राजकीय जलूसों में संगीतज्ञ आगे–आगे चला करते थे। रावण अपनी राज्य सभा में हजारों शंख और तुरहियों की ध्वनि के बीच जाया करता था। सुग्रीव के प्रसाद में लक्ष्मण को समान ताल पद और अक्षर वाले सुमधुर गीत सुनाई पड़े थे। जिनमें तंत्री वादन द्वारा लययुक्त गान कि जा रहा था। रावण की अंत्येष्टि के समय भी वाद्य यंत्र बजाए गये थे। वनवास से लौटने पर राम का कुशल वादकों ने शंख और दुंदुभियों से स्वागत किया था।[27]

'रामायण काल में युद्धों में भी संगीत का व्यवहार होता था। युद्ध संगीत को युद्ध गाधर्वम् कहते थे (6.52.54)। युद्ध और शान्ति दोनों कालों में सेनाएं बाजे गाजे के साथ कूच करती थी। भेरी वादन सैनिकों के लिए रण निमंत्रण का सूचक था। युद्ध के आरम्भ और मध्य में तथा विजय प्राप्ति के बाद संगीत का प्रयोग होता था। नाग पाशों से राम, लक्ष्मण के मुक्त हो जाने पर उनके सैनिकों ने शंख, मृदंग और भेरी बजाकर हर्ष प्रकट किया था (6.50.61–62)।

संगीत का प्रेम नागरिकों की भान्ति वनवासी तपस्वियों में भी समान रूप से प्रसारित था। सप्तर्षियों के आश्रम में राम को दिव्य गंध का अनुभव होने के साथ–साथ तूर्य का घोष तथा गीतों की मधुर ध्वनि भी सुनाई पड़ी थी।[28] भरद्वाज आश्रम में भरत की सेना के स्वागतार्थ समवेत संगीत का अपूर्व आयोजन हुआ था (2.91.25–27, 49–51)। उत्तरकाण्ड में वर्णन आता है कि लवणासुर के पराभव के बाद जब शत्रुघ्न अपनी सेना सहित मार्ग में वाल्मीकि आश्रम में ठहरे, तब वाल्मीकि ने अपने अतिथियों को संस्कृत वाणी में रचित 'रामचरितम्' के मधुर गान से आप्यायित किया था। इस रामचरित्र में भी राम के पूर्व चरित्र काव्यबद्ध किये गये थे। यह काव्य गान वीणा के लय के साथ गाया गया था। इस अदभुत गान को सुनकर शत्रुघ्न मूच्छित से हो गये थे। तथा उनके नेत्रों में जल भर आया और वह बार–बार लंबी सांसें लेने लगे। उस गान में उन्होंने बीती हुई बातों को वर्तमान की तरह सुना मानों कोई स्वप्न दिखाई दे रहा हो।[29] ऋषि मंडलियों में भी यह रामायण गान भावों विस्मय, साधुवाद एवं प्रभूत प्रशस्ति का जनक होता था।

धार्मिक कृत्यों में संगीत अनिवार्य रूप से प्रयुक्त होता था। जब भरत को राम के अयोध्या लौटने का संदेश मिला तब उन्होंने यह आज्ञा जारी की कि शुद्धाचारी

पुरूष कुल देवताओं तथा नगर के सभी देव स्थानों का सुगंधित पुष्पों और बाजे–गाजे के साथ पूजन करें। स्त्रियों का संगीत विशेष आकर्षक होता था। क्योंकि स्वर की कोमलता के कारण वे उच्चे स्वर में आलाप ले सकती थी। राम से बिछड़ी हुई सीता को देखकर वाल्मीकि को ऐसी वीणा की याद आ जाती हैं, जिसका बहुत दिनों से स्पर्श न किया गया हो, जिसका रूप बिगड़ गया हो और जो उपेक्षित दशा में कोने में पड़ी हो। स्त्रियों के आभूषणों की संगीत ध्वनि की और वाल्मीकि ने बार–बार ध्यान आकर्षित किया है।

लंका नगरी नगाड़ों और आभरणों के शब्दों से गूंजती रहती थी। (5.3.11) रावण के महल में कहीं नूपुरों की छमछम, कही करधनियों की झनकार कही मृदंग की गमक तो कही ताल घोष सुनाई पड़ता था। आभूषणों से निकलने वाली संगीत ध्वनि स्त्रियों की लीलापूर्ण गति पर भी निर्भर करती थी। वाद्य यन्त्रों को चार भागों में बांटा गया है। तत (तारवाले), अवनद्ध (चमड़े वाले), सुषिर (फूंक वाले) तथा घन वाद्य। तारवाले वाद्य यंत्रों में सहचर संगीत स्वर और गति की दृष्टि से वीणा सबसे लोकप्रिय थी। तारवाले भारतीय वाद्यों में वह सबसे प्राचीन और श्रेष्ठ है। मुड़ी, गरदन, नितंब, स्तन और चूड़ियों के कारण वीणा के आकार की तुलना नारी शरीर से की जाती थी। वीणा में 6 तार होते थे। जिन्हें एक कोण से बजाया जाता था इस क्रिया को कोणाघात कहते थे। सात तारोंवाली वीणा विपंची कहलाती थी। (5.10. 41) वल्लकी एक विशेष प्रकार की वीणा होती थी।[30]

अवनद्ध वाद्यों के विविध प्रकार में ढोल और नगाड़े शामिल थे। भेरी एक प्रकार का युद्ध का नगाड़ा था जिसके द्वारा सेना में उत्साह का संचार किया जाता था। अन्य ढोलों में आडंबर, चेलिका, डिमडिम, दुंदुभि, मुडडुक, मृदंग, मुरज, पणव और पटह आते थे। कुंभ और कलशी मिटटी के बने वाद्य थे। सुषिर वाद्यों में वेणु या वंश (बांसुरी) सर्वाधिक सुविधापूर्ण और सुखद था, तुर्य का भी काफी व्यवहार था। शंख राजाज्ञा घोषित करने के लिए बजाया जाता था। हनुमान को दंडित किये जाने की राजाज्ञा को राक्षसों ने शंख और भेरी बजाकर उदघोषित किया था (5.53.17)।

युद्ध संगीत में शंखों का प्रचुर प्रयोग होता था अपना दर्द और उत्साह घोषित करने के लिए योद्धागण शंख बजाया करते थे। भेरी और दुंदुभि के साहचर्य में उसका प्रायः उपयोग किया जाता था।[31]

धातु निर्मित वाद्यों में घंट, स्वस्तिक और ताल के नाम उल्लेखनीय है। नृत्य भी संगीत की तरह व्यापक रूप से प्रचलित था। नृत्य में वाद्य यंत्रों का साहचर्य अवश्य रहता था। कैकय में भरत का मनोरंजन करने वालों में कुछ तो नृत्य कर रहे थे और कुछ मधुर वाद्य बजा रहे थे।[32]

राम के विवाहोत्सव पर अप्सराओं के नृत्य तथा गंधर्वों के सुमधुर गीत करवाये गये थे। उनके जन्मोत्सव एवं राज्याभिषेक पर भी ऐसा ही आयोजन किया गया था। भरद्वाज आश्रम में भरत के परितृप्त सैनिक मालाएं धारण कर हंसने नाचने गाने में विभोर हो उठे थे (2.91.62)।

इन्द्रजीत का वध हो जाने पर गंधर्वों और अप्सराओं ने नृत्य किया था (6.90.85) वाल्मीकि ने जंगल के पेड़ों, वायु, भौरों और पक्षियों की गतिविधि में संगीत और नृत्य की मनोहर उत्प्रेक्षाएं की है।[33] नाटकों का भी अपना आकर्षण था, भले ही यह संगीत और नृत्य की सीमा तक ना रहा हो। 'ननिहाल में दुस्वप्न के कारण भरत को खिन्न पाकर मित्रों ने नाटकों द्वारा उनका मनोरंजन करने का प्रयास किया था। (2.69.4) अयोध्या के वर्णन में कहा है कि वहां स्त्रियों की नाट्यशालाएं बनी हुई थी (1.5.12) राम स्वयं ***'व्यामिश्रक'*** अर्थात मिश्र भाषाओं के नाटकों में पारंगत थे (2.1.17) अभिनेताओं का उल्लेख प्राय नर्तकों के साथ हुआ है और रामायण में नट–नर्तक का युगल शब्द कई बार आया है।

मधुपुरी का अभियान करते समय शत्रुघ्न के साथ नट–नर्तक भी गये थे (7.64.3)। अयोध्या की चौड़ी सड़के राम के जन्मोत्सव पर नट नर्तकों से भरी पड़ी थी (1.18.18)। रामायण में शैलूष शब्द का प्रयोग अभिनेता के रूप में हुआ है। अभिनेताओं की स्त्रियां प्रायः दुश्चरित्र होती थी (2.30.38)।[34] इस प्रकार हम यह कह सकते हैं कि अनेक उत्सवों पर संगीत का खूब व्यवहार होता था।

संगीत एवं नागरिक जीवन

किसी भी संस्कृति की उन्नत या अवनत अवस्था मनोरंजन के साधनों से ही ज्ञात हो जाती है। मनोरंजन के विभिन्न साधन या रूप एक ऐसा तत्व है जो एक और तो मानव के अन्तरम को अनावृत करते है तथा दूसरी ओर मानव के परिष्कार का भी दिग्दर्शन कराते हैं।

वाल्मीकि रामायण के समय मनोरंजन के साधनों में पर्याप्त वैविध्य था। समस्त मनुष्य अपने अवकाश के क्षणों में किसी न किसी आमोद–प्रमोद में व्यतीत करते थे। उस काल में नागरिक जीवन को रूचिकर बनाने के लिए संगीत का सहारा लेते थे। इसलिए वाल्मीकि रामायण में संगीत मानों दैनिक जीवन का ही एक अंग हो ऐसा प्रतीत होता है। नागरिक, राजा, तपस्वी, आर्य, वानर, राक्षस सभी संगीत प्रेमी थे। मार्ग, गलियां, चतु पथ, भवन, उद्यान सर्वत्र ही समय–समय पर संगीत से गुंजायमान रहते थे। पृथ्वी की सुन्दर नगरी अयोध्या में विविध वाद्यों की सुमधुर ध्वनि गूँजती ही रहती थी।[35]

रामायण का तो प्रारम्भ ही लव–कुश के तन्त्रीलय से समन्वित, मधुर राग सम्पन्न गान से ही हुआ था।[36] रामायण का अध्ययन करने से तो यह विदित हो जाता है कि उत्सव की शोभा संगीत से द्विगुणित हो जाती थी। राम का जन्म हुआ तो गन्धर्वों ने मधुर गीत सुनाए जगु कलं च गन्धर्व (1.18.17) अयोध्या की गलियां भी गायन से गूंजने लगी **रथ्या....गायनैश्च विराविण्य** (1.18.19) राम आदि चारों भाइयों के विवाहोत्सव में भी अप्सराओं का नृत्य एवं गन्धर्वों का गायन होने लगा था।[37] 3 राम के राज्याभिषेक का शुभ समाचार फैलते ही गाते हुए गायकों की मन एवं कानों को सुख देने वाली राग परिवाहिनी गीत जनता सुनने लगी ***'गायकाना च गायतां। मन कर्णसुखा वाचः शुश्राव जनता ततः'*** (1.6.14) राजा एवं राजपुत्र प्रातकाल मंगलगीत सुनकर निद्रा त्यागा करते थे। (2.65.2) वन के मार्ग में राम की कुश शैय्या देखकर व्यथित भरत ने निषादराज गुह से यही तो कहा था कि बहुमूल्य शयया पर शयन करके जो राम प्रातकाल गीतों और वाद्यों की ध्वनि से जगाये जाते थे वे भूमि पर शयन कैसे करते होंगे।[38]

संगीत की मनोहारी शक्ति के कारण ही गणिकाओं ने सरल स्वभाव ऋण्यश्रृग को अपनी ओर आकृष्ट कर लिया था (1.10.11) 'भरद्वाज ऋषि ने भरत और उनकी सेना का स्वागत अप्सराओं और गन्धर्वों के नृत्य गीत वाद्यादि से किया था।[39] राम ने लव–कुश का गान सुनने के लिए **गीतनृत्यविशारदों** को भी आमन्त्रित किया था। (7.94.9) आर्यजनों की तरह वानरों एवं राक्षसों में भी संगीत मनोरंजन का प्रमुख साधन था। क्रुद्ध लक्ष्मण जब सुग्रीव के महल में पहुंचे तो वहां उन्होंने वीणा की लय पर गाये जाते हुए समतालपदाक्षर गीत सुना था। (4.33.21) सीता का अन्वेषण करते हुए हनुमान् जब लंका में विचरण कर रहे थे। तब उन्होंने मंद्र, मध्य तथा तार स्वरों से सम्पन्न रूचिर गीत सुने ***'शुश्राव रूचिरं गीतं त्रिस्थानस्वरभूषितम'*** (5.4.10)।

वाल्मीकि रामायण में गीत के साथ–साथ वाद्यों का भी बहुत प्रचलन था। भरत ने नाट्यशास्त्र में वाद्यों के चार प्रकार बताए हैं तत्, अवनद्ध, सुषिर तथा घन।[40] वाल्मीकि रामायण में इन चारों प्रकार के वाद्यों का पर्याप्त उल्लेख हैं तत् वाद्यों में वीणा, तन्त्री, विपची तथा वल्लकी। अवनद्ध वाद्यों में दुन्दुभि, पटह, मृदंग, पणव, भेरी आदि का सर्वत्र वादन किया जाता था। राम के राज्याभिषेक से पूर्व वशिष्ठ जी ने ताल जीवियों (वाद्य–वादन कुशलों) को राजमहल में उपस्थित होने का आदेश दिया था। (2.3.17)

सुषिर वाद्यों में वेणु, वंशी, तूर्य तथा शंख का भी बहुत प्रयोग किया जाता था। घन वाद्य प्रायः धातु निर्मित होते थे तथा रामायण काल में घण्टा, घुंघरू तथा ताल वाद्यों के नाम उल्लेखनीय हैं। युद्ध के लिए जाते समय तथा युद्ध के मध्य में भी दुन्दुभि, भेरी, तूर्य आदि बाजे बजाये जाते थे (6.65.33)–6.50. 62)।

गीत और वाद्य की तरह नृत्य का भी रामायण काल में प्रमुख स्थान था रामायण काल में प्रत्येक सामाजिक उत्सवों पर गीत के साथ नृत्यों का भी उल्लेख मिलता है राम के जन्म एवं विवाहोत्सव पर विविध द्विव्य नृत्य हुए थे।[41] 'कैकय देश में दुःस्वप्न देखकर खिन्न बैठे हुए भरत के मनोरंजनार्थ मित्रों ने अनेक नृत्य तथा नाटक किये थे।[42] 'भरत के आगमन पर भरद्वाज ऋषि ने सम्पूर्ण सेना के मनोरंजनार्थ धृताची, विश्वाची, मिश्रकेशी, अलम्बुसा, नागदत्ता, हेमा आदि अनेक अप्सराओं का आवाहन करके उनका नृत्य प्रस्तुत कराया था।[43] लंका में गीत नृत्यादि का बहुत अधिक प्रचलन था।' हनुमान ने रावण के अन्तःपुर में कोमल अंग संचालनों से नृत्य करने में प्रवीण स्त्रियों को निद्रा के वशीभूत देखा था।[44]

इन उल्लेखों के आधार पर हम यह कह सकते है कि रामायण काल में सम्पूर्ण समाज पर संगीत की पावन एवं दिव्य आभा बिखर रही थी। उस युग में तीन प्रमुख राजधानियां अयोध्या, किष्किन्धा और लंका सभी तरह से आकर्षण का केन्द्र और मनोरंजन की रम्यस्थलियां थी। अयोध्या के निवासी हृष्ट और प्रमुदित थे। उनमें ऐसा कोई नहीं था जिसे अल्प भोग प्राप्त हो।[45] पौराणिक काल से अधिक इस काल में संगीत आत्मसौन्दर्य समाज पर उभर आया था। इस काल के लोगों की दृष्टि भी पौराणिक काल से प्रशस्त बनती जा रही थी। समाज का नैतिक स्तर भी ऊपर उठता जा रहा था, और इस उठते हुए स्तर पर संगीत की आभा पूर्णरूप से प्रदीप्त हो रही थी। प्रत्येक नागरिक सुख एवं शान्तिपूर्ण जीवन व्यतीत कर रहा था। संगीत ने नागरिकों की रूचियों तथा उनके स्वभाव को परिष्कृत बना दिया था इस काल में शायद ही घर कोई शेष हो, जिसमें संगीत का अस्तित्व किसी न किसी रूप में न हो। वैदिक काल की तरह इस काल में भी हर घर में प्रातकाल होते ही ईश्वर आराधना की संगीतमय स्तुति प्रस्फुटित हो उठती थी। सार्वजनिक रूप से समाज में संगीत के आयोजन हुआ करते थे। तथा इन आयोजनों में सर्वसाधारण लोग भी विशेष दिलचस्पी लिया करते थे।[46]

संगीतकारों की समाज में स्थिति

रामायण भारत का प्राचीन सांस्कृतिक महाकाव्य है, भारत की प्राचीन सांस्कृतिक परम्परा के परिज्ञान का यह महत्वपूर्ण स्त्रोत है। 'विद्वानों के अनुसार मानव जीवन का ऐसा कोई पक्ष नहीं, जिसकी झांकी रामायण में न मिलती हो अथवा ऐसा कोई सिद्धान्त नहीं जिसका आभास इसमें प्राप्त न हो।[47] रामायण कालीन आर्य जीवन के वरदानों का उपभोग करने में तत्पर रहते थे। आमोद–प्रामोद में सार्वजनिक अभिरूचि थी। उस युग की तीन प्रमुख राजधानियां, अयोध्या, किष्किन्धा और लंका सभी तरह से आकर्षण का केन्द्र और मनोरंजन की रम्यस्थलियां थी। 'अयोध्या के निवासी हृष्ट और प्रमुदित थे। उनमें ऐसा कोई नहीं था, जिसे अल्प भोग प्राप्त हो।[48]

संगीत का व्यवसाय करने वाले लोगों में गायक, सूत, मागध, बन्दी तथा वारांगनाओं का समावेश था। सामान्य जनता का मनोरंजन करने वाला इनका संगीत देशी अथवा लोकगम्य था। रामायण काल में इन लोक कलाकारों का महत्वपूर्ण स्थान था 'अयोध्या नगरी में सूत मागध तथा बन्दीजन वादित्रों की ध्वनि के साथ प्राचीन गाथाओं तथा राजस्तुतियों को गाया करते थे इन गायक वर्गों को राजसभा में वेतन पर नियुक्त किया जाता था। राजा दशरथ की शवयात्रों में सूत आदि के द्वारा स्तुति गान किये जाने का उल्लेख रामायण में है। आगन्तुक कलाकारों के स्वागत में कलागोष्ठी का आयोजन रसिक विद्वज्जनों की उपस्थिति में किया जाता था तथा उन्हें यथा योग्य पारितोषिक देकर सम्मानित किया जाता था।[49]

'वाल्मीकि आश्रम में पहुँचने पर शत्रुघ्न के स्वागत के लिए तन्त्रीलय समायुक्त रामायण का गान आयोजित किया गया था।[50] यज्ञयाग के कर्मों से निवृत्त होकर श्रीराम के समक्ष लव–कुश ने संगीत का प्रदर्शन प्रस्तुत किया था।[51] इस गानगोष्ठी में जिनको आमन्त्रित किया गया था उनमें स्वरलक्षणज्ञ, गान्धर्वलक्षणज्ञ, कलामात्राविशेषज्ञ, शब्दविद् तथा गीतनृत्यविशारद व्यक्तियों का अन्तर्भाव था।[52]

रामायण कालीन समाज में संगीत सर्वत्र परिव्याप्त दिखाई देता है। अयोध्या, किष्किन्धा तथा लंका आदि नगर सदैव वाद्यों की सुमधुर ध्वनि से निनादित रहते थे। हर्ष की बेला में जो राजगृह मुरज, पणव, वेणु आदि तूर्यों के नाद से निनादित रहता था राजा के प्रबोधन काल में मंगल गीतवादित्रों के समवेत मृदंग तथा शंख शब्दों का घोष किया जाता था। संगीत राजाओं के मनोरंजन का प्रमुख स्त्रोत था। दुःस्वप्नों से व्यग्र भरत का गान, वादन, नृत्य, नाटक आदि से मनोरंजन करने का प्रयत्न किया गया था।[53] वनवाटिका में सीता तथा रामचन्द्र का मनोविनोद गीतनृत्यविशारद नर्तिकाओं के द्वारा किया गया था।[54] संगीतकारों को रामायण काल में राज्याश्रय प्राप्त था। इसका प्रमाण रामायण के अयोध्या काण्ड में मिलता है। इस सन्दर्भ से यह पता चलता है। कि रामायण काल में इन लोगों को राज्याश्रय प्राप्त होने के कारण ही कलाकार संगीत का विकास कर रहे थे।

राजा दशरथ के देहावसान के समय वशिष्ठ जी तथा अन्य मंत्रीगण राज्य के उत्तराधिकारी के सम्बन्ध में परामर्श करते समय इस बात की अनुभूति करते हैं कि अराजक राज्य में जो अनेक हानियां की सम्भावना है उनमें एक नृत्यादि ललित कलाओं का ह्रास भी है।

रामायण काल में स्वागत तथा विदाई जैसे समारोहों में संगीत का आवश्यक स्थान था। राजपरिवार के सदस्यों तथा अतिथि विशेषों का स्वागत शंख दुन्दुभि के

घोषों तथा सूत, मागध आदि संगीतकारों के स्तुति गान से किया जाता था।[55] श्रीरामचन्द्र के वनवास से लौटने पर वादित्रकुशल व्यक्तियों ने शंख और दुन्दुभियों से उनका स्वागत किया था।[56] रामायण में वादित्रों के लिए 'तूर्य' की संज्ञा थी।

इसी तरह 'सुन्दरकाण्ड में रावण के अन्तःपुर की स्त्रियां नृत्तवादित्राकुशलता थी जो नृत्य के कोमल अंगहारों की विशेषज्ञा थी।[57] सुग्रीव के अन्तःपुर में लक्ष्मण को संगीत की मधुर ध्वनि पड़ी थी। जिसमें गीत, स्वर तथा अक्षरों का मंजुल सामंजस्य था। रामायण काल में ताल को प्रदर्शित करने के लिए ताल शब्दों को उच्चारण कर हाथ से ताल देने की प्रणाली थी 'महर्षि भरद्वाज के आश्रम में भरत के स्वागतार्थ संगीतकारों को नियुक्त किया गया था, जिस में शम्य ताल देने के लिए तालवादकों का दल नियुक्त था।[58] इसी तरह वनवास से लौटने पर श्रीराम के स्वागतार्थ राजकीय चल यात्रा का आयोजन हुआ था, जिसमें तालपाणि गायकों का समूह नेतृत्व कर रहा था। ऐसे तालवादकों के लिए रामायण में तालापचंर संज्ञा का प्रयोग हुआ है।[59]

रामायण काल में नाट्य कला के भी प्रमाण मिलते हैं। रामायण में शैलूष, नट, नर्तक आदि का उल्लेख अनेक प्रंसगों पर किया गया है नट तथा नर्तकों के समाजों में इन कलाओं के सामूहिक प्रदर्शन के लिए अवकाश दिया जाता था। कुछ नाटक ऐसे थे जिनमें भाषाओं का मिश्रण रहता था। ऐसे नाटक 'व्यामिश्र' कहलाते थे।

रामायण में पाये जाने वाले रंग शब्द के उल्लेख से स्पष्ट होता है कि रंगमंच को कल्पना उस समय अंकुरित हो चुकी थी। नाटकों के अतिरिक्त पुराण तथा कथावाचक की परिपाटि भी प्रचलित थी। नट तथा नटों दोनों के संघ विद्यमान थे जो विभिन्न प्रसंगों पर पुरातन कथाओं का अभिनय किया करते थे।[60] 'श्रीराम के जन्मोत्सव पर अयोध्या पर नट–नर्तकों के से भरे पड़े थें[61] युद्ध के अभियान पर नट–नर्तकों के समूह सेना के साथ रहते थे (7.64.3)। यज्ञ समारोहों में अन्याय शिल्पियों के साथ नट एवं नर्तकों का योगदान भी रहता था। इन यज्ञों में जहां यजमान संपति, शक्ति, दीर्घायु, संतति और स्वर्ग प्राप्ति के लिए कामना करता था। वहीं निमन्त्रित अतिथियों तथा राजाओं से अन्नपान तथा भेंट पुरस्कार भी स्वीकार करता था।

इन सब उल्लेखों से यह ज्ञात होता है कि रामायण काल में संगीतकारों की एक सम्मानपूर्ण स्थिति थी जिसके अन्तर्गत वह अपनी कला का प्रचार–प्रसार करते थे तथा एक सुखी जीवन व्यतीत करते थे।

सन्दर्भ सूची

1. वाल्मीकि रामायण अयोध्या काण्ड, सर्ग 3, 4, 15
2. भारतीय संगीत का इतिहास पृ. 137–138
3. वाल्मीकि रामायण 1.14.42
4. वा. रा. 1.13.6–9
5. वा. रा. 1.14.8–9
6. वा. रा. 2.76.17–18
7. वा. रा. 4.28.54
8. प्राचीन भारत में संगीत (वैदिक काल से गुप्तकाल तक) पृ. 86
9. वा. रा. 2.114.19–21
10. वा. रा. 6.11.9
11. वा. रा. 1.18.17
12. वा. रा. 2.6.14
13. भारतीय संगीत का इतिहास पृ. 136
14. वा. रा. 7.6.68
15. वा. रा. 1.15.4
16. वा. रा. 1.11.26
17. वा. रा. 6.127.3–5,21
18. भारतीय संगीत का इतिहास पृ. 141
19. वा. रा. 6.128.37
20. वा. रा. 3.12.7,13–17
21. वा. रा. 3,4,15
22. रामायण कालीन संस्कृति पृ. 95
23. रामायण कालीन संस्कृति पृ. 96
24. रामायण कालीन संस्कृति पृ. 98
25. रामायण कालीन संस्कृति पृ. 98
26. रामायण कालीन संस्कृति पृ. 99

27. वही. पृ. 102
28. वा. रा. 4.13.22
29. वा. रा. 7.71.14–20
30. वा. रा. 5.17.23
31. रामायण कालीन संस्कृति पृ. 107
32. वा. रा. 2.69.4
33. रामायण कालीन संस्कृति पृ. 108
34. वही. पृ. 108
35. वा. रा. 1.5.18
36. वा. रा. 1.4.33–34
37. वा. रा. 1.73.38
38. वा. रा. 2.88.8
39. वा. रा. 2.91.25–26
40. नाट्यशास्त्र –28.2
41. वा. रा. 1.18.18 और 1.73.37–38
42. वा. रा. 2.69.4
43. वा. रा. 2.91.17,26,47
44. वा. रा. 5.10.32
45. वा. रा. 1.6.6,20
46. जोशी उमेश, भारतीय संगीत का इतिहास पृ. 89
47. भारतीय संगीत का इतिहास पृ. 135
48. वा. रा. 1.6. 6–20
49. भारतीय संगीत का इतिहास पृ. 139
50. वा. रा. 7.71.15
51. वा. रा. 7.94.30–31
52. वा. रा. 7.94.4–9
53. भारतीय संगीत का इतिहास पृ. 140

54. वा. रा. 7.42.20–42
55. वा. रा. 1.11.26
56. वा. रा. 6.127.3–5,21
57. भारतीय संगीत का इतिहास पृ. 141
58. वा. रा. 2.91.49
59. भारतीय संगीत का इतिहास पृ. 143
60. भारतीय संगीत का इतिहास पृ. 143–144
61. वा. रा. 1.18.18

6

रामायण कालीन संगीत शिक्षा

संगीत शिक्षा का स्वरूप

रामायण कालीन आर्य कलात्मक अभिरूचि सम्पन्न लोग थे। सभ्यता और संस्कृति के परिचायक कला–कौशलों में वे निपूण थे। उनके दैनिक जीवन की घटनाओं से उनकी कला का हमें ज्ञान होता है सौन्दर्य चेतना उनके रग–रग में व्याप्त थी। सुन्दरता के तो वे पारखी थे ही, स्वयं अपने सौन्दर्य की अभिवृद्धि करने में भी वे सचेत रहते थे। बालकाण्ड के छठे सर्ग में वाल्मीकि ने अयोध्या के नागरिकों का जो वर्णन किया है,[1] वह इस बात का सूचक है कि वे कितने सुसंस्कृत, कलाभिज्ञ, सौन्दर्य–प्रिय थे। तत्कालीन नगर उस युग के कला–केन्द्र थे, जहां राजाओं की छत्रछाया में सौन्दर्य–अभिव्यंजक कलाएं पल्लवित होती थीं। वनचर वानर और नरभक्षी राक्षस भी कला की दृष्टि से सम्पन्न थे।'[2]

समस्त रामायण का एक कवि के हाथों जिस प्रकार सर्जन एवं प्रकाशन हुआ है, और अंततः जिस प्रकार कथानक शैनेःशैने रसाभिव्यक्ति की चरम सीमा तक पहुँचा दिया गया है, उसके कारण सारा महाकाव्य एक उत्कृष्ठ साहित्यिक चमत्कार एवं सौन्दर्य मूलक चेतना से अनुप्रमाणित हो उठा है। जिन घटनाओं और चरित्रों की आदिकवि ने सृष्टि की है, वे उसके अपने कला–वैशिष्टय एवं अपनी भाव–प्रवणता से ओत–प्रोत है। लव–कुश के मुख से रामायण गान का श्रवण करने वाले ऋषि

मुनि शास्त्रीय अर्थ में सहृदय पुरूष थे।'[3] उनका मस्तिष्क इतना संवेदनशील एवं सहानुभूतिपरक था, उनकी अभिरूचि इतनी परिमार्जित एवं कलात्मक थी कि वे अपनी श्रवणगोचर अनुभूतियों से एकाकार हो जाते थे।

सौन्दर्य–प्रसाधनों के रूप में पुष्पों का प्रचुर प्रयोग, केशों का आकर्षक श्रृंगार अंगराग, प्रलेपन तथा चित्र विचित्र वस्त्रों का व्यवहार, पैरों के अलक्तक रस तथा मस्तक पर तिलक का प्रयोग, स्त्रियों के कपोलों पर पत्रावली का अंकन, राजप्रसादों, गृहों रथों और पशुओं का अलंकरण नगरों और उद्यानों की कलापूर्ण रचना का संगीत नृत्य, स्थापत्य आदि ललित कलाओं का परिशीलन ये सब परिष्कृत जन–रूचि एवं कला–भावना के व्यापक प्रसार की ओर इंगित करता है। वैदिक युग की सरल एवं प्रारभिक कलात्मक प्रवृतियां रामायण काल में आकर असंदिग्ध रूप से एक उच्चतर स्तर तक पहुंच गई। खगोल विज्ञान और रेखा–गणित जैसे शुष्क शास्त्रों को प्रोत्साहित करने वाला वैदिक धर्म कला की उन्नति में सहायक नहीं था। निस्संदेह वह भी देव–पूजा का प्रतिपादक था पर यह पूजा मंदिरों में प्रतिष्ठित मूतियों में न होकर सीधे–साधे मंडपों में स्थापित यज्ञागिन की होती थी। कला कोई सस्ता विनोद या मनोरंजन का साधन ना मानी जा कर एक सात्विक अनुष्ठान समझी जाती थी उसके सेवन के लिए प्रर्याप्त साधना एवं एकाग्रता अपेक्षित थी। कलाकारों द्वारा अपनी इष्ट प्राप्ति के लिए भक्ति और योग का आश्रय लिया जाता था। इनका प्रयोग वे साधारण भक्तों की ही भान्ति करते थे। भक्ति के द्वारा कलाकार अपने आर्दश के प्रति सर्वतोभावेन आत्मनिवेदन करता तथा योग द्वारा उससे तादात्मक स्थापित करता, उसके दुरूह पटलों को हृदयंगम करता और उन्हें मूर्त रूप देने की पृष्ठ भूमि का निर्माण करता था।[4] 'रामायण काल में शिल्प शब्द का अनेक बार प्रयोग हुआ है उसके अन्तर्गत गीत, वाद्य, नृत्य चित्र कर्म आदि ललित कलाएं समाहित थीं। कला का अनुशीलन मनोरंजन तथा व्यवसाय दोनों दृष्टियों से किया जाता था। व्यावसायिक कलाकार को शिल्पकार कहते थे। **राम वैहारिकाणां शिल्पाना** ज्ञाता थे, अर्थात राम मनोरंजन के उपयोग में आने वाले संगीत, वाद्य चित्रकारी आदि शिल्पकला के जानकार थे।[5] रामायण काल में चित्र कला, वास्तुकला, संगीत, रंगमंच, नृत्य और स्थापत्य कला के विषय की प्रर्याप्त जानकारी हमें रामायण से मिलती है। वास्तव में रामायण का प्रत्येक कांड भारतीय कला के इतिहास के अध्ययेता के लिए बहुमूल्य है।

'एक शास्त्रीय कला के रूप में संगीत की प्रगति पर भी वाल्मीकि रामायण से पर्याप्त प्रकाश पड़ता है। वाल्मीकि ने अपनी कृति को 'गीत' की शास्त्रीय संज्ञा प्रदान की है।[6] अर्थात उन्होंने अपनी रचना को पाठय ही नहीं गेय भी माना है। रामायण अपने युग की एक अदभूत संगीत प्रधान काव्य कृति है। शरीर के छहों स्थानों से

निकलने वाली ध्वनियों से समवेत, श्रेष्ठ छंद में प्रणीत, विचित्र पद और अर्थ से युक्त तथा द्रुत मध्य विलम्बित इन तीनों लय से समन्वित आयु और पुष्टि प्रदान करने वाला तथा सबके कान और मन को मोहनेवाला यह गीतमय महाकाव्य समकालीन रसिक मंडलियों में भरपूर समादृत हुआ है उसका गीति–माधुर्य आश्रमों के सरल मुनि समाज तथा नगरों के रसज्ञ और समाज दोनों को समान रूप से आप्यायित करता है। वाल्मीकि के अनुसार संगीत प्रधान काव्य में शब्दावली 'पाठय गेये च मधुरम' 'पढ़ने और गाने दोनों के अनुरूप मधुर होनी चाहिए, अर्थात वह ऐसी लचीली, अक्लिष्ट और प्राजंल होनी चाहिए कि पाठ और गान दोनों के अनुरूप उसे ढाला जा सके। काव्य का संगीत ध्वनि और ताल के अनुसार होना चाहिए, ऐसा कि सातों जातियों या स्वर समूहों में उसे बांधा जा सके। एक गीतिमय काव्य की रचना में तत्पुरूष आदि समासों, दीर्घ गुण आदि संधियों तथा प्रकृति–पर्यय के सम्बंध का यथायोग्य निर्वाह होना चाहिए उसमें समता, पदों में माधुर्य तथा अर्थ में प्रसाद गुण की अधिकता होनी चाहिए। तथा वीणा बजाकर स्वर और ताल के साथ गाने योग्य तथा श्रृंगार, करूण, हास्य, रौद्र, भयानक, वीर आदि सभी रसों से ओत–प्रोत होना चाहिए।[7]

रामायण के अध्ययन से उस युग में प्रचलित संगीत के स्वर, वर्ण और ताल इन तीनों रूपों का विशाद परिचय मिलता हैं। स्वर संगीत आलाप प्रधान होता है, उसमें स्वर के नियंत्रण को महत्व दिया जाता है। लव–कुश को स्वर ज्ञान से सम्पन्न बताकर वाल्मीकि ने स्वर संगीत के प्रचलन की ओर संगीत किया है। गीतियों की गणना इसी संगीत के अंतर्गत की जाती थी। संगीत के इस रूप में एक या अनेक स्वरों में विभिन्न ध्वनियां उत्पन्न करने के हेतू वाणी का उतार–चढ़ाव किया जाता है। इस संगीत का प्रथम दर्शन ऋग्वेद के उदात्त, अनुदात्त एवं स्वरित स्वरों से युक्त मंत्रों में होता है और इसका सामवेदियों के हाथ बड़ा विकास हुआ। 'रामायण काल में वे सामवेदी उन्नत स्थिति पर पहुंचे हुए थे। दशरथ की अंत्येष्टि के अवसर पर सामगान करने वाले विद्वान शास्त्रीय पद्धति से साम श्रुतियों का गायन कर रहे थे। दशरथ के अश्वमेघ यज्ञ में पुरोहितगण मंत्रों का शास्त्रीय उच्चारण से मधुर गान कर रहे थे। उत्तरकाण्ड में रावण को साम–स्त्रोतों में शंकर की स्तुति करते दिखाया गया है।[8] सामगान की पद्धति के प्रचार से यह सूचित होता है कि प्राचीन काल से ही जनसाधारण की शास्त्रीय संगीत के प्रति प्रशिक्षित अभिरूचि थी। स्वर संगीत में सात स्वर स्वस्थानों से निकलने वाले तार, मध्य और मन्द्र अलापों में अभिव्यक्त होते हैं जहां स्वरों की पूर्णता होती है। उसे 'मूर्च्छता' कहते हैं। कालांतर में यह स्वर–संगीत विभिन्न प्रकार की जटिल राग–रागिनियों में परिणत हो गया, यद्यपि रामायण में किसी राग–रागिनी का उल्लेख नहीं है।

'संगीत का दूसरा प्रकार वर्ण संगीत था, जिसमें वर्णों की ध्वनि का प्राधान्य रहता है। यह संगीत मूलतः वर्ण माला के लघु और दीर्घ अक्षरों में विद्यमान मात्रा ध्वनि और उच्चारण काल के भेद पर आधारित है। वर्ण संगीत का सबसे प्रारंभिक छंद एक यमक–तालयुक्त पद्य है, जिसमें चार समान पदों में सजे, वीणा की लय के साथ गाये जाने योग्य, सम स्वर और अक्षरवाले मधुर शब्दों की छटा देखी जा सकती है।[9]

प्रायः समस्त रामायण इसी अनुष्टुप छंद में रचित है, जिसमें लघु और दीर्घ अक्षरों का सुव्यक्त एवं नियमित आरोह–अवरोह एक विशिष्ट प्रकार के संगीत का सर्जन करता है। 'बालकाण्ड के आरंभिक संर्गों में वाल्मीकि ने अनुष्टुप छंद की संगीतात्मकता पर बार–बार प्रकाश डालते हुए कहा है कि रामायण को अकेले या सामूहिक रूप से भी गाया जा सकता है। (1.2.18) तीसरे प्रकार का संगीत ताल संगीत है। ताल संगीत में ताल दे देकर गायन में गुरूत्व या आघात उत्पन्न किया जाता है। 'तालापचरः' नामक संगीतज्ञ ताल संगीत में विशेष दक्ष माने जाते थे। यह संगीत अधिकतर नृत्य गान में प्रयुक्त होता था, क्योंकि इसमें शरीर के अंगागों का ताल के अनुसार संचालन करना होता है। प्रत्येक ताल गण को इंगित करने के लिए ताली बजाने वाले (पाणिवादकाः) भी होते थे। करताल और स्वस्तिक जैसे वाद्यों से भी ताले दी जाती थी। वनवास से लौटने पर राम के राजकीय जुलूस में आगे–आगे स्वस्तिक और करताल बजाने वाले चल रहे थे। 'महर्षि भरद्वाज ने भरत और उनकी सेना के स्वागत में जो संगीत–समारोह किया था, उसमें 'शम्या' या ताल देने के लिए संगीतज्ञों का एक अलग दल नियुक्त था[10]

गायकों से कला के उच्च स्तर की अपेक्षा की जाती थी जैसाकि लव–कुश की योग्यता के वर्णन से ज्ञात होता है। वे दोनों वाल्मीकि शिष्य गांधर्व विद्या के तत्वज्ञ स्थान और मूर्च्छना के जानकार, मधुर स्वर से संपन्न तथा गंधर्वों के समान सुन्दर थे। उनकी धारणा शक्ति अदभुत थी और वे वेदों में पारंगत हो चुके थे। उनका उच्चारण इतना स्पष्ट था कि सुनते ही अर्थ का बोध हो जाता था। उनका रामायण गान सुनकर श्रोताओं के समस्त शरीर में रोमांच हो जाता तथा सबका मन और ह्रदय में आनंद की तरंगें उठने लगती थी।[11]

दोनों भाई प्रसन्न और एकाग्रचित से वीणा की लय पर मधुर स्वर से रामायण का गान करते थे। उनका गान पूर्ववर्ती आचार्यों के बताये हुए नियमों के अनुकूल था। संगीत की विशेषताओं से युक्त स्वरों के अलापने की उनकी शैली अपूर्व थी। द्रुत, मध्य और विलंबित, इन तीनों प्रकार की लय से बंध और वीणा के स्वर से सामंजस्य रखता हुआ उन दोनों बालकों का गायन जब आरम्भ होता था तब मधुर संगीत का तार बन्ध जाता था और उसे सुनकर श्रोताओं की तृप्ति ही नहीं होती थी। जय–जयकार एवं उपहार देकर वे उन तरूण गायकों का उत्साह वर्धन करते थे।[12]

वाल्मीकि के मतानुसार गायक की ही वाणी नहीं, अपितु वक्ता की वाणी भी अवसर के अनुकूल, उपयुक्त ध्वनि एवं स्वर से युक्त तथा इष्ट भावों को अभिव्यक्त करने में समर्थ होनी चाहिए।[13] राम ने हनुमान के भाषण की प्रशंसा करते हुए एक आदर्श वाणी का सुन्दर वर्णन किया है। 'संभाषण के समय इनके मुख, नेत्र, ललाट, भौंह तथा अन्य अंगों से कोई दोष प्रकट नहीं हुआ। इन्होंने थोड़े में ही बड़ी स्पष्टता के साथ अपना अभिप्राय निवेदित कर दिया है। रूक–रूककर अथवा शब्दों के अक्षरों को तोड़–मरोड़कर किसी वाक्य का उच्चारण नहीं किया है। बोलते समय इनकी आवाज़ न बहुत धीमी रही है, न बहुत ऊंची हुई मध्यम स्वर में ही इन्होंने सब बातें कही हैं। यह संस्कार और क्रम से सम्पन्न, अदभुत, अविलंबित तथा हृदय को आनंद प्रदान करने वाली कल्याणमयी वाणी का उच्चारण करते हैं। हृदय, कठ, मूर्ध इन तीनों स्थानों द्वारा स्पष्ट रूप से अभिव्यक्त होने वाली इनकी इस विचित्र वाणी को सुनकर किसका चित प्रसन्न ना होगा।[14]

महाराज दशरथ की वाणी उनके राजकीय पद के अनुरूप थी। शासन–भार से निवृत होने के लिए उन्होंने अपनी राज्य सभा के समक्ष जो भाषण दिया था उसका स्वर अनुपम, महान, सरस मनोहर, एवं मेघ सदृश्य गंभीर था।[15]

मतवाले हंस की ध्वनि पुरूषों के लिए आदर्श स्वर मानी जाती थी। रामायण में राम और भरत की आवाज मत्त हंस की सी बताई गई है जबकि दशरथ की बोली दुन्दुभि की ध्वनि का स्मरण करा देती थी। बोलते समय सही स्वर का ध्यान रखा जाता था। कैकय से लौटकर जब भरत अयोध्या में प्रवेश करने लगे, तब उन्हें लगा अयोध्या स्वरहीन हो गई है तथा इसे उन्होंने अपशुकन माना था।[16]

रामायण कालीन संगीत को 'गांधर्व' तथा संगीत शास्त्र को 'गांधर्व–तत्व' कहते थे। उसके अन्तर्गत गीत तथा वादित्र (वाद्यगान) दोनों समाविष्ट थे। उस युग के गायक मार्ग शैली का आश्रय लेकर अपनी कला का प्रदर्शन किया करते थे।

संगीत के साहचर्य में नृत्य का भी पर्याप्त सेवन किया जाता था। भारत में शास्त्रीय अथवा लौकिक नृत्यों का उद्‌भव किसी देवता–विशेष की पूजा अर्चना से हुआ करता था। उत्तरकाण्ड में जहां रावण को नृत्य और गान के साथ भगवान शंकर की आराधना करते चित्रित किया गया है[17] तथा नृत्य, नृत और लास्य इन तीनों प्रकारों का रामायण में उल्लेख आता है। 'नृत्य में विभिन्न भावों को मुद्राओं और अंग विक्षेप या अभिनय के सहारे प्रकट किया जाता है। नृत में ताल और लय पर विशेष ध्यान दिया जाता था। लास्य एक प्रकार का सुकुमार नृत्य होता जिसमें गीत और वादित्र का प्रयोग होने के साथ–साथ नृत और नृत्य के भी लक्षण कार्यान्वित किये जाते थे। शोकाभिभूत कौशल्या के व्यवहार में नृत्य की कल्पना करके वाल्मीकि ने

यह बताया है कि नृत्य में अंग–प्रत्यंग का मृदु और गतिशील संचालन, मधुर और ऊँचे आलाप में गायन तथा भावों का वास्तविक प्रकटीकरण किया जाता है।[18] 'रंग' अथवा रंगमंच का उल्लेख रावण द्वारा प्रयुक्त एक रूपकात्मक वर्णन में आया है। जिससे ज्ञात होता है कि नट लोग रंगमंच पर अभिनय करते थे।[19] 'रामायण में 'व्यामिश्रकों, का भी उल्लेख आया है यदि उनका अर्थ संस्कृत और प्राकृत में रचित नाटक है, तो यह सिद्ध है कि अभिनय मूक न होकर वह वाचिक होता था। 'समाज' शब्द भी रामायण में आया है और उससे नाटकों के दर्शकगण का भाव भी अभिप्रेत है।[20] इन सभी बातों को देखकर हम यह कह सकते है कि रामायण काल में संगीत शिक्षा का स्वरूप बड़ा विस्तृत था।

रामायण कालीन शिक्षा का स्वरूप

इतिहास में ऐसा कोई युग नहीं है जिसमें शिक्षा को महत्व ना दिया गया हो। प्रत्येक युग में अन्य गतिविधियों के साथ–साथ शिक्षा का भी अपना एक स्वरूप रहा है। इसी प्रकार रामायण काल में भी शिक्षा का अपना एक स्वरूप था। कोसल–राज्य में न्याय और शासन की सुव्यवस्था के कारण शैक्षणिक एवं बौद्धिक क्रिया–कलाप का बाहुल्य था। विद्याध्ययन पर ब्राह्मणों का ही एकाधिकार नहीं था। अपितु समस्त द्विज उसके अधिकारी थे। यज्ञोपवीत–संस्कार जो बालक के विद्याभ्यास का श्रीगणेश करता है 600 ई. पू. तक प्रत्येक आर्य स्त्री–पुरूष के लिए अनिवार्य था। इस प्रकार ब्राह्मणों क्षत्रियों और वैश्यों को प्रारम्भिक, बौद्धिक और धार्मिक शिक्षा मिलती थी। जिसके कारण साक्षरता का व्यापक प्रसार था। महाराज दशरथ के राज्य में ऐसा कोई व्यक्ति नहीं था, जो नास्तिक, असत्यवादी तथा नाना प्रकार के शास्त्रों से अनभिज्ञ हो। यह स्थिति उस उपनयन–संस्कार का एक स्वाभाविक परिणाम थी जिसके सम्पन्न होने पर प्रत्येक द्विजातीय छात्र को वैदिक और साहित्यिक अध्ययन करना पड़ता था। प्रजाजनों के दैनिक आचार–विचार पर राजा के व्यक्तित्व का गहरा प्रभाव पड़ता था। वही उनका आदर्श और दीप स्तम्भ होता था। राज्य में सर्वोच्च सत्ताधिकारी होने के नाते उससे यह अपेक्षा की जाती थी कि वह अपनी प्रजा के सुप्त गुणों को प्रकाश में लाने का प्रबन्ध करे। लोगों की प्रतिभा और योग्यता के प्रदर्शन के लिए उसे समारोहों का आयोजन करना पड़ता था। इसके अतिरिक्त उसे विशेषज्ञों को राजकीय संरक्षण और आर्थिक सहायता देकर राष्ट्र के साहित्यिक एवं कलात्मक उत्कर्ष में योगदान देना पड़ता था।

राम शिक्षा और शिक्षाल्यों के महान पोषक थे। सैकड़ों छात्र और विद्वान उनकी छत्रछाया में रहते थे तथा उनकी दानशीलता पर फलते–फूलते थे वनवास जाने

से पहले राम ने अपनी सम्पति का उनमें वितरण कर दिया था ब्राह्मण और छात्र संघों को भी उनसे प्रभूत दान दक्षिणा मिली थी।[21]

रामायण कालीन शिक्षा का एक प्रमुख सिद्धान्त यह था कि सच्चे अर्थात किसी व्यक्ति का सभ्य, सुशिक्षित एवं सुसंस्कृत होना उसकी शिक्षा–दीक्षा पर इतना निर्भर नहीं करता था जितना उसके जन्मजात संस्कार और स्वभाव पर करता था। रावण इसका प्रमुख उदाहरण है। रावण का जन्म ब्राह्मण कुल में हुआ था और उसे वैदिक शिक्षा भी मिली थी। उसने तथा मेघनाद और कुम्भकर्ण ने ब्रह्मा प्रसाद पाने के लिए उग्र तपस्या भी की। तपस्या की अवधि में उन्होंने आर्य ऋषि मुनियों की अपेक्षा कहीं अधिक आत्म–संयम का परिचय दिया था। लेकिन ज्यों ही उन्हें वरदान मिला उन्होंने उसका गलत प्रयोग किया यह सब उन्होंने अपने संस्कार द्वारा ही किया क्योंकि उसकी माता एक राक्षसी थी। जिसके कारण उसमें भी वैसे संस्कार उत्पन्न हुए।

सामान्यत प्राचीन भारत में अध्यापकों की कोई बंधी आय नहीं होती थी। क्योंकि गुरू पुरोहित का कार्य करता था अतः उसे यज्ञ–याज्ञादिक के अवसर पर दान–दक्षिणा मिल जाया करती थी। जीवन का प्रथम चरण ब्रह्मचर्याश्रम विद्याध्ययन के लिए नियत रहता था। इस अवधि में छात्र को सादे जीवन और उच्च विचारों में शिक्षित किया जाता था। उसे गुरू के आश्रम में रहकर वहीं के कठोर अनुशासन का पालन करना पड़ता था। दशरथ के पुत्रों को भी परम्परागत प्रणाली के अनुसार शिक्षा मिली थी।[22] छात्र जीवन में आत्म–अनुशासन इद्रियों के संयम पर विशेष बल दिया जाता था। विद्या को तप की तरह अर्जित करना होता था। तपस्वी की भान्ति विद्यार्थी से भी त्याग की अपेक्षा की जाती थी। स्नातक बनने तक उसे नैष्ठिक ब्रह्मचार्य–व्रत का पालन करना पड़ता था। अध्ययन की समाप्ति पर ही विवाह का प्रश्न उठता था। छात्र का सर्वोपरि कर्तव्य गुरू के प्रति भक्ति भाव रखना और उसकी आज्ञाओं का सर्वथा पालन करना था। 'गुरू के प्रति शिष्य का व्यवहार शिष्टाचार एवं विनम्रतापूर्ण होता था। उसे गुरू की सेवा सुश्रूषा करनी पड़ती थी। आश्रम को झाड़ना, बुहारना, लकड़ी चीरना, यज्ञ सामग्री एकत्र करना आदि कार्य शिष्य के ही जिम्मे थे।

इनका आभास आश्रमों के साफ–सुथरे आंगनों (3.1.3), चीरी गई लकड़ियों (3. 11.50) तथा भांड, मृग–चर्म, कुश समिध, कलश, फल–फूल आदि से युक्त यज्ञगारों (3.1.4–51) के उल्लेखों से होता है।[23] शिष्य को ब्रह्म मुहूर्त में उठकर स्नान, संध्या उपासना तथा प्रार्थना करनी पड़ती थी। प्रातकाल का अधिकांश समय अग्निहोत्र आदि कर्मकांड में व्यतीत होता था। तत्पश्चात् छात्र गुरु को प्रणाम करने जाता था।

सायंकाल में संध्या उपासना तथा नित्य कर्म करने पड़ते थे। यह सब राम–लक्ष्मण ने विश्वामित्र से शिक्षा लेते समय सिखा था।

विद्यार्थी को अध्ययन काल में जो कठोर अनुशासन बद्ध जीवन व्यतीत करना पड़ता था इससे उसे वास्तविक जीवन का भी पूर्वाभास मिल जाता था। जाड़े में निद्रा त्याग, स्नान, संध्या उपासना, जप, होम, स्वाध्याय, गुरु सेवा आदि नित्य क्रियाकलाप विद्यार्थी को शास्त्र पटु तथा सुघड़ आदतों वाला बनाने में सहायक होता था। यथाविधि दैनिक अग्निहोत्र करने से विद्यार्थी को पौरोहित कार्य का प्रतिदिन प्रशिक्षण मिल जाता था।

सोलह वर्ष बाल्य काल की समाप्ति का सूचक माना जाता था और इस समय तक क्षत्रिय कुमार सामान्यत शस्त्रास्त्रों के प्रयोग में प्रवीण हो जाता था। जब विश्वामित्र ने राम को राक्षसों के वधार्थ अपने साथ ले जाने की इच्छा प्रकट की, तब दशरथ बोल उठे की यह तो अभी तक बालक है, इसने सोलह वर्ष भी पूरे नहीं किये है। और अभी यह राक्षसों से युद्ध करने की कला भी यह नहीं सीख पाये हैं।[24] इससे प्रतीत होता है कि सोलह वर्ष की आयु में किशोरावस्था की समाप्ति मान ली जाती थी। तथा इस आयु का नवयुवक युद्ध कला में पारंगत और जीवन के कर्म–क्षेत्र में जूझने के लिए साधन संपन्न हो जाना चाहिए था। रामायण में ब्रह्मचर्याश्रम पर पच्चीस वर्ष की पाबन्दी लगने का प्रमाण नहीं मिलता है।'[25]

रामायण काल में सुसंचालित शिक्षा संस्थाएं भी थी। तत्कालीन आश्रम विद्या के स्थाई केन्द्र थे। वस्तुतः सारा देश ही आश्रमों से भरा–पूरा था। उनमें ज्ञान विज्ञान की धारा बहती थी। सुविख्यात कामाश्रम में विद्यार्थी पिता–पुत्र की परम्परा से बराबर आते रहते थे। उनमें कई परिवारों की कई पीढ़ियां शिक्षा पा चुकी होती थी। आश्रमों के मुनि शिक्षक अपनी पत्नी और सन्तान के साथ निवास करते थे। अधमुनि अपने आश्रम में वानप्रस्थ धर्मानुसार पत्नी सहित एकांत जीवन व्यतीत करते थे और उनका पुत्र भी वहीं वेदाध्याय में निरत रहता था।'[26]

अपने वनवास काल में राम लक्ष्मण और सीता अनेक आश्रम विद्यालयों में गये थे। गंगा यमुना के संगम पर स्थित भरद्वाज आश्रम में वे सूर्यास्त के समय पहुंचे थे उस समय ऋषिवर अग्निहोत्र करके शिष्यों से घिरे हुए आसन पर विराजमान थे। आश्रम के उपवनों में से यमुना नदी बहती थी, जिसके दोनों ओर सफेद चूने से पूते अनेक रमणीय आवास बने हुए थे। इन आश्रमों में सायंकाल का समय प्रायः कथा वार्ता में व्यतीत होता था।[27]

ऋषि वाल्मीकि की आश्रम–शाला में भी कई शिष्य वास करते थे, जिनमें से एक का नाम भरद्वाज था। वाल्मीकि का आश्रम विशेषतः साहित्य और ललित

कलाओं का केन्द्र रहा। जो हमें लव–कुश की शिक्षा दीक्षा से विदित होता है। राम के इन दोनों पुत्रों को वाल्मीकि ने वेदों के अतिरिक्त संगीत और अभिनय कला में भी पारंगत बनाया था। समस्त रामायण काव्य को कंठस्थ करके वीणा की मधुर लय के साथ गाना भी उन्हें सिखाया गया था। अपने गायन के बदले किसी प्रकार का पारितोषिक न लेने की शिक्षा देकर वाल्मीकि ने उनके सामने कला को बिक्री की वस्तु न बनाने का आदेश रखा था।[28]

आश्रमों के गुरूजन तथा छात्रगण सदैव एक ही स्थान में रहकर 'कूप मडूक' नहीं बने रहते थे, बल्कि समय–समय पर अपने शास्त्रीय एवं व्यवहारिक ज्ञान की अभिवृद्धि के लिए शैक्षणिक यात्राओं पर भी जाया करते थे। सिद्धाश्रम के मुनि और शिष्य अपने कौशिक कुलपति तथा कोसल–राजकुमार राम और लक्ष्मण के साथ जनक के यज्ञ महोत्सव को देखने के लिए सदलबल गये थे। इसी प्रकार उत्तरकांड में वाल्मीकि भी अपने शिष्यों सहित राम के अश्वमेघ यज्ञ में उपस्थित हुए थे, जहां लव–कुश ने अपनी रामायण शिक्षा का प्रदर्शन कर ख्याति अर्जित की थी। ऐसे अवसरों पर देश विदेश से आये सभी प्रकार के लोगों का संपर्क तथा बहुश्रुत विद्वानों की आलोचनाएं छात्रों के लिए मार्ग दर्शक सिद्ध होती थी।[29] इन आश्रम विद्यालयों के निवासी नाना प्रकार की धार्मिक प्रक्रियाओं में व्यस्त रहने पर भी समय–समय पर होने वाली घटनाओं की जानकारी रखते थे राम को अपने दीर्घ वनवास काल में जिन आपत्तियों का सामना करना पड़ा था, उन सबकी जानकारी भरद्वाज ऋषि को अपने भ्रमणशील छात्रों से मिल चुकी थी। छात्र राजधानी का भी अकसर दौरा किया करते थे।

उच्च शिक्षा के लिए एक आश्रम या गुरू से दूसरे आश्रम या गुरू के पास जाने की वैदिक प्रथा रामायण में भी दृष्टिगोचर होती है। विश्वामित्र पहले उत्तर अंग राज्य में कौशिकी नदी में तटवर्ती एक आश्रम में रहते थे। बाद में वह अपना कर्मकांड पूरा करने दक्षिण–पश्चिम में स्थित सिद्धाश्रम में चले गये थे (1.34.12)। राम को अपनी प्रारंभिक सैनिक शिक्षा सुधन्वा से मिली (1.100.14) तथा उच्चतर युद्ध शिक्षा विश्वामित्र (1.27–28) से मिली। अगस्त्य से भी उन्हें प्रयोग विधि सहित नवीन शस्त्रास्त्र प्राप्त हुए थे (3.12.32–36) (6.108.,14)।' ब्रह्मणों के इन परम्परागत वैदिक आश्रमों के अतिरिक्त राजधानी अयोध्या में भी अनेक शिक्षा केन्द्र स्थापित थे, जिनमें पारम्परिक शास्त्रीय ज्ञान के साथ–साथ व्यवहारिक एवं सांस्कृतिक विषयों की भी शिक्षा दी जाती थी। आचार्य के घर में शस्त्राभ्यास के निमित राम लक्ष्मण के शस्त्रास्त्र और कवच रखे रहते थे। यह आचार्य संभवत कोसल राजकुमारों के गुरू उपाध्याय सुधन्वा ही थे, जो बाण आदि अस्त्रों के प्रयोग में विचक्षण तथा अर्थशास्त्र के विशारद थे। अयोध्या के परम्परागत राजपुरोहित वसिष्ठों का भी एक विद्यालय

था इसका संचालन राजकुमारों के सखा सुयज्ञ वशिष्ठ करते थे। वन प्रस्थान करते समय राम ने सुयज्ञ को अपने यहां आदरपूर्वक बुलाया था और अपनी तथा सीता की अनेक सुन्दर एवं बहुमूल्य वस्तुएं उनके और उनकी पत्नी के लिए भेंट की थी।[30]

अयोध्या में एक शिक्षणालय तैत्तिरीयों का था। इसके अभिरूप नामक एक वैदिक आचार्य को राम से वाहनों, कौशेय वस्त्रों तथा दासियों का उपहार मिला था (2.32. 15–16) इसके अतिरिक्त, अगर्स्तय और कौशिक के भी आश्रम राजधानी में थे। अयोध्या में कंठ कलाप आदि वैदिक चरणों के बहुत से ब्रह्मचारी छात्र निवास करते थे, जो आलसी और स्वादु भोजन के आकांक्षी थे। राम ने उनको रत्नों से भरे अस्सी यान, धन से लदे सौ बैल, दो सौ भ्रदक तथा सुस्वादु व्यंजन प्रदान करने वाली एक सहस्त्र गौंए प्रदान की थी।[31]

इन वैदिक आश्रमों और अध्येताओं के आधिक्य के कारण ही अयोध्या निवासियों में कोई अशिक्षित या अल्पशिक्षित व्यक्ति ढूंढ़े नहीं मिलता था। राजधानी में रहने वाले मेखलाधारी ब्रह्मचारियों का अपना पृथक संघ या संगठन भी था, राज्य परिवार पर उसके भरण पोषण का भार रहता था।

'आश्रमों में नियमपूर्वक विद्याअध्ययन होने के अतिरिक्त अयोध्या की प्रजा में भी प्रचुर विद्या व्यसन था। वहां के शास्त्रज्ञ नागरिक नगर के सीमावर्ती उपवनों में विवादग्रस्त विषयों पर तर्कवितर्क किया करते थे (2.67.26)। रामायण में आये जाबलि (2.108–109) और लोकायतिकों (2.100.38–39) के उल्लेखों में इस प्रकार के विवादों के प्रचलन का आभास मिलता है।[32]

उस युग के यज्ञ समारोह अपनी परिषदों तथा गंभीर ज्ञान–चर्चाओं के कारण शिक्षा प्रसार के प्रबल साधन सिद्ध होते थे। इन यज्ञों से जहां यजमान संपति, शक्ति, दीर्घायु, संतति और स्वर्ग प्राप्ति की कामना करता था, वहां नियन्त्रित अतिथियों को अन्न–पान, स्नेह–सम्मान तथा भेंट पुरस्कार देकर धन और सत्ता का पुनविर्तरण भी किया जाता था। समाज के प्रतिभा सम्पन्न व्यक्तियों को अपना कौशल प्रदर्शन करके प्रतियोगियों के बीच विजयी होने का भी अवसर इन्ही याज्ञिक समारोहों में प्राप्त होता था। दशरथ के अश्वमेघ–समारोह में विविध क्षेत्रों के विशेषज्ञों को अपनी योग्यता दिखाने का प्रचुर अवसर मिला था। यज्ञ विविध के ज्ञाता ब्राह्मण, कुशल स्थपित, शिल्पकार, ज्योतिषि, चित्रकार, नट–नर्तक, आदि की सेवाएं उस समय स्वीकार की गई थी। उस समारोह में ऐसा कोई व्यक्ति नहीं था। जो वेद–वेदांग का ज्ञाता, व्रतधारी सुपठित अथवा वाक्कुशल न हो।

उत्तरकाण्ड में वर्णित राम का अश्वमेघ तो एक विशाल शैक्षणिक एवं यज्ञीय प्रदर्शन बन गया था। उसमें बड़े–बडे मुनि राजा, वेदवेत्ता विद्वान, वयोवृद्ध ब्राह्मण,

स्वरों के लक्षण पहचानने वाले, सामुद्रिक लक्षणों और संगीत के जानकार, महाजन वैदिक छन्दों के विद्वान, ज्योतिष–विद्या के पारंगत पंडित, कर्मकांडी, कार्य कुशल–पुरूष, तर्क–प्रयोग में निपुण नैयायिक, बहुज्ञ विद्वान, छन्द पुराण और वेदों के जाननेवाले द्विजवर, चित्रकला के जानने वाले धर्मशास्त्र के अनुकूल सदाचार के ज्ञाता, दर्शन सूत्रों के विद्वान तथा संगीत एवं नृत्य कला के विशारद जैसे सम्मानित व्यक्ति आमंत्रित किये गये थे।[33] ऐसी विद्वान मंडली के समक्ष वाल्मीकि–शिष्यों ने अपनी रामायण–शिक्षा को प्रदर्शित किया था। वास्तव में राम का अश्वमेघ एक बौद्धिक महामेला या महा सम्मेलन था, जिसे विभिन्न भागों में विभाजित किया गया था। यज्ञ–भूमि को 'यज्ञ–वाट' आश्रमों से आये ऋषि मुनियों के निवास स्थान को ऋषि संवात तथा वाल्मीकि और उनकी मंडली के लिए निर्मित आवास को वाल्मीकि वाट के नाम से अभिहित किया था। इन विभागों से यह सूचना मिलती है कि आजकल की किसी प्रदर्शन स्थली या नगर रचना की तरह तत्कालीन यज्ञ समारोहों में भी एक विशिष्ट व्यवस्था एवं नियोजन का ध्यान रखा जाता था।[34] शिक्षा के पाठय क्रम को चार भागों में बांटा जा सकता है। शारीरिक, बौद्धिक, व्यावहारिक और नैतिक।

शारीरिक

शारीरिक शिक्षा का उद्देश्य विद्यार्थी को व्यायाम, मृगया तथा युद्ध शिक्षण द्वारा एक सुगठित, बलशाली, हृष्ट–पुष्ट देह से सम्पन्न करना था। रामायण काल एक युद्ध बहुल युग था, अतः युद्ध विद्या का सर्वांगीण प्रशिक्षण छात्र के लिए अनिवार्य था। युद्ध विद्या का बोध धनुर्वेद के नाम से होता था धनुः शब्द सभी प्रकार के शस्त्रास्त्रों अथवा युद्ध पद्धतियों का वाचक था। धनुर्विध के अन्तर्गत शब्द बेध विद्या भी आती थी। धनुर्वेद सभी शस्त्रास्त्रों के प्रयोग में विद्यार्थी को दक्ष करता था। इस दृष्टि से उसे अस्त्र–शिक्षा की भी संज्ञा दी जाती थी। उसमें अस्त्रों का संग्रहण और संहार (फेंकर लौहा लेने की विद्या) तथा शत्रु के शस्त्रों का 'परिवारण' या 'निवारण' सभी कुछ सिखाया जाता था। इन्द्रजीत का 'पाणिलाघव' दर्शनीय था। अयोध्या के सैनिकों के हाथ बड़े फुर्तीले थे। सुयोग्य गुरू की देख रेख में धनुर्वेद का ज्ञान प्राप्त करने के बाद यह आवश्यक था कि विभिन्न युद्ध प्रणालियों का वास्तविक अभ्यास भी किया जाए। युवराज को युद्ध का व्यावहारिक अनुभव प्राप्त कराने के लिए उच्च सैन्य अधिकारियों के साथ मोर्चों पर भेजा जाता था युद्ध शिक्षा सेना के चारों अंगों को दृष्टि में रखकर विद्यार्थी को हाथी, घोड़ों की सवारी और उनका नियंत्रण तथा रथ चलाने की कला में प्रशिक्षित करती थी।[35] 'लंकायुद्ध में जब लक्ष्मण ने इन्द्रजीत के सारथी को मार डाला तब इन्द्रजीत ने स्वयं रथ और बाण दोनों को साथ–साथ चलाने का कौशल दिखाकर सबको विस्मय में डाल दिया था। रथ संचालन की कला बड़ी

विकसित थी। राक्षसों के यहां सूतो को रथ कुटुंबीं कहा जाता था और उन्हें इस पेशे का विशेष प्रशिक्षण दिया जाता था।[36]

बौद्धिक शिक्षा

शिक्षा के बौद्धिक पाठय–क्रम में प्रचलित साहित्य का ज्ञान अपेक्षित था। इसमें सभी शास्त्र, कला, वार्ता तथा राजनीति समाविष्ट थे 'शास्त्रीय साहित्य में वेदों का सर्वोपरि स्थान था। ऋग्वेद, यजुर्वेद और सामवेद का रामायण में स्पष्ट उल्लेख हुआ है। 'आदित्यहृदय–स्त्रोत' में सूर्य को ऋग्यजुः साम पारगः कहा गया है।[37] वेदों के बाद वेदागों–शिक्षा कल्प, व्याकरण, निरूक्त छन्द और ज्योतिष का स्थान था। वेदांत का उल्लेख (6.109.23) ब्राह्मणों, आरण्यकों और उपनिषदों के उत्तर वैदिक साहित्य की ओर संकेत करता है।[38]

साहित्य शिक्षा के अन्तर्गत काव्य, आख्यान पुराण व्यामिश्रक, इतिहास और तर्क या न्याय आते थे। शिल्पियों संगीतज्ञों तथा नट–नर्तकों के पेशों के अनेकानेक उल्लेखों से ज्ञात होता है कि सांस्कृतिक शिक्षा में ललित कलाओं का भी प्रमुख स्थान रहा है।

भारत में अर्थशास्त्र अथवा सम्पति शास्त्र का अत्यन्त प्राचीन समय से अनुशीलन होता आया है। पुरातन काल में उसे वार्ता के नाम से जाना जाता था और उसके मुख्य विषय कृषि, व्यापार और पशु पालन थे।'वाल्मीकि ने वार्ता का उल्लेख तिस्त्रःविद्याः (वेदत्रायी, वार्ता और दंडनीति) के अन्तर्गत किया है[39] 'रामायण में अर्थशास्त्र अर्थात मनुष्य की आर्थिक समस्याओं का विवेचन करने वाले शास्त्र की भी चर्चा हुई है। क्योंकि संपति का अर्जन सुशासन के बिना संभव नहीं अतः अर्थशास्त्र में राजनीति का वर्णन भी आता है। वार्ता और अर्थशास्त्र में अंतर यह है कि जहां वार्ता एक विशुद्ध संपति शास्त्र है वहां अर्थशास्त्र में अर्थ के अतिरिक्त उससे सम्बन्ध रखने वाले राजनीति जैसे अन्य शास्त्रों का भी विवेचन रहता है।[40]

व्यावहारिक शिक्षा

रामायण काल में व्यावहारिक शिक्षा को राजनीति या दण्ड नीति भी कहते थे। विवाह के बाद राम ने शासन संचालन में पिता की सहयोग देकर राजनीतिक का व्यावहारिक अनुभव प्राप्त किया था। इसलिए उन्हें भावी राज्याभिषेक के लिए तैयार किया जा रहा था। दूसरी ओर भरत राजधानी से प्रायः दूर अपने मामा के कैकय प्रदेश में रहते थे। इस कारण वह कोसल–प्रदेश की राजनीति से अधिक परिचित नहीं थे। इसलिए राम को उन्हें चित्रकूट पर राज–धर्म का उपदेश देने की

आवश्यकता पड़ी। जिसमें उन्होंने मंत्रियों, परामर्शदाताओं, दरबारियों तथा दूतों की योग्यता का ध्यान रखने तथा नास्तिकवाद का प्रचार करने वाले लोगों से सचेत रहने के लिए उन्हें विशेष रूप से सावधान किया था।

राजकाज में लोगों की गहरी दिलचस्पी लेना, इससे भी राजनीतिक शिक्षा की सूचना मिलती है। प्रत्येक अवसर पर अमात्यों, विद्वज्जनों तथा सेनाध्यक्षों को परस्पर मंत्रणापूर्वक राष्ट्र का भविष्य–निर्माण करते हुए पाते हैं। महत्वपूर्ण अवसरों पर विभिन्न जनपदों और प्रदेशों से लोग एकत्र होकर विचार विनिमय में भाग लेते थे। राम के राज्याभिषेक के प्रश्न को लेकर दशरथ की सभा में नगरों और जनपदों के प्रतिनिधि बड़ी संख्या में एकत्र हुए थे। जब दशरथ ने राम को अपना उत्तराधिकारी बनाने का प्रस्ताव किया और सभा का निर्णय जानना चाहा, तब राष्ट्र के प्रमुख नेताओं ने परस्पर परामर्श करके सर्वसम्मति से दशरथ के प्रस्ताव का अनुमोदन किया था।

नैतिक शिक्षा

रामायण काल में अन्य शिक्षा कि तरह नैतिक शिक्षा का भी अपना एक स्थान था। चरित्र–बल, सत्य और कर्त्तव्य के प्रति निष्ठा, शरीर और मन की स्वच्छता तथा इद्रियों पर संयम ही सुशिक्षित व्यक्ति की सच्ची पहचान माने जाते थे। राम के राज्याभिषेक के समय महाराज दशरथ ने उन्हें जिन शब्दों से सम्बोधित किया था। वे नैतिक शिक्षा के तत्कालीन आदर्श को भली भान्ति अभिव्यक्त करते है। उन्होंने कहा–'बेटा, मेरे पुत्र होकर भी तुम गुणों में मुझसे बढ़े–चढ़े हो, इसलिए मुझे विशेष प्रिय हो। तुमने अपने गुणों से समस्त प्रजा को प्रसन्न कर लिया है। यद्यपि तुम स्वभाव से ही गुणवान हो, तथापि स्नेहवश में तुम्हें कुछ हित की बातें कहना चाहता हूँ। तुम काम और क्रोध उत्पन्न होने वाले व्यसनों का त्याग कर दो। गुप्तचरों द्वारा पता लगाकर तथा स्वयं जांच पड़ताल कर मंत्री, सेनापति आदि अधिकारियों तथा समस्त प्रजा को प्रसन्न रखो। जो राजा भंडार घरों तथा शस्त्रगारों के द्वारा उपयोगी वस्तुओं का विशाल संग्रह करके प्रजा का अनुरंजन एवं पृथ्वी का पालन करता है, उसके मित्र वैसे ही आंनदित रहते है। जैसे अमृत को पाकर देवता प्रसन्न हुए थे। इसलिए पुत्र अपने चित को वश में रखकर इस प्रकार के उत्तम आचरणों का पालन करो।[41]

उपयुक्त समस्त विवेचन से रामायण कालीन शिक्षा का लक्ष्य और आदर्श स्पष्ट हो जाता है। शारीरिक शक्ति का पर्याप्त अर्जन उस समय की शिक्षा का सर्वप्रथम उद्देश्य था। प्राचीन आर्यों ने सदैव स्वस्थ मन में स्वस्थ तन का आग्रह किया है।

राम, अपने बाहुबल और सैनिक प्रशिक्षण के कारण जहां सीता को रावण के पंजे से छुड़ाकर अपने कुल गौरव की रक्षा कर सके, वहां आर्य–धर्म और संस्कृति के संरक्षक और उन्नायक बनने में भी समर्थ हुए।

शिक्षा का दूसरा आदर्श यह था कि छात्र को एक ही विषय या शास्त्र में पारंगत बनाने की अपेक्षा उसे नाना प्रकार के शास्त्रों का ज्ञान कराया जाए, बहुज्ञता ही शिक्षित व्यक्ति की सच्ची कसौटी थी। यह शिक्षा राम की सर्वांगपूर्ण शिक्षा में प्रतिबिंबित हुआ है। राक्षसों की शिक्षा व्यवस्था में भी इस आदर्श को पर्याप्त क्रियान्वित किया गया था। 'इन्द्रजीत की प्रशंसा करते हुए रावण ने कहा था कि तुम अपने बाहु–वीर्य के साथ–साथ अपनी तपस्या द्वारा भी सुरक्षित हो। युद्ध विद्या या कूटनीति का कोई भी विवेक पूर्ण कार्य या सिद्धान्त ऐसा नहीं जो तुम्हारी पहुँच के बाहर हो।'[42]

रावण के अन्य पुत्र भी, जो लंका युद्ध में राम से जूझने के लिए एक साथ गए थे अस्त्र विद्या के ज्ञाता, माया–विशारद, युद्धनिपूर्ण और सर्वोच्च दर्शन शास्त्र के पंडित थे। रावण अपने पुत्रों में बौद्धिक ज्ञान और संक्रिय वीरत्व के उभय आदर्शों का संयोग देखना चाहता था। उसके अनुसार क्षत्रिय राजाओं का कर्तव्य है कि वे विद्या के विभिन्न अंगों तथा युद्ध की कला दोनों में समान रूप से विशारद हो।

शिक्षा का अभिप्राय शास्त्रीय ज्ञान या विद्वता मात्र नहीं था। यदि विद्यार्थी ग्रंथों के अध्ययन से अपने को तत्त्वज्ञ न बना सका तो उसका कोरा पांडित्व व्यर्थ ही है राम को सार ग्राही कहा गया है।[43] रावण ने अपने गुप्तचर शुक और सारण की असफलता पर उनकी भर्त्सना करते हुए कहा था–

आचार्यों गुखो वृद्धा वृथां वां पर्युपासिता :।
सारं यद्राजशास्त्राणामनुजीव्य न गृह्मते।।
गृहीतो वा न विज्ञातो भारोऽज्ञानस्य बाह्मते।
ईदृशैः सचिवैक्तो मूर्खैर्दिष्टया धराम्यहम्।।

तुम लोगों ने गुरूओं, माता–पिता तथा वृद्धजनों की व्यर्थ ही सेवा की है। तभी तो तुम राज–शास्त्र के सारभूत ज्ञान को ग्रहण करने में सर्वथा असमर्थ रहे हो।

यदि उस ज्ञान को तुमने प्राप्त कर लिया हो तो भी उसके सम्यक बोध से तुम वंचित ही हो या उसे भूल गये हो और अज्ञान का बोझा ढो रहे हो। मेरा यह सौभाग्य है कि तुम जैसे मूर्ख मंत्रियों के रहते हुए भी मैं अब तक जीवित हूँ। इस प्रकार रावण ने व्यावहारिक योग्यता या पटुता के अभाव में शास्त्रीय ज्ञान को स्पष्टतः अज्ञान के तुल्य माना है।[44]

प्राचीन भारत में शिक्षा का उद्देश्य समाज को साक्षर ही नहीं सुसंस्कृत भी बनाना था। छात्र को स्वच्छता और शिष्टाचार, विनम्रता और सुशीलता की भावनाओं से

प्रेरित कर उसे एक सुयोग्य नागरिक बनाना उसका यर्थात लक्ष्य था। सच्ची शिक्षा विद्यार्थी को सभ्य, शिष्ट, संवेदनशील दूसरों के दृष्टिकोण को समझनेवाला, हठधर्मता से दूर और तर्क संगत बात को तुरंत स्वीकार करने वाला बनाती है।

जब राम चित्रकूट पर भरत से पूछते हैं–**कच्चिंते सफलं श्रुतम** (2.100.72) क्या तुम्हारा अध्ययन, शास्त्र–ज्ञान सफल है? तब उनका अभिप्राय यही था कि तुम विद्या के 'शील' और 'वृत्त' गुणों का अभ्यास करते हो? उनको तुमने आत्मसात कर लिया है?

रामायण में 'विनय' शब्द विद्याजन्य आत्मसंयम के अर्थ में भी प्रयुक्त हुआ है। दशरथ के मंत्री विद्याविनीत थे (1.7.6) राम का परिचय देते हुए हनुमान ने सीता से कहा था **रामों विद्याविनीतश्च विनेता च परान रणे** अर्थात राम विद्या के कारण नमे हुए है और युद्ध में शत्रुओं को नमाने वाले है। सच्ची शिक्षा नूतन दृष्टि प्रदान कर हृदय की उदारता और स्वभाव की नम्रता में जाकर परिणत होती है। 'विद्या ददाति विनयम' यह संस्कृत साहित्य की परम प्राचीन उक्ति है।[45]

रामायण युग की शिक्षा में एक तारतम्य था। आदर्शों का समान और संतुलित विभाजन था। विद्यार्थी के व्यक्तित्व का सर्वांगीण विकास करना, उसके शारीरिक और मानसिक, बौद्धिक और आध्यात्मिक, धार्मिक और व्यावहारिक, व्यक्तिगत और सामाजिक जीवन को उन्नत करना उसका मूलभूत आदर्श था। उस समय राजा, सुसंस्कृत प्रजा, कर्त्तव्यनिष्ठ अधिकारीगण और संघर्ष–रहित समाज इसी सांस्कृतिक शिक्षा की देन है।

रामायण कालीन संगीत शिक्षक

रामायण एक गेय काव्य है जोकि सर्वमान्य है। आदिकवि वाल्मीकि ने सम्पूर्ण रामायण की रचना अनुष्टुप छंद में की है। जो कि शब्द संगीत का एक आदिम रूप है। रामायण का अध्ययन करने पर हमें पता चलता है कि गायन विधा से जुड़े हुए लोगों को गन्धर्व, कुशीलव, सूत, मागध, वन्दीगण कहा जाता था। वादन विधा से जुड़े लोगों को किन्नर की संज्ञा दी गई है और नृत्य के अन्तर्गत अप्सराएं, वारांगनाएं, नट, नर्तकों का उल्लेख रामायण में अनेक बार आया है।

वाल्मीकि रामायण में संगीत शिक्षक के रूप में सबसे पहले वाल्मीकि जी का ही उल्लेख आता है। बालकाण्ड के दूसरे सर्ग में शोक से पीड़ित हुए वाल्मीकि अपने शिष्य भरद्वाज से कहते हैं। मेरे मुख से जो यह वाक्य निकला है, यह चार चरणों में आबद्ध है। इसके प्रत्येक चरण में बराबर–बराबर अक्षर है तथा इसे वीणा के लय के साथ गाया भी जा सकता है।[46] इसी काण्ड के अन्य सर्ग में वाल्मीकि लव, कुश

को रामायण का महत्त्व बताते हुए कहते हैं। यह महाकाव्य पढ़ने और गाने में मधुर, द्रुत, मध्य और विलम्बित गतियों से अन्वित षडज आदि सातों स्वरों से युक्त वीणा बजाकर स्वर और ताल के साथ गाने योग्य तथा श्रृंगार, करूण, हास्य, रौद्र, भयानक तथा वीर आदि सभी रसों से अनुप्राणित है।[47]

उतर काण्ड के एक सर्ग में वाल्मीकि के संगीत शिक्षक होने का एक अन्य प्रमाण मिलता है। इस सर्ग में जब शत्रुघ्न लवणासुर को मार कर मधुपुरी में 12 वर्ष तक रहकर श्रीराम के पास जाने के लिए प्रस्थान करते है तो रास्ते में वाल्मीकि आश्रम में पहुंचते है और रात में वहीं ठहरते हैं। वाल्मीकि, शत्रुघ्न को भान्ति–भान्ति की सुमधुर कथाएं सुनाते हैं। शत्रुघ्न भोजन करके श्रीरामचरित्र का क्रमशः गान सुनते हैं। जो गीत की मधुरता के कारण बड़ा ही प्रिय और उत्तम था यह गान काव्यबद्ध था और वीणा की लय के साथ हो रहा था। हृदय कण्ठ और मूर्ध इन तीन स्थानों में मन्द्र मध्यम और तार स्वर के भेद से उच्चारित संस्कृत भाषा में निर्मित होकर व्याकरण, छन्द काव्य और संगीत शास्त्र के लक्षणों से सम्पन्न था और गानोचित ताल के साथ गाया जा रहा था। राजा शत्रुघ्न के जो साथी थे, वे भी उस गीत सम्पति को सुनकर दीन और नतमस्तक हो बोले यह तो बड़े आश्चर्य की बात है। क्या इस उत्तम गीतबन्ध को हम स्वप्न में सुन रहे है?[48] इस सन्दर्भ से हमें यह पता लगता है कि वाल्मीकि एक निपूर्ण संगीत शिक्षक थे जिन्होंने लव–कुश को एक शास्त्रीय रीति से रामायण का गान सिखाया था।

एक अन्य सर्ग में श्रीराम का अश्वमेघ यज्ञ जब शुरू हुआ, उस समय वाल्मीकि मुनि अपने शिष्यों के साथ वहां पधारे। उन्होंने अपने हृष्ट–पुष्ट दो शिष्यों से कहा तुम दोनों भाई एकाग्रचित हो सब और घूम फिरकर बड़े आनन्द के साथ सम्पूर्ण रामायण काव्य का गान करो, यह गान ऋषियों और ब्राह्मणों के पवित्र स्थानों पर, गलियों में, राजमार्गों पर तथा राजाओं के वासस्थानों में तथा श्रीराम का जो गृह बना है। उसके दरवाजे पर जहाँ ब्राह्मण लोग यज्ञकार्य कर रहे हैं, तथा ऋत्विजों के आगे भी इस काव्य का विशेष रूप से गान करना। मैंने पहले भिन्न–भिन्न संख्या वाले श्लोकों से युक्त रामायण काव्य के सर्गों का जिस तरह तुम्हें उपदेश दिया है, उसी के अनुसार प्रतिदिन बीस–बीस सर्गों का मधुर स्वर से गान करना, अगर श्रीराम जी पूछे बच्चों ! तुम दोनों किसके पुत्र हो? तो तुम दोनों महाराज से इतना ही कह देना कि हम दोनों भाई महर्षि वाल्मीकि के शिष्य हैं। ये वीणा के सात तार है। इनसे बड़ी मधुर आवाज निकलती है इसमें अपूर्व स्वरों का प्रदर्शन करने वाले ये स्थान बने हैं इनके स्वरों को झंकृत करके मिलाकर सुमधुर स्वरों में तुम दोनों भाई काव्य का गान करो और सर्वथा निश्ंचित रहो।

आरम्भ से ही इस काव्य का गान करना चाहिये। तुम लोग ऐसा कोई बर्ताव न करना, जिससे राजा का अपमान हो क्योंकि राजा धर्म की दृष्टि से सम्पूर्ण प्राणियों का पिता होता है अतएव तुम दोनों भाई प्रसन्न और एकाग्रचित होकर कल सवेरे से ही वीणा की लय पर मधुर स्वर से रामायण गान आरम्भ कर दो इस तरह बहुत कुछ आदेश देकर वरूण के पुत्र वाल्मीकि जी चुप हो गये।[49] इस सर्ग में वाल्मीकि के संगीत शिक्षक होने का ठोस प्रमाण हमें मिलता है। एक शिक्षक होने के नाते वाल्मीकि अपने शिष्यों को गान की प्रस्तुति के स्थान गान का ढंग तथा वीणा को मिलाने की विधि और एक सभ्य मनुष्य का जो आचार व्यवहार होता है इन सब बातों को अपने शिष्यों को बताते हैं।

इन सब बातों को ध्यान में रखकर काव्य का गान करने को कहते है। वाल्मीकि के वे दोनों शिष्य लव और कुश प्रातः काल स्नान संध्या के पश्चात समिध होम का कार्य पूरा करके ऋषि के बताये हुए नियम के अनुसार वहां सम्पूर्ण रामायण का गान करने लगे। श्रीरामचन्द्र जी ने भी वह गान सुना जो पूर्ववर्ती आचार्यों के बताये हुए नियमों के अनुकूल था और संगीत की विशेषताओं से युक्त स्वरों के अलापने की अपूर्व शैली थी। उन बालकों का गान बहुसंख्यक प्रमाणों ध्वनि परिच्छेद के साधनभूत द्रुत, मध्य और विलम्बित इन तीनों की आवृतियों अथवा सप्तविध स्वरों के भेद की सिद्धि के लिए बने हुए स्थानों से बन्ध और वीणा की लय से मिलता हुआ था।

श्रीराम ने लव–कुश का गान सुनने के लिए बड़े–बड़े मुनियों, राजाओं, वेदवेत्ता पंडितों, पौराणिकों, वैयाकरणों, बड़े–बूढ़े बाह्मणों, स्वरों और लक्षणों के ज्ञाताओं, गीत सुनने के लिए उत्सुक द्विजो, सामुद्रिक लक्षणों तथा संगीत विद्या के जानकारों, विशेषतः निगमागम के विद्वानों अथवा पुरवासियों भिन्न–भिन्न छंदों के चरणों, उनके गुरु, लघु अक्षरों तथा उनके सम्बन्धों का ज्ञान रखने वाले पंडितों वैदिक छंदों के परिनिष्ठित विद्वानों, स्वरों की ह्रस्व, दीर्घ आदि मात्राओं के विशेषज्ञों, ज्योतिष विद्या के पारंगत पण्डितों, कर्मकाण्डियों, कार्यकुशल पुरुषों विभिन्न–विभिन्न भाषाओं और चेष्ठा और संकेतों को समझने वाले पुरुषों एवं सारे महाजनों को बुलवाया। इसमें अतिरिक्त नृत्य और गीत में प्रवीण पुरुषों, विभिन्न शास्त्रों के ज्ञाताओं को भी वहाँ बुलाया।[50] इन सबको एकत्र करके भगवान श्री राम ने रामायण गान करने वाले उन दोनों बालकों को गान शुरू करने को कहा। उनके गान से वहाँ संगीत का मधुर तार बन्ध गया। गेय वस्तु की विशेषताओं के कारण सभी श्रोता मुग्ध होकर सुनने लगे परन्तु किसी को भी तृप्ति नहीं होती थी।

इस सन्दर्भ में वाल्मीकि के श्रेष्ठ शिक्षक होने का प्रमाण हमारे सामने आता है वाल्मीकि द्वारा सिखाया गया गान पूर्ववर्ती आचार्यों के बताये हुए नियमों के अनुकूल

और संगीत की विशेषताओं से युक्त स्वरों के अलापने की अपूर्व शैली थी इन सब विशेषताओं से युक्त गान को स्वर और लक्षण के ज्ञाता संगीत विद्या के जानकार, तथा नृत्य और गीत में प्रवीण पुरूषों ने सुना तथा लव–कुश की भूरि–भूरि प्रशंसा की। इससे यह पता चलता है कि लव–कुश को जो गान वाल्मीकि ने सिखाया था वह कोई साधारण गान नहीं था।

वाल्मीकि के बाद गायन के अन्तर्गत देवगन्धर्वों में विश्वासु, हा हा, हूहू, नारद, पर्वत तथा तुम्बरू का उल्लेख अप्सराओं के गान शिक्षक के रूप में हुआ है। इन सब का उल्लेख रामायण के अयोध्या काण्ड में मिलता है। इस सन्दर्भ में जब भरत राम से मिलने के लिए वन में जाते है तो रास्ते में भरद्वाज मुनि के आश्रम में ठहरते है। भरद्वाज मुनि सेनासहित भरत का दिव्य–सत्कार करते हैं। सेना सहित भरत के मनोरंजन के लिए विश्वासु, हाहा, हूहू आदि देव गन्धर्वों तथा उनके साथ अप्सराओं में घृताची, विश्वाची, मिश्रकेशी, अलम्बुसा, नागदत्ता, हेमा, सोमा और अद्रिकृतस्थली का आवाहन करते है और कहते है कि जो अप्सराएं इन्द्र की सभा में उपस्थित होती हैं तथा जो देवागंनाएं ब्रह्माजी की सेवा में जाया करती है उन सबका मैं तुम्बरू के साथ आवाहन करता हूँ वे अलंकारों तथा नृत्यगीत के लिए अपेक्षित अन्याय उपकरणों के साथ यहाँ पधारे।[51] 'इसके सिवा नन्दनवन से बीस हजार अप्सराएं भी आयीं। नारद, तुम्बरू और गोप तीनों गन्धर्वराज भरत के सामने गीत गाने लगे और अलम्बुसा, मिश्रकेशी, पुण्डरीका और वामना ये चार अप्सराएं भरद्वाज मुनि की आज्ञा से भरत के समीप नृत्य करने लगी।[52]

इस उल्लेख से हम यह कह सकते है कि रामायण में गन्धर्व जनों का उल्लेख गान शिक्षक के रूप में हुआ है जो अप्सराओं के नृत्य के साथ गान किया करते थे। रामायण में गन्धर्व तथा अप्सराओं के गीत–नृत्य के अनेक सन्दर्भ मिलते हैं।

रामायण में राम के सदुगुणों का वर्णन करते हुए कहा गया है कि राम सम्पूर्ण विधाओं के व्रत में निष्णात और छहों अंगों सहित सम्पूर्ण वेदों के यथार्थ ज्ञाता थे और बाण विद्या में तो वे अपने पिता से भी पढ़कर थे उन्होंने सब प्रकार के अस्त्र समूहों तथा संस्कृत, प्राकृत आदि भाषाओं से मिश्रित नाटक आदि के ज्ञान में निपुणता प्राप्त की थी। मनोरंजन के उपयोग में आने वाले संगीत वाद्य और चित्रकारी आदि शिल्पों के भी वे विशेषज्ञ थे।[53]

इस सन्दर्भ से हमें पता चलता है कि राम को संगीत सम्बन्धी विषयों की पूर्ण जानकारी थी लेकिन यह संगीत शिक्षा उन्होंने किससे ग्रहण की इसका उल्लेख हमें रामायण में कहीं नहीं मिलता। अतः हम यह अनुमान लगा सकते है कि उस समय संगीत शिक्षक अवश्य रहे होंगे जो संगीत सम्बन्धी शिक्षण प्रणाली को चला रहे थे।

रामायण काल में सूत, मागध तथा बन्दीगण नटों का भी उल्लेख आता है जो जन्मोत्सव, विवाहोत्सव तथा मृत्योत्सव पर स्तुति पाठ तथा वंशावली का व्याख्यान गाकर करते थे, ये एक प्रकार के गायक थे। जिन्हें राजश्रित प्राप्त होता था तथा समय पर राजा द्वारा इन्हें पुरस्कार और भेंट भी प्राप्त होते रहते थे। रामायण में राम के वन जाने से पहले राम ने सीता के हाथों से इन लोगों को दान दक्षिणा दी थी। सूत लोग राजाओं के सारथि होते थे तथा युद्ध में साथ रहते थे और राजा द्वारा की गई युद्ध में विजय को गा–गा कर सुनाते थे इन लोगों के आगे शिष्य थे या ये लोग शिक्षक का भी कार्य करते थे।

रामायण में इन सब बातों का उल्लेख नहीं मिलता लेकिन हम यह अनुमान लगा सकते है कि अगर ये लोग शिक्षक नहीं थे तो राजाओं की वंशावली के गान की प्रथा इनकी मृत्यु के पश्चात् ही खत्म हो जाती लेकिन ऐसा देखने में नहीं आया है। सम्पूर्ण रामायण में इन लोगों की चर्चा हरेक उत्सव में होती रही है। इससे हम यह कह सकते है कि इनकी एक शिक्षण प्रणाली भी रही है जिसके अन्तर्गत यह प्रथा चलती रही थी। इस प्रकार अगर रामायण कालीन संगीत शिक्षक के अन्तर्गत हम इन लोगों को भी रखे तो कोई अतिश्योक्ति नहीं होगी।

रामायण कालीन संगीत शास्त्रकार

आदिकवि वाल्मीकि कृत रामायण एक महाकाव्य है इसमें हमें ज्योतिष तन्त्र, आयुर्वेद, शकुन विचार, वास्तुशास्त्र राजनीति, अर्थशास्त्र, शिल्प कलाएं तथा संगीत सम्बन्धी पारिभाषिक शब्दावली, गायन, वादन, नृत्य तथा विभिन्न प्रकार के वाद्यों, गायन वादन की तकनीक तथा शास्त्र सम्बन्धी तत्वों का उल्लेख इसमें प्राप्त होता है।

यदि रामायण कालीन शास्त्रकार की दृष्टि से हम रामायण का अध्ययन करते है। तो सबसे पहले हमें वाल्मीकि का ही स्मरण आता है। यह बड़े आश्चर्य की बात है कि आदिकवि वाल्मीकि ने किसी प्राचीन काव्य को बिना ही देख, किसी ग्रन्थ से बिना ही सहारा लिए सर्वोतम काव्य का निर्माण किया। इस काव्य में प्राकृतिक चित्रण तो सुन्दर है ही, संवाद सर्वाधिक सुन्दर है और बहुत से वाद्यों के वादन सिद्धान्त तथा संगीत सम्बन्धी शब्दावली का प्रयोग इसमें किया गया है। इस काव्य में वाल्मीकि की राजनैतिक दृष्टि बड़ी उच्च कोटि की है, उसके सामने सभी राजनीतिक विचार तुच्छ प्रतीत होते है। धर्मशास्त्र की दृष्टि से तो यह ग्रन्थ परम प्रमाण है ही, अर्थशास्त्र, आचार व्यवहार की बहुत सी बातें इसमें देखी गई हैं।

इस महाकाव्य का निर्माण करने से पहले वाल्मीकि नारद जी से श्रीरामचरित्र का संक्षेप वृतान्त सुनते है और तमसा नदी के तट पर क्रौंच वध से संतप्त हुए वाल्मीकि निषाद को शाप देते हुए कहते हैं–

'मां निषाद प्रतिष्ठां त्वमगमः शाश्वती : समाः।
यत् कौन्चमिथुनादेकमवधः काममोहितम्।।'[64]

निषाद! तुझे नित्य–निरन्तर कभी भी शान्ति ना मिले, क्योंकि तूने इस क्रौंच के जोड़े में से एक की, जो काम से मोहित हो रहा था, बिना किसी अपराध के ही हत्या कर डाली है। यह कहकर जब उन्होंने विचार किया तो उनके मन में चिन्ता हुई कि इस पक्षी के शोक में पीड़ित होकर मैंने यह क्या कह डाला। ऐसा सोचते–सोचते वाल्मीकि एक निश्चय पर पहुँचे और उन्होंने अपने शिष्य (भरद्वाज) से कहा–

'पादबद्धोऽक्षरसमस्तन्त्रीलयसमन्वितः
शोकार्तस्य प्रवृत्तो में श्लोकों भवतु नान्यथा।।'[65]

तात! शोक से पीड़ित हुए मेरे मुख से जो यह वाक्य निकल पड़ा है। यह चार चरणों में आबद्ध है। इसके प्रत्येक चरण में बराबर–बराबर (यानी आठ–आठ) अक्षर हैं। इसे वीणा की लय पर गाया भी जा सकता है। तत्पश्चात उन्होंने उत्तम तीर्थ में विधिपूर्वक स्नान किया और उसी विषय का विचार करते हुए आश्रम की ओर लौट आये। इतने ही में अखिल विश्व की सृष्टि करने वाले सर्वसमर्थ महातेजस्वी चतुर्मुख ब्रह्माजी, मुनिवर वाल्मीकि से मिलने के लिए उनके आश्रम में आये। उस समय ब्रह्मा जी के सामने बैठे हुए भी वाल्मीकि उसी घटना पर विचार करते रहे और जो श्लोक के रूप में शाप उन्होंने निषाद को दिया था उसे ब्रह्मा जी के सामने दुहराया। ब्रह्माजी उनकी मनः स्थिति को समझकर हंसने लगे और बोले ब्राह्मण! तुम्हारे मुंह से निकला हुआ यह छंदोबद्ध वाक्य श्लोक रूप ही होगा। इस विषय में तुम्हें कोई अन्यथा विचार नहीं करना चाहिए। मेरे संकल्प अथवा प्रेरणा से ही तुम्हारे मुँह से ऐसी वाणी निकली है। 'मुनिश्रेष्ठ! तुम श्रीराम के सम्पूर्ण चरित्र का वर्णन करो। परम बुद्धिमान भगवान श्रीराम संसार में सबसे बड़े धर्मात्मा और धीर पुरूष हैं। तुमने नारदजी के मुंह से जैसा सुना है उसी के अनुसार उनके चरित्र का चित्रण करो। श्रीराम का जो गुप्त या प्रकट वृतान्त है तथा लक्ष्मण, सीता और राक्षसों के जो सम्पूर्ण गुप्त या प्रकट चरित्र है वे सब अज्ञात होने पर भी तुम्हें ज्ञात हो जाएगें। इस काव्य में अंकित तुम्हारी कोई भी बात झूठी नहीं होगी–इसलिए तुम श्रीराम जी की परम पवित्र एवं मनोरम कथा को श्लोकबद्ध करके लिखो। ब्रह्मा जी का आदेश पाकर उदार दृष्टिवाले उन यशस्वी महर्षि ने भगवान श्रीरामचन्द्रजी के चरित्र को लेकर

हजारों श्लोकों से युक्त महाकाव्य की रचना की, जो उनके यश को बढ़ाने वाला था। इसमें श्रीराम के उदार चरित्रों का प्रतिपादन करने वाले मनोहर पदों का प्रयोग तथा भिन्न–भिन्न विषयों का उल्लेख किया गया है। महर्षि के बनाये हुए इस काव्य में तत्पुरूष आदि समासों, दीर्घ गुण आदि संधियों और प्रकृति प्रत्यय के सम्बन्ध का यथायोग्य निर्वाह हुआ है। इनकी रचना में समता है, पदों में माधुर्य है और अर्थ में प्रसाद गुण की अधिकता है।[56] जैसे समुद्र सब रत्नों की निधि है उसी प्रकार यह महाकाव्य गुण अलंकार एवं ध्वनि आदि रत्नों का भण्डार है। इतना ही नहीं यह सम्पूर्ण श्रृतियों के सार भूत अर्थ का प्रतिपादक होने के कारण सबके कानों को प्रिय लगने वाला तथा सभी के चित्त को आकृष्ट करने वाला है। यह धर्म, अर्थ, काम, मोक्ष रूपी गुणों से युक्त तथा इनका विस्तारपूर्वक प्रतिपादन एवं दान करने वाला है।[57]

'महर्षि वाल्मीकि ने इस महाकाव्य को 24000 श्लोकों और 500 से भी अधिक सर्गों तथा उत्तर सहित सात काण्डों में लिखा है।[58] जिसमें संगीत सम्बन्धी लगभग 350 श्लोक मिलते हैं। वादन सम्बन्धी 180 के लगभग और वाद्यों के अन्तर्गत तत् वाद्य के 26, अवनद्ध वाद्य के 76, सुषिर वाद्य के 45, तथा घन वाद्य के 17 श्लोक ऐसे मिलते हैं जिनमें इन वाद्यों के वादन तथा वादन सिद्धान्तों का उल्लेख है।

'उत्तरकाण्ड सहित समस्त रामायण पूर्ण कर लेने के पश्चात वाल्मीकि ने सोचा कि कौन ऐसा शक्तिशाली पुरूष होगा, जो इस महाकाव्य को पढ़कर जनसमुदाय में सुना सके। महर्षि के इस प्रकार विचार करते ही मुनिवेष रहने वाले राजकुमार कुश और लव ने आकर उनके चरणों में प्रणाम किया। राजकुमार कुश और लव दोनों भाई धर्म के ज्ञाता और यशस्वी थे। उनका स्वर बड़ा ही मधुर था और वे मुनि के आश्रम पर ही रहते थे, वे दोनों ही वेदों में पारंगत थे। वाल्मीकि ने उनकी ओर देखा और उन्हें सुयोग्य समझकर उत्तम व्रत का पालन करने वाले उन महर्षि ने वेदार्थ का विस्तार के साथ ज्ञान कराने के लिए उन्हें सीता के चरित्र से युक्त सम्पूर्ण रामायण नामक महाकाव्य का जिसका दूसरा नाम 'पौलस्त्यवध तथा 'दशाननवध' भी है का अध्ययन कराया। पढ़ने और गाने में भी मधुर द्रुत, मध्य और विलम्बित इन तीनों गतियों से अन्वित, षडज आदि सातों स्वरों से युक्त, वीणा बजाकर स्वर और ताल के साथ गाने योग्य तथा श्रृंगार, करूण, हास्य, रौद्र, भयानक तथा वीर आदि सभी रसों से अनुप्रमाणित उस महाकाव्य को पढ़कर लव–कुश उसका गान करने लगे।[59]

इस प्रकार वाल्मीकि कृत इस महाकाव्य में गान की विशेषताओं के अतिरिक्त प्रकृति वर्णन, शिष्टाचार, राजनीतिज्ञ, धर्म परायणता इत्यादि सभी तत्वों का भी वर्णन किया गया है।

वाल्मीकि कृत रामायण में वाल्मीकि के अतिरिक्त और कोई ऐसा शास्त्रकार हमें देखने को नहीं मिलता जिसने रामायण काल में कोई शास्त्र लिखा हो। इस प्रकार हम यह कह सकते है कि स्वयं वाल्मीकि ही उस समय के एक ऐसे कवि थे जिन्होंने इस महान काव्य का निर्माण किया। यह संस्कृत साहित्य के सबसे पहले कवि माने जाते हैं। इसलिए इन्हें आदिकवि भी कहा जाता है।

सन्दर्भ सूची

1. वाल्मीकि रामायण 1.6.1,12,14–15
2. रामायणकालीन संस्कृति पृ. 191
3. वा. रा. 7.94.4–10
4. रामायणकालीन संस्कृति पृ. 192
5. वा. रा. 2.1.18
6. वा. रा. 1.4.17
7. वा. रा. 1.4.8–9
8. रामायणकालीन संस्कृति पृ. 201
9. वही. पृ. 201
10. वाल्मीकि रामायण 2.91.49
11. रामायणकालीन संस्कृति पृ. 202
12. वाल्मीकि रामायण पृ. 7.94.1–12
13. रामायणकालीन संस्कृति पृ. 123
14. वा. रा. 4.3.28–33
15. वा. रा. 2.2.1–3
16. वा. रा. 2.71.29–30
17. रामायणकालीन संस्कृति पृ. 204
18. वहीं पृ. 204
19. वा. रा. पृ. 6.24.42–43
20. रामायणकालीन संस्कृति पृ. 204
21. रामायणकालीन संस्कृति पृ. 115
22. रामायणकालीन संस्कृति पृ. 120

23. वही. पृ. 120
24. वा. रा. 1.20.2–8
25. रामायणकालीन संस्कृति पृ. 121
26. वही. पृ. 121
27. वा. रा. 2.54.34
28. रामायणकालीन संस्कृति पृ. 121–122
29. वही. पृ. 122
30. वही. पृ. 122–123
31. वाल्मीकि रामायण 2.32.19–21
32. रामायणकालीन संस्कृति पृ. 125
33. वा. रा. 7.94.409
34. रामायणकालीन संस्कृति पृ. 126
35. वही. पृ. 127
36. वा. रा. 6.90.8–20
37. वा. रा. 6.105.13
38. रामायणकालीन संस्कृति पृ. 128
39. वाल्मीकि रामायण 2.100.68
40. रामायणकालीन संस्कृति पृ. 128
41. वा. रा. 2.3.40–46
42. रामायणकालीन संस्कृति पृ. 153
43. रामायणकालीन संस्कृति पृ. 153–154
44. वा. रा. 6.29.9–10
45. रामायणकालीन संस्कृति पृ. 154
46. वा. रा. 1.2.18
47. वा. रा. 1.4.8–9
48. वा. रा. 7.71.14–15,18,21
49. वा. रा. 7.93.1,5–7,11, 14–17
50. वा. रा. 7.94.1–12

51. वा. रा. 2.91.16–18

52. वा. रा. 2.91.46–47

53. वा. रा. 2.1.20,27–28

54. वा. रा. 1.2.15

55. वा. रा. 1.2.18

56. वा. रा. 1.2.32–35,42–43

57. वा. रा. 1.3.8–9

58. वा. रा. 1.4.2

59. वा. रा. 1.4.3–9

7

परवर्ती संगीत पर रामायण का प्रभाव

साहित्य किसी देश की राष्ट्रीय संस्कृति तथा जातीय भावनाओं का प्रतीक होता है। संस्कृत साहित्य भारत का गौरव है। हमारा संस्कृत साहित्य हमारी संस्कृति का निर्मल दर्पण है। साहित्य में हमें अपने गौरवमय अतीत की झाँकी देखने को मिलती है। साहित्य परा तथा अपरा विद्याओं का महीन कोष है। प्राचीनता की दृष्टि से यह अद्वितीय है तथा व्यापकता की दृष्टि से सर्वांगीण है। इसमें पुरुषार्थ चतुष्टय का सांगोपांग विवेचन किया गया है।

प्राचीन काल से ही संगीत साहित्यिक ग्रन्थों से अविच्छिन्न रूप से जुड़ा रहा है। इसका प्रमुख कारण यही था कि इन्हीं माध्यमों से तत्कालीन संगीत कला आने वाले युगों तक किसी न किसी रूप में सुरक्षित रह सकती थी। इन्हीं माध्यमों से हमें सूचना मिलती है कि किसी–किसी काल विशेष में संगीत का तत्कालीन जीवन में क्या स्थान था? उस काल में लोगों के मनोविनोद के लिए संगीत का किस तरह उपयोग होता था तथा उस समय संगीत ने कितना प्रचार–प्रसार पाया था एवं परवर्ती संगीत पर उसका क्या प्रभाव पड़ा?

गायन का प्रभाव

रामायण एक आदिकवि की मनोहर रचना है इसमें रामचरित जैसे अलौकिक विषय को एक अनूठी, संगीतमय, छन्दोबद्ध, संवेदनशील शैली में प्रस्तुत कर महर्षि

वाल्मीकि ने एक अद्वितीय कार्य किया है, जोकि इतिहास में कभी भूलाया नहीं जा सकता। रामायण महाकाव्य का तत्कालीन समाज ने हार्दिक स्वागत किया है। रामायण कालीन गायन परवर्ती समाज के लिए नूतन, चमत्कारी और अभूतपूर्व अनुभव सिद्ध हुआ है।

रामायण काल में साम तथा गन्धर्व का भेद स्पष्ट परिलक्षित होता है। सामगान केवल यज्ञों के अन्तर्गत किया जाता था और केवल वैदिक परम्परानुयायियों तक सीमित था। गान्धर्व अवैदिक एवं लौकिक संगीत था, जिसका क्षेत्र जनता के सभी स्तरों तक प्रस्तुत था। रामायण काल में गान्धर्व गान के जिन तत्वों का उल्लेख पाया जाता है उनमें स्वर, मूर्च्छता, पाठ्य, स्थान, ताल, लय, प्रमाण, जाति एवं रस है।[1] लव–कुश ने भी जो गायन किया था वह सर्व श्रुतिमनोहर तथा सुस्वर शब्दयुक्त था।[2] इससे यह स्पष्ट हो जाता है कि रामायण काल में गान्धर्व के अन्तर्गत श्रुति तथा स्वरों की वैज्ञानिक विवेचना आरम्भ हो चुकी थी। रामायण में जातियों का उल्लेख दो अर्थों में प्राप्त होता हैं एक पाठ्य जाति के रूप में और दूसरा स्वर जाति के रूप में। पाठ्य जाति का निर्माण विभिन्न वृतों तथा अक्षरों से होता है तथा स्वर जातियों का निर्माण विविध स्वर रचनाओं के द्वारा होता है। रामायण में लव तथा कुश द्वारा जो गान प्रस्तुत किया गया था वह पाठ्य तथा गेय दोनों दृष्टियों से मधुर तथा सप्त जातियों में निबद्ध था।

भरत के अनुसार षड्ज तथा मध्यम दो ग्रामों को मिलाकर शुद्ध जातियां सात हैं, तथा शुद्ध, विकृत अथवा मिश्र जातियां 18 हैं।[3] 'रामायण में उल्लिखित सप्त जातियों के उल्लेख से यह प्रमाणित है कि सात शुद्ध जातियों का प्रचार उस काल में था। इसके माध्यम से तत्कालीन ग्राम की समस्या सहज ही हृदयंगम हो सकती है। उपर्युक्त सात जातियों में चार षडज ग्राम की जातियां है तथा शेष तीन मध्यम ग्राम की हैं। इससे स्पष्ट है कि रामायण काल में गायन के अन्तर्गत षडज तथा मध्यम ग्रामों का प्रचलन था।[4] जातियों के अतिरिक्त राग–प्रणाली के संकेत रामायण में प्रतीत होते हैं। जिसका उल्लेख भरतकृत नाट्यशास्त्र में भी पाया जाता हैं।

भारतीय संगीत का जब हम विश्लेषण करते हैं, तो इस निष्कर्ष पर पहुंचते हैं कि भारतीय संगीत की गहराई का मूल कारण उसकी राग–पद्धति है। 'महाभारत काल में लोग राग–रागनियों से पूर्ण विज्ञ थे इसलिए उस समय जन समाज में संगीत प्रचलित रहा होगा।[5]

भरत ने नाट्यशास्त्र में राग प्रणाली का जो उल्लेख किया है उसकी अनेक विद्वानों ने पुष्टि की है। भरत काल के बाद बौद्ध कालीन युग में एक बौद्ध नाटक 'सिला पद्दिगारम' में भी याल वीणा, अवनद्ध वाद्यों का उल्लेख है तथा सात स्वरों

और तत्कालीन प्रचलित रागों का भी वर्णन है। इसके बाद 6ठीं शताब्दी में मतंग ने संगीत शास्त्र के अन्तर्गत ग्राम रागों का वर्णन किया है और राग शब्द का स्पष्ट प्रयोग किया है। जो आज के संगीत की प्रेरणात्मक पृष्ठभूमि है। मतंग ने जातियों के जो दस लक्षण दिये हैं, वे भरत के जाति लक्षण के ही समान हैं। मतंग के समय सात जातियां प्रचलित थी।

इसके बाद 7वीं शताब्दी में हमें एक और महत्वपूर्ण ग्रन्थ मिलता है 'नारदीय शिक्षा' जिसमें भी ग्राम रागों का वर्णन स्पष्ट किया गया है। आठवीं शताब्दी में हमें संगीत मकरन्द ग्रन्थ मिलता है। जिसमें प्रथम बार पुरूष राग और स्त्री राग आदि का विवेचन प्राप्त होता है। जिसके आधार पर आगे चलकर राग–रागिनी पद्धति का निर्माण हुआ, जो उत्तर हिन्दुस्तानी संगीत की मुख्य विशेषता रही है। इसी प्रकार 9वीं शताब्दी से 12वीं शताब्दी तक भारतीय रागों का विकास क्रम बराबर चलता रहा। 12वीं शताब्दी में महान कवि एवं संगीतज्ञ जयदेव ने प्रबन्ध काव्य 'गीत गोविन्द' की रचना की। इसमें भी राग एवं ताल का स्पष्ट वर्णन मिलता है। 'गीत गोविन्द' के सम्पूर्ण गीत रागपूर्ण हैं। इनमें रागों का विकास सुन्दर ढंग से मिलता है। इसके उपरान्त शारंगदेव कृत 'संगीत रत्नाकर' तेरहवीं शताब्दी के मध्य का है। जो एक महत्वपूर्ण ग्रन्थ माना जाता है। इसको दक्षिण और उत्तर भारत वाले लोग संगीत का मुख्य शास्त्रीय आधार मानते हैं। संगीत रत्नाकर में नारद वर्णित पुरूष स्त्री राग आदि के सिद्धान्त को मान्यता मिली है। परन्तु उसमें अन्य सिद्धान्त भी दिये गये हैं। शारंगदेव ने कुल 12 विकृत स्वर माने हैं और भरत की भान्ति 18 जातियां, 7 शुद्ध स्वर और 11 विकृत स्वर माने हैं और जाति के 13 लक्षण बताये हैं।[6] इस ग्रन्थ में 18 जातियों का विस्तृत वर्णन करके फिर ग्राम रागों का भी वर्णन किया है। शारंगदेव के अनुसार ग्राम राग जातियों से आविर्भूत हुए हैं और ग्राम रागों से ही अन्य राग विकसित हुए। इस प्रकार कुल 30 ग्राम राग उन्होंने बताए हैं।

इसके उपरान्त 14वीं और 15वीं शताब्दी उत्तर भारतीय संगीत के निर्माण के लिए सबसे महत्वपूर्ण है। शासक के रूप में भारतवर्ष का सम्बन्ध मुसलमानों से सर्वप्रथम 11वीं शताब्दी में हुआ और 18वीं शताब्दी के लगभग तक मुसलमानों का राज्य रहा। इस काल में भारतीय संगीत में काफी नवीनताएं आईं तथा मुसलमानों के आगमन से प्राचीन संगीत परम्परा नष्ट होने लगी थी। इस काल में अमीर खुसरो ने अनेक रागों, तालों तथा वाद्यों का निर्माण किया। इस काल में हमें लोचनकृत 'राग तरंगिणी' ग्रन्थ मिलता है इस ग्रन्थ में शुद्ध थाट आधुनिक काफी की तरह बताया है। इस ग्रन्थ में सभी अन्य रागों को कुल 12 जनक थाटों अथवा मेलों में विभाजित किया है। यहां से ही मेल राग अथवा थाट राग वर्गीकरण के आरम्भ होने का पता चलता है।

इसके बाद सन 1550 में रामामात्य जो दक्षिण के प्रसिद्ध विद्वान थे। उन्होंने अपने ग्रन्थ 'स्वर मेल कलानिधि' में दक्षिण के सभी रागों का विस्तृत विवरण दिया है।

सन 1556 से 1605 ई. तक अकबर का काल उत्तर हिन्दुस्तानी संगीत के लिए स्वर्ण युग माना जाता है। अकबर के काल में ध्रुपद का प्रचलन खूब जोरों पर था, और इसी समय में ख्याल गायन का भी प्रचलन हो गया था।[7]

जौनपुर के मुसलमान हुसैन शर्की ने बड़े ख्यालों का आविष्कार किया और छोटे ख्याल भी इस समय में चल पड़े थे। इसी समय में संत तुलसीदास जी के गीतों, तथा रामायण महाकाव्य के गायन द्वारा या भक्त सूरदास एवं मीराबाई के भक्ति सम्बन्धी पदों के गायन द्वारा जनता में भी रागबद्ध संगीत का अधिक प्रचार हुआ। इसी युग में पुण्डरीक विट्ठल ने सन् 1599 ई. में संगीत शास्त्र को नए सिरे से व्यवस्थित करने का प्रयास किया तथा चार ग्रन्थ सद्रागचन्द्रोदय, राग माला, रागमंजरी तथा नर्तन निर्णय लिखे, सद्रागचन्द्रोदय में शुद्ध थाट कर्नाटकी को मुखारी और उसमें वर्णित राग प्रायः दक्षिण के ही हैं। परन्तु राग माला में उत्तर हिन्दोस्तानी पद्धति के अनुकूल राग–रागिनी पद्धति का वर्णन किया है और अनेक उत्तर के रागों के नाम दिये हैं।

इसके उपरान्त जहांगीर के समय में 1605 से 1627 तक दक्षिणी संगीत पर एक पुस्तक राग विबोध लिखी गयी जिसके लेखक सोमनाथ थे। उन्होंने इस पुस्तक में अनेक वीणाओं का वर्णन किया है। कहीं–कहीं उत्तर हिन्दुस्तानी संगीत के नामों का भी प्रयोग किया है। इसी युग में उत्तर हिन्दुस्तानी संगीत का एक ग्रन्थ संगीत दर्पण पं. दामोदर मिश्र द्वारा लिखा हुआ मिलता है। इस ग्रन्थ में रागों के चित्रों का वर्णन किया गया है। इसके बाद शाहजहां काल में पं. अहोबल कृत उत्तर हिन्दुस्तानी संगीत पर एक अत्यन्त महत्वपूर्ण ग्रन्थ 'संगीत पारिजात' सन 1650 ई. के लगभग लिखा मिलता है, जिसमें सर्वप्रथम वीणा के तार की लम्बाईयों द्वारा बारह स्वरों के स्थान दिये गये हैं।[8] सन 1660 ई में दक्षिण के संगीत विद्वान पं. व्यंकटमुखी ने 'चतुर्ददण्डी प्रकाशिका' नामक ग्रन्थ कर्नाटक संगीत पर लिखा जिसमें अपने मतानुसार एक सप्तक में 72 थाटों एवं एक थाट से कुल 484 रागों की उत्पति प्रमाणित की है। औरंगजेब का समय 1658 ई. से 1707 ई तक माना जाता है। इस काल में पं. भावभट्ट ने तीन 'ग्रन्थ अनूप संगीत रत्नाकर' 'अनूप विलास' तथा 'अनूप कुश' मिलते हैं। अनूप संगीत रत्नाकर में उन्होंने सब रागों को कुल 20 मेल अथवा थाटों में बाँटा है।

18वीं शताब्दी में भी संगीत प्रगति करता रहा और मुसलमानों के बाद अंग्रेजों का आगमन हुआ। सन 1719 ई. में मोहम्मद शाह रंगीले ने भारती संगीत के विकास में बड़ा योगदान दिया। इस काल में ख्याल गायकी का प्रचलन बढ़ा तथा नये–नये

रागों का निर्माण हुआ परन्तु ये राग अधिक लोकप्रिय नहीं हो सके। इसी समय में शौरीमियां द्वारा टप्पा गायन का विकास हुआ। इसी काल में श्री निवास द्वारा राग तत्व विवोध ग्रन्थ लिखा गया। तदोपरान्त इस काल में त्रिवट, गजल, तराना, टप्पा आदि गीत प्रकारों का प्रचलन बढ़ा। इसके बाद आधुनिक काल का आगमन हुआ जिसमें सबसे पहले बिलावल को शुद्ध थाट होने के लिखित प्रमाण मिलते हैं। इस काल में श्रीकृष्ण नन्द व्यास ने एक महत्वपूर्ण ग्रन्थ 'संगीत राग कल्पद्रुम' सन 1842 में लिखा इस ग्रन्थ में ख्याल, ध्रुपद, आदि गीतों के शब्द दिये गए है।[9] आधुनिक युग में पं. पलुस्कर जी ने लगभग 50 पुस्तकें लिखी इनकी मुख्य पुस्तकें संगीत बाल प्रकाश (भाग 1–3), संगीत बाल बोध (भाग 1–5), भारतीय संगीत लेखन पद्धति, महिला संगीत (भाग 1–2), बालोदय संगीत, संगीत तत्त्व–दर्शक, राग प्रवेश (भाग 1–19), तथा नारदीय शिक्षा इत्यादि। इसी काल में एक और विद्वान पं. भातखण्डे जी हुए जिनकी स्वरलिपि पद्धति हम आज प्रयोग में लाते हैं। इन्होंने भी संगीत की कई पुस्तकें लिखी जैसे क्रमिक पुस्तक मालिका 6 भागों में लिखी जिसमें अनेक प्रचलित तथा अप्रचलित रागों की स्वर लिपियां दी गई हैं। इसके बाद स्वर मालिका (गुजराती में), अभिनव राग मंजरी (संस्कृत में), लक्षण संगीत (संस्कृत), हिन्दोस्तानी संगीत पद्धति (4 भागों में) इत्यादि।[10]

इस प्रकार भारतीय संगीत के इतिहास का अध्ययन करने से हमें पता चलता है कि जो गायन हम आज करते हैं वह समय के साथ–साथ परिवर्तित होता रहा है लेकिन इस संगीत पर रामायणकालीन संगीत का प्रभाव ना पड़ा हो यह बात युक्तियुक्त नहीं लगती है।

वादन का प्रभाव

भारतीय संगीत में वाद्यों की परम्परा समृद्ध एवं विशाल है। रामायण काल से लेकर आज तक विभिन्न प्रकार के वाद्यों का प्रयोग होता जा रहा है। संगीत में समस्त वाद्यों का अपना विशिष्ट व महत्वपूर्ण स्थान रहा है। समय–समय पर वाद्यों का निर्माण हुआ और शनैः–शनैः उनका विकास होता गया। वाद्यों का जितना सुन्दर एवं विविध प्रयोग रामायण काल में है, उसका विकसित रूप ही आज हमारे सामने है। समय–समय पर अनेक नवीन वाद्य निर्मित होते गये और प्राचीन परम्परागत वाद्यों का प्रयोग कम होता गया। यद्यपि नवीन वाद्यों के निर्माण में प्राचीन वाद्यों को आधार बनाया गया तथापि कुछ पूर्णतः नवीन वाद्य देखने को मिलते हैं। प्राचीन वाद्य कम या अधिक संशोधन के साथ आज भी प्रचलित हैं। भारतीय संगीत में प्रयुक्त रामायण कालीन वाद्यों के स्वरूप निर्माण सामग्री एवं वादन शैली में कुछ समानता रहते हुए भी अन्तर आया है।

प्राचीन समय में ताल देने का कार्य 'ताल' नामक घन वाद्य के द्वारा किया जाता था। यह उस समय का प्रमुख ताल वाद्य था। इस वाद्य का प्रयोग वीणा वादन के साथ ताल प्रदान करने के लिए किया जाता था। यह वाद्य आधुनिक मंजीरे से मिलता जुलता है।[11] आधुनिक युग में प्रयुक्त मंजीरा प्राचीन 'ताल' के समान होता है। परन्तु आकार में उससे कुछ छोटा होता है और उससे निकलने वाली ध्वनि बहुत कुछ घुँघरूओं के समान होती है। छोटी आकृति के कारण इसे ताल न होकर 'मंजीरा' कहा जाने लगा। वर्तमान समय में विवाह आदि मांगलिक अवसरों पर ढ़ोलक के साथ गान करती हुई महिलायें इसे बजाती है। भजन, कीर्तन आदि के साथ भी इसका प्रयोग होता है।

घंटा भी रामायण कालीन एक महत्वपूर्ण घन वाद्य है। वर्तमान समय में हिन्दू मन्दिरों में जो विभिन्न आकार के घंटे टंगे रहते हैं उन्हीं को 'संगीत सार', 'संगीत पारिजात' आदि ग्रन्थों में 'कल्पतरू' कहा गया है।[12] कल्पतरू आकार में घंटे से बड़ा होता है और इतना भारी कि उसे हाथ में उठाना सम्भव नहीं था और न ही उसमें हाथ में पकड़ने के लिए दंड होता है। इसे किसी मजबूत कड़े में लटका दिया जाता है और उसके भीतर लटके दोलक को दाहिने हाथ से पकड़कर बजाया जाता है। 'कल्पतरू' का आकार बड़ा होने से वादन में असुविधा के कारण इसे छोटा कर 'घंटा' कहा जाने लगा। वर्तमान घंटा उस समय के घण्टे की अपेक्षाकृत छोटा होता है इसलिए इसे आजकल 'घंटी' भी कहा जाने लगा है। यद्यपि घंटे का प्रयोग शास्त्रीय संगीत में नहीं किया जाता है तथापि शास्त्रीय संगीत ग्रन्थों में इसे महत्वपूर्ण स्थान प्राप्त हुआ है।

घंटे के सम्बन्ध में डॉ. सुषमा कुलश्रेष्ठ का विचार है कि यह एक अति प्राचीन वाद्य है जिसका प्रयोग मन्दिरों में किया जाता रहा है। मन्दिर में जब मन्त्रों का गान किया जाता है, भजन, आरती होती है तब लय तथा मात्रा दर्शक के रूप में इस वाद्य का प्रयोग किया जाता है। यह घंटा जब बहुत बड़े आकार का होता था तो 'कल्पतरू' कहलाता था। आज बड़ा होने पर 'घंटा' तथा आकार में छोटा होने पर 'घंटी' कहलाता है। इस प्रकार प्राचीन 'घंटा' आधुनिक घंटी के समान है। यह छोटी घंटी भी अनेक प्रकार की होती है।[13]

इस प्रकार रामायण कालीन घंटे का प्रयोग तब से लेकर अब तक होता आ रहा है। केवल उसके आकार व नाम में अन्तर हो गया है।

रामायण कालीन घुंघरू नामक घन वाद्य का प्रयोग मध्यकाल तथा आधुनिक काल सभी में होता आ रहा है। रामायण काल में घुंघरू प्राचीन संगीत शास्त्रीय ग्रन्थों

में क्षुद्रघंटा अथवा क्षुद्रघंटिका का विवरण मिलता है तथा आधुनिक काल में यह घुंघरू अथवा घुंघस के नाम से प्रचलित है। यह विभिन्न धातुओं से बनते है जैसे स्वर्ण, रजत, लौह, कांसा तथा पीतल आदि। इन घुंघरूओं का प्रयोग या तो नृत्य के लिए पैरों में पहनकर या फिर पशुओं के गले में इन्हें पहनाया जाता था ताकि जब वे चले तो मधुर ध्वनि हो।[14] इस प्रकार रामायण कालीन घुंघरू प्राचीन काल के क्षुद्रघंटा या क्षुद्रघंटिका ही आज घुंघरू हैं।

घन वाद्य की तरह अवनद्ध वाद्यों का प्रयोग भी रामायण काल में होता था। दुन्दुभि रामायण काल का एक प्रसिद्ध अवनद्ध वाद्य था जिसका प्रयोग प्राचीन काल में भी हुआ है। रामायण कालीन दुन्दुभि का आकार बड़ा होता था और उसे दो मजबूत सोने के डण्डों से बजाया जाता था इसका प्रयोग विवाह, जन्म आदि मांगलिक उत्सवों, आनन्दोत्सवों, देव मन्दिरों और विजयोत्सवों पर किया जाता था। विपत्ति की आशंका व उत्सवों की घोषणा हेतू भी दुन्दुभि का प्रयोग किया जाता था। रणवाद्य के रूप में दुन्दुभि का एक विशेष स्थान था। 'पहले दुन्दुभि में एक नग होता था परन्तु बाद में शहनाई, नफीरी आदि वाद्यों के साथ इसे बजाने के लिए इसमें मृदंग के समान पाटाक्षर निकालने की आवश्यकता हुई तो इसके साथ एक छोटे आकार की 'झील' को भी सम्मिलित कर दिया गया और जिस प्रकार तबले के दो भाग होते है उसी प्रकार इसमें दो नग हो गये। एक बड़ा नगाड़ा जिसकी ध्वनि गम्भीर होती है तथा एक छोटी झील जिसकी ध्वनि ऊंची होती है।[15] 'सूर ने अपने पदों में आउझ अथवा आवझ और दुन्दुभि का भी उल्लेख किया है। आवझ ढोलक के समान चमड़े से मढ़ा होता है और दुन्दुभि एक ताल वाद्य है जो तबले के समान जोड़ी वाला वाद्य है। दुन्दुभि को ब्रज में 'झील' और 'अघौटी' भी कहते है।[16] आजकल इसके स्थान पर निसान, नगाड़ा आदि वाद्यों का प्रयोग किया जाता है। आधुनिक युग में ये सब अशास्त्रीय संगीत में प्रयुक्त किये जाने वाले वाद्य हैं। रामायण कालीन मृदंग वाद्य को 'भरतकृत नाट्यशास्त्र में कई स्थानों पर 'पुष्कर' कहकर पुकारा गया है।[17] भरत के समय में पुष्कर वाद्य के तीन प्रकार थे। भरत मुनि ने पुष्कर वाद्य के आंकिक, ऊर्ध्वक व आलिंग्य तीन भाग बताते हुए आंकिक का हरीतकी के समान, ऊर्ध्वक का यवा के समान तथा आलिंग्य को गोपुच्छा के समान रूप बताया है।[18] आंकिक द्विमुखी, ऊर्ध्वक एक मुखी, आलिंग्य एक मुखी भाग है। इन तीनों को एक साथ बजाने पर ही 'मृदंग' या 'पुष्करत्राय' कहा जाता था। संभवतः तीनों प्रकारों की पृथक पहचान के लिए ही तीन अलग नामों से पुकारा जाता था। मृदंग के इन तीनों प्रकारों में आंकिक भाग सर्वाधिक महत्वपूर्ण समझा जाता था। इसीलिए उन्होंने केवल वाम तथा दक्षिण शब्द का प्रयोग किया है जो उनके दोनों मुखों की ओर संकेत करता है।

उन्होंने कहीं–कहीं आंकिक को मृदंग भी कहा है। 'आंकिकमृदंगें द्विपुष्करे समहस्तनिपातनाद्वकारः'[19] पटह, पखावज, मृदंगम, ढोलक आदि इसी का रूप माने जाते हैं। ऊर्ध्वक व आलिंग्य की जोड़ी के आधार पर दुक्कड़, तबला आदि वाद्यों का विकास हुआ। आधुनिक काल में प्रयुक्त उत्तर भारतीय मृदंग या पखावज और दक्षिण भारतीय मृदंगम् भरतकालीन मृदंग का केवल एक भाग है।

प्राचीन काल में मृदंग की स्वर करने किए मृदंग के मुखों पर लगे चमड़े पर आटा या काली मिट्टी का लेपन किया जाता था उसी प्रकार आज भी मृदंग के याममुख में आटा लगाते है।[20] रामायण काल में मृदंग का सर्वाधिक प्रचार था। रामायण में मृदंग और मुरज दो अलग–अलग नाम हमें मिलते हैं। अतः यह प्रतीत होता है कि इन दोनों वाद्य के रूप में भी अवश्य अन्तर था। महाभारत में भी मृदंग तथा मुरज दो नाम उपलब्ध होते हैं। कालिदास ने मृदंग और मुरज के साथ मर्दल का भी उल्लेख स्थान–स्थान पर किया है। परन्तु शारंगदेव ने 'मुरज' तथा 'मर्दल' को मृदंग का पर्याय माना है।[21] अभिनवगुप्ताचार्य ने भी 'मुरज' को मृदंग का पर्याय बताया है।[22] मृदंग तथा मुरज के पर्याय होने के कारण महर्षि भरत ने कहीं–कहीं 'मृदंग' शब्द का प्रयोग किया है। शारंगदेव ने मर्दल को भी मृदंग का पर्याय माना है, परन्तु भरत ने इस नाम का कहीं वर्णन नहीं किया। मृदंग 'संगीत रत्नाकर' के काल तक आते–आते मर्दल के नाम से प्रसिद्ध हो चुका था और उसके ऊर्ध्वक तथा आलिंग्य भाग समाप्त हो चुके थे। केवल आंकिक के ही पूर्ण मृदंग अथवा मर्दल का रूप माना गया था। उत्तर मध्य काल में मर्दल को पुनः मृदंग कहना आरम्भ कर दिया गया। मृदंग और मृदंगम् भरतकालीन मृदंग तथा शारंगदेव कालीन मर्दल के ही संशोधित रूप हैं। पखावज मर्दल का ही पर्याय है। 'भारत में वे सभी अवनद्ध वाद्य जिनके मुख पर आच्छादित चर्म के बाहर या भीतर किसी प्रकार का लेप या मसाला लगा रहता है। मृदंग के ही परिमार्जित, परिवर्तित तथा विकसित रूप समझे जाते हैं। आधुनिक युग में गजरा, बद्धी, स्याही, गट्टों का व्यापक प्रयोग किया जाने लगा है जो इन वाद्यों स्वर विशेष में मिलाने के लिए एक विशेष महत्त्वपूर्ण कदम साबित हुआ है।[23]

कई ग्रन्थकारों ने मृदंग, मर्दल, खोल आदि सभी चर्म वाद्यों को मृदंग कहा है। सभ्यता के विकास के साथ ही मृदंग निर्माण में वृद्धि हुई। 'संगीत दर्पण में उल्लेख है कि मृदा निर्मित यह वाद्य शीघ्र नष्ट हो जाता था इसलिए द्वापर युग में कृष्ण के समकालीन मृदंगों का निर्माण काष्ठ से हुआ।[24] तभी से काष्ठ निर्मित मृदंगों का प्रचलन हो गया।

आचार्य भरत मुनि के अनुसार स्वाति ऋषि ने विश्वकर्मा की सहायता से मृदंग की ही भान्ति पणव तथा दर्दुर की भी रचना की। भरत ने अवनद्ध वाद्यों में मृदंग,

पणव तथा दर्दुर को 'अंग वाद्य' अर्थात् मुख्य वाद्य और झल्लरी पटह आदि अन्य वाद्यों को 'प्रत्यंग वाद्य' अर्थात् गौण की श्रेणी में रखा।[25] सूर ने भी अपने पदों में पणव का उल्लेख किया है।

रामायण कालीन पणव का पूर्व मध्य काल में हुडुक, मध्यकाल में आवज तथा आधुनिक युग में पुनः हुडक कहा जाने लगा है। इस नाम परिवर्तन के साथ–साथ इसके आकार को अवश्य छोटा किया गया है किन्तु इसकी बनावट, पकड़ तथा वादन क्रिया वैसी ही है। भरत काल में मृदंग के पश्चात जो महत्वपूर्ण स्थान पणव का था, शारंगदेव के काल में वह पटह ने ले लिया उन्होंने हुडक जाति के अनेक वाद्यों का वर्णन किया है किन्तु जो महत्ता पटह को प्रदान की है वह अन्य किसी वाद्य को नहीं की।

हिन्दी शब्द सागर में पटह का अर्थ नगाड़ा और दुन्दुभि दिया गया है परन्तु पटह न तो नगाड़ा है और न दुन्दुभि। संगीत पारिजात के मतानुसार पटह का अर्थ ढोलक है संगीत सार के अनुसार मध्यकालीन ढोलक को ही प्राचीन युग में पटह कहा जाता था।[26] इस प्रकार रामायण कालीन पटह नामक वाद्य आज ढ़ोलक के रूप में प्रचलित है इसे ढ़ोलक न मानकर अन्य वाद्य से इसका साम्य रखना सर्वथा अनुपयुक्त है।

रामायण कालीन भेरी, ढोल, डिंमडिंम आदि अवनद्ध वाद्य जिनका प्रयोग उत्सव, मंगल कार्य और युद्धादि अवसरों पर किया जाता था। प्राचीन और मध्यकाल में भेरी, मृदंग जाति का ही वाद्य माना जाने लगा और धातु निर्मित यह वाद्य बड़ा ढोल भी कहलाया यह तीन हाथ लम्बा होता था इसके दोनों मुख चमड़े से मढ़े तथा डोरियों से कसे रहते है। इसे रस्सी से बान्धकर गले में पहनकर एक पार्श्व को डण्डी से तथा दूसरे को हाथ से बजाते हैं। प्राचीन युद्ध वाद्यों में भेरी का स्थान महत्वपूर्ण है। प्रायः युद्ध के अवसरों पर अपनी सेना के सैनिकों को उत्साहित करने तथा शत्रुदल के सैनिकों का मनोबल ध्वस्त करने के उदेश्य से युद्ध–प्रयाण तथा युद्धारंभ में इसका वादन किया जाता था।[27] रामायण कालीन युद्ध वाद्यों में दुन्दुभि का प्रथम स्थान था परंतु बाद में धीरे–धीरे यह स्थान भेरी ने ले लिया। रामायण काल में महाभेरी का भी प्रयोग होता था जो आकार में सामान्य भेरी से बड़ी होती थी तथा इसका वादन शंख के साथ होता था रामायण कालीन डिंमडिंम डमरू की ही भान्ति एक वाद्य था। इसका भांड मिट्टी का बना होता था और इसके दोनों और मुखों पर पतली झिल्ली मढ़ी होती थी। आजकल भी इसे डिंमडिंम ही कहा जाता है तथा इसका वादन पहले जैसे ही होता है। रामायण कालीन ढ़ोल एक ऐसा अवनद्ध वाद्य है जिसका प्रयोग 'प्राचीन काल से आज तक किया जा रहा है। ये विभिन्न प्रकार

के होते है। बड़े ढोल डण्डे से पीटकर तथा छोटे ढोल हाथ से बजाये जाते हैं। बौद्ध काल में ढोल का रूप छोटा था, परन्तु 14वीं शताब्दी में अमीर खुसरो द्वारा इसका आकार बढ़ा दिया गया।[28] आज ढ़ोल का प्रयोग विशेष रूप से पंजाब के लोक नृत्यों की संगति हेतु तथा शादी विवाह के अवसर पर किया जाता है।

रामायण कालीन नगाड़े का प्रयोग प्राचीन काल से लेकर आज तक होता आ रहा है। पहले यह लकड़ी का बनता था तथा इसका आकार बड़ा होता था जो दोनों हाथों में लकड़ी की दो डंडियों से बजाया जाता था। भाषा के पूर्व विकास और संचार साधनों के अभाव में प्राचीन नगाड़ों की आवाज़ जंगलों को पार करती हुई एक दूत का कार्य करती थी। बाद में नगाड़ा पीतल अ ौर ताम्बे का भी बनने लगा और दो विभिन्न ध्वनियों को प्राप्त करने के लिए इसके दो भाग हो गये। आकार में छोटा भाग मादा कहलाता है। इसे 'झील' या 'अघोटी' भी कहते है। यह मिट्टी या लोहे का बना चमड़े से मढ़ा होता है। इसका चर्माच्छादन चर्मरज्जुओं से कसा रहता है। इसका शब्द छोटा व ऊँचा होता है इसका दूसरा भाग धातु का बना शंकु के आकार का बड़ा होता है जो धामा या नर कहलाता है।

'इसका वादन दो शंकु आकार की एक हाथ लम्बी गोल लकड़ियों से किया जाता है इसका नाद गहरा, गम्भीर व अधिक देर तक सुनाई देने वाला होता है। आजकल नगाड़े का प्रयोग बड़े–बड़े धार्मिक उत्सवों में किया जाता है। उत्तर प्रदेश में नौटंकी के साथ बजाया जाने वाला नगाड़ा पूर्व दुन्दुभि से साम्य रखता है। शारंगदेव के काल के बाद दुन्दुभि को नगाड़ा कहा जाने लगा।[29] आजकल का नगाड़ा रामायण कालीन धौंसे के समान वाद्य है। धौंसे का दृढ़ शब्द भीरुओं को दहलाने वाला तथा वीरों को उत्साहित करने वाला होता हैं इसका मुख बड़ा होता था तथा यह चमड़े लगे हुए दो कोणों से बजाया जाता था। वास्तव में नगाड़ा, नक्कारा, निसान, तम्बकी, दमामा आदि एक ही जाति के वाद्य है। परन्तु रामायण कालीन धौंसे और नगाड़े के बाद इनकी उत्पति हुई है और प्रचलन भी बढ़ा हैं। इनमें कुछ के नाम उनके आकार में थोड़ा बहुत अन्तर पड़ने के कारण पड़े हैं तथा कुछ मुसलिम प्रभाव से आये हैं।[30]

रामायण काल में मृदंग, पणव, पटह, मुरज, भेरी, दुन्दुभि आदि अवनद्ध वाद्य प्रचलित थे। भेरी तथा दुन्दुभि जैसे वाद्य शासकीय घोषणा को प्रसारित करने तथा युद्ध की सूचना देने के लिए बजाये जाते थे। इस काल में वाद्यों का प्रयोग युद्ध में खूब किया जाता था। इससे पूर्व युद्ध के लिए प्रयुक्त वाद्यों में दुन्दुभि का सर्वप्रथम स्थान था किन्तु बाद में यह स्थान भेरी को दिया जाने लगा। बौद्ध तथा जैन काल में भी चर्म वाद्यों का बहुत विकास हुआ है।[31]

इतिहास का अवलोकन करने से पता चलता है कि उत्सव, मंगल कार्य और युद्धादि अवसरों पर वाद्यों का प्रचुर मात्रा में प्रयोग होता था। यह एक पृथक बात है कि आदिकाल के वाद्य आज की तरह विकसित नहीं थे परन्तु उनकी ध्वनि उत्सवों, मांगलिक कार्यों और युद्धों में उत्साह वर्धन करने में पूर्ण सक्षम थी। उस काल में मृदंग, डिमडिम, ढोल, चेलिका, दुन्दुभि आदि प्रमुख अवनद्ध वाद्य थे। अजन्ता, अमरावती, सांची में प्राप्त चित्रों एवं मूर्तियों में ढोल स्पष्ट प्रदर्शित है अतः यह स्पष्ट है कि उस काल में अवनद्ध वाद्यों का पर्याप्त प्रचलन था। प्राचीन काल से मध्ययुग तक आते–आते वाद्य संगीत का पूर्ण विकास हुआ। यद्यपि अति प्राचीन काल में डमरू, ढ़क्का जैसे द्विमुखी वाद्य बन चुके थे किन्तु 11वीं शताब्दी के पश्चात भारतीय संगीत में पार्श्वमुखी वाद्यों का प्रयोग बहुत होने लगा। तत्पश्चात् उत्तर भारत में पखावज व ढ़ोल का अधिक प्रचार हुआ और इन्हें महत्त्व प्रदान किया गया। मुगलकाल में ही प्राचीन मृदंग में आवश्यकतानुसार सुधार किया गया और पखावज नाम दिया गया। जहां एक ओर 13वीं शताब्दी में ध्रुवपद गान की प्रतिष्ठा के साथ पखावज अपने चरमोत्कर्ष पर पहुंची वहीं दूसरी ओर क़व्वाली गान के प्रारम्भ से उसके संगीत वाद्य के रूप में ढोलक को महता प्राप्त हुई। 13वीं शताब्दी में शारंगदेव द्वारा रचित संगीत रत्नाकर प्रसिद्ध ग्रन्थ है। इसके वाद्याध्याय में मृदंग, पटह, मर्दल, हुडुक्का, करटा, घडस, घट, ढ़क्का, कुडुक्का, कुडुवा, रूञ्जा, डमरू, ड़क्का, डक्कुली, मणिडक्का, सेलूका, झल्लरी, भाण, दुंदुभि, भेरी, निःसाण आदि चर्म वाद्यों का उल्लेख है। इनमें कुछ नवीन नाम भी हैं जिनसे ज्ञात होता है कि शारंगदेव के समय में चर्म वाद्यों की संख्या में वृद्धि हुई है।[32] रामायण कालीन वीणा जिसमें सात तार होते थे, भरत काल में विपंची वीणा तथा वर्तमान युग में सितार के नाम से प्रसिद्ध है। रामायण कालीन शंख जिसका प्रयोग यज्ञों में उत्सवों में तथा युद्धादि स्थानों में किया जाता था उसका प्रयोग आज भी मांगलिक कार्यों, मन्दिरों तथा नृत्य आदि विधा में भी किया जाता है। रामायण काल से लेकर आज तक संगीत में अवनद्ध, घन और सुषिर वाद्यों का प्रयोग आज भी लगभग वैसे ही किया जा रहा है। अवनद्ध वाद्यों के मुखों पर आज भी जानवरों की खाल का प्रयोग किया जाता है। इनका वादन हाथ या डण्डियों के द्वारा किया जाता रहा है। इस प्रकार काल चक्र के साथ–साथ मानव मस्तिष्क की सतत गतिशीलता ने भी नवीन वाद्यों की उत्पति और विकास में सहयोग दिया। वाद्यों के स्वरूप, निर्माण सामग्री तथा वादन विधि में संशोधन व परिवर्तन समय की आवश्यकता और मानव की बुद्धिमत्ता के कारण हुए।

नृत्य का प्रभाव

संस्कृत के काव्य साहित्य अर्थात् काव्य ग्रन्थों के रूप में सर्वप्रथम वेदों से हमारा परिचय होता है। ऋग्वेद में पुरुष एवं स्त्री दोनों के द्वारा नृत्य करने के उल्लेख

मिलते है। नर्तकियाँ मनोरम वस्त्रों के द्वारा अपने शरीर को सजाकर उषा की भान्ति प्रकट होती थी। उषा की उपमा 'नृतु' से दी गई है। नृत्य के समय नर्तकियों के वक्षस्थल अनावृत होते थे। नृत्य के साथ आघाटि (झाल) नाम वाद्य की संगति होती थी। इससे सिद्ध होता है कि वैदिक समाज में नृत्य की अच्छी प्रतिष्ठा थी।[33]

रामायण में नृत्य तथा नृत दोनों का उल्लेख है। नृत्य का प्रयोग धार्मिक तथा लौकिक दोनों समारोहों पर किया जाता था। भगवान की आराधना में गीत तथा नृत्य का प्रयोग किया जाता था। शिव की अर्चना करने के पश्चात् रावण ने गान तथा नृत्य किया था।[34] ऐसा रामायण में उल्लेख पाया जाता है। नृत्य के साथ गायन तथा वादन अनिवार्य रूप से किया जाता था। शोकाकुल कौशल्या के सहज अंगसंचालन के निरुपण में वाल्मीकि ने उत्प्रेक्षा के द्वारा यह दिखलाया है कि नृत्य में गायन तथा अंग प्रत्यगों के संचालन के साथ आन्तरिक भावों की अभिव्यक्ति की जाती थी (1.44. 44–45)। लास्य सुकुमार नृत्य का एक प्रकार था (7.43.1)। विपंची वीणा की संगति में नर्तकियां नृत्य करती थी ऐसा वाल्मीकि ने निम्न श्लोक से स्पष्ट किया है।

विपंची परिगृह्यान्या नियता नृत्यशालिनी।।[35]

रामायण में गान्धर्व के साथ ही गन्धर्व तथा अप्सराओं के उल्लेख मिलते हैं। गन्धर्व जन विशेषतः गान तथा वीणा–वादन किया करते थे और अप्सराओं का कार्य इनके साथ नृत्य प्रदर्शन करना था।

भरद्वाज मुनि के आश्रम में भरत के स्वागतार्थ इन गन्धर्वों तथा अप्सराओं ने गीत–नृत्य किया था, ऐसा उल्लेख रामायण में है। इसके अतिरिक्त रामायणकाल में नाट्यकला के अस्तित्व के प्रमाण भी उपलब्ध होते हैं। रामायण में शैलूष, नट, नर्तक आदि का उल्लेख भी अनेक प्रसंगों पर हमें मिलता है।

आदिकाव्य रामायण के अतिरिक्त संस्कृत के अनेक काव्य एवं गद्य साहित्यों में भी हमें नृत्य के उल्लेख मिलते है, जिससे हमें पता चलता है कि वेदों से लेकर 'रामायण', 'महाभारत' को पार कर अश्वघोष के बुद्धचरित और कालिदास के रघुवंश, कुमारसंभव तथा जयदेव के गीतगोविन्द तक के काव्य साहित्य पर नृत्य कला अपनी अमित छाप छोड़ती हुई निरन्तर आगे के सभी युगों की प्रतिनिधि रचनाओं को प्रभावित करती हुई बढ़ रही थी। 'संस्कृत के काव्यों तथा बुद्धचरित, रघुवंश, मेघदूत, ऋतुसंहार, शिशुपाल वध तक नैषधचरित से लेकर गीतगोविन्द आदि तक के सभी संस्कृत काव्यों, महाकाव्यों में अनेक तरह के नृत्यों का वर्णन एवं उल्लेख मिलता है।[36] महाराज दिलीप के घर पुत्र जन्म होने पर राजमहल में बाजों के साथ वेश्याओं

द्वारा नृत्योत्सव किया गया था तथा स्वर्ग में भी इस पुत्र जन्मोत्सव की प्रसन्नता में देवों ने आनन्द मनाया था।[37]

राजकुमार बुद्ध के मनोरंजन के लिए राजभवन में नर्तकियां रखी गयी थी।'[38] युधिष्ठिर के भवन में कृष्ण के समक्ष नर्तकियों ने उत्तमोत्तम वाद्यों के स्वर के साथ नवीन–नवीन गीतों को सुन्दर ढंग से गाते हुए मानसिक, वाचिक एवं आंगिक भावों को प्रकट करते हुए मधुर तथा उद्धृत नृत्य किया था।'[39]

नाट्याचारों द्वारा शिक्षित राजकन्याएं राजभवन के रंगमण्डप में नृत्य का सार्वजनिक प्रदर्शन करती थीं। रनिवास में नृत्य की परीक्षा भी होती थी। इसी प्रकार नल दमयन्ती के विवाहोत्सव पर किये गये मंगल कृत्यों में गीत, नृत्य तथा वादन तीनों का प्रयोग किया गया था।'[40]

उज्जैन के महाकाल मंदिर में चामरग्रहिणी वेश्याओं के नृत्य का वर्णन है कि उस महाकाल मन्दिर में सायंकाल को वेश्याएँ नृत्य करती थीं तथा उनके पदाक्षेपों से ताल देने में उनकी करधनी खड़कती थी। राजा विक्रमांकदेव के द्वारा बनवाएं गये भगवान विष्णु के मन्दिर में भी नर्तकियां नृत्य किया करती थी तथा वह विद्याधरों के राजा की सुन्दरियों से स्पर्धा करने में प्रयत्नशील रहती थीं। रागतरंगिणी से सूचित होता है कि मन्दिरों में देवदासियों का नृत्य होता था। जयापीड़ जब घूमते–घूमते पौंड्रवर्धन नगर के कार्तिकेय मन्दिर में नृत्य देखने गया तो वहां अन्य देवदासियों के साथ कमला नामक देवदासी को भी नृत्य करते देखा। एक अन्य स्थान पर दो देवगृहाश्रित नर्तकियों का भी उल्लेख है। वहां कहा गया है कि जिस मन्दिर में वह नाचती थी, वह ज़मीन में धँस गया था।[41] रघुवंश में बताया गया है कि राजा अग्निवर्ण नृत्य संगीत का विद्वान था तथा नर्तकियों के नृत्य सिखाने वाले गुरुओं को भी मात करता था। उसने स्त्रियों द्वारा आंगिक, सात्विक तथा वाचिक इन तीन नृत्यों को कराकर उसने नाट्याचार्यों से स्पर्धा की थी।[42]

कथासरितसागर के अनुसार राजकुमारियों के विवाह की योग्यता की परख उनके रूप के साथ उनके नृत्य की परीक्षा द्वारा भी होती थी। इसलिए राजकुमारियां नृत्य में पारंगत हुआ करती थी।[43] राजकुमारी दमयन्ती भी नृत्य–कला में कुशल थीं, उसने अपनी सखियों को नृत्य, संगीत की शिक्षा देकर अपनी शिष्या बनाया था।[44] करहाट देश की राजकुमारी चन्द्रलेखा नृत्य, संगीत की जानकारी रखती थी।[45] राजा जयापीड़ भरत कृत नाट्यशास्त्र का अध्ययन करने के कारण नृत्य, गीत आदि कलाओं का मर्मज्ञ था।[46] कादम्बरी से ज्ञात होता है कि राजकुमार चन्द्रापीड़ ने सभी शास्त्रों, शस्त्रों, संगीत वाद्यों तथा अन्य समस्त विद्याओं एवं कलाओं के साथ–साथ

नृत्य में भी निपुणता प्राप्त की थी। महाश्वेता एवं कादम्बरी दोनों ने नृत्य–गीत आदि कलाओं में एक साथ शिक्षा ग्रहण की थी। राजकुमारी राज्यश्री भी नृत्य, गीत आदि में निपुण थी सूह्य देश की राजकुमारी कन्दुकावती नृत्य विशेष की ज्ञाता थी, जिसका नाम 'कन्दुकक्रीड़ा था।'[47] विक्रमांकदेवचरित महाकाव्य के अनुसार तत्कालीन कल्याण नामक नगर में प्रतिदिन घर–घर में स्त्रियों के ताल, लय से युक्त विचित्र नृत्य हुआ करते थे।[48]

महाकाव्य रघुवंश में वर्णित है कि राजा अग्निवर्ण के साथ नर्तकियों का समूह नृत्य संगीत करके नृत्य का आनन्द लिया जाता था। महाकाव्य बुद्धचरित के अनुसार राजभवन में राजकुमार का मनोविनोद करने के लिए नर्तकियां रखी गयी थी।[49]

संस्कृत महाकाव्यों में उपलब्ध इन नृत्य वर्णनों के अतिरिक्त और भी नृत्य के उल्लेख मिलते हैं। 'गीतगोविन्द' के अनुसार कृष्ण, राधा तथा गोपियों के साथ वृन्दावन में यमुना के किनारे रास क्रीड़ा करने का वर्णन है। यह रास क्रीड़ा बसन्त ऋतु में की गयी थी तथा मुरली की धुन पर गोपियां हाथों से ताल देकर नृत्य किया करती थीं।[50] इसी प्रकार संस्कृत साहित्य में रास क्रीड़ा का हल्लीसक के साथ पहले–पहल उल्लेख कामसूत्र में हुआ है–

हल्लीसकक्रीडतकैर्गायनैलटिरासकैः।
रागलोलार्द्र नयनैश्चन्द्रमण्लवीक्षणैः।।

इसकी व्याख्या करते हुए यशोधर ने कहा है कि राग–रंग से भरा हुआ नृत्य जो चक्राकार में घूम–घूम कर किया जाए उसी का नाम रास नृत्य है।[51]

इस प्रकार संस्कृत महाकाव्यों में उपलब्ध नृत्य वर्णनों एवं उल्लेखों से ज्ञात होता है कि नृत्य उस काल में संगीत का एक मुख्य अंग माना जाता था। प्रायः समाज के सभी वर्ग इस कला से परिचित थे तथा भगवान की आराधना में नृत्य का श्रेष्ठ स्थान था।

संस्कृत के विशाल साहित्य का अध्ययन करने से ज्ञात होता है कि रामायण काल से प्रभावित होकर अब तक के सभी युगों की प्रतिनिधि रचनाओं पर नृत्यकला ने अपनी महत्वपूर्ण छाप अंकित की है। काव्य तथा गद्य ग्रन्थों से जहां नृत्यकला की व्यापकता का ज्ञान होता है वहीं यह भी पता चलता है कि प्रयोग रूप में व्यावहारिक दृष्टि से उसकी कितनी अधिक उपयोगिता रही होगी? युगों–युगों से संगीत मनोरंजन का माध्यम बनकर लोकमानस से सदा ही नृत्य का सम्बन्ध बना रहा तथा साहित्य और समाज दोनों को उससे प्रेरणा मिलती रही है।

पारिभाषिक शब्दावली का प्रभाव

रामायण एक आदि काव्य है इसमें गायन, वादन, तथा नृत्य की अनेक पारिभाषिक शब्दावली हमें प्राप्त होती है गायन के अन्तर्गत स्वर, मूर्च्छना, जाति एवं रस का उल्लेख मिलता है। रामायण काल में गायन के लिए गीत शब्द का जो प्रयोग किया है यही गीत शब्द वर्तमान काल में ध्रुपद, धमार, ठुमरी इत्यादि निबद्ध संगीत, गीत के प्रकार कहे जाते हैं स्वर और लय–ताल बद्ध शब्दों की रचना को आज गीत की परिभाषा दी गई है। परवर्ती संगीत में गायन शैली के आधार पर ही गीत के प्रकार माने गये हैं।

गीति शब्द का उल्लेख रामायण में आया है जिसका उल्लेख वर्तमान समय में संगीत रत्नाकर में पाया गया है। रामायण काल में गायक को कुशीलवी की संज्ञा दी है। तथा वर्तमान समय में जो अपने गुरु से प्राप्त संगीत शिक्षा में अपनी योग्यता तथा रियाज़ द्वारा कुछ नये प्रयोग कर उसे अलंकृत करता है गायक कहलाता है। रामायण काल में मार्गी संगीत का प्रचलन था जो परवर्ती संगीत में देशी ने ले लिया है।

रामायण काल में राग शब्द का प्रयोग मिलता है जो परवर्ती संगीत में भी विद्यमान है। रामायण काल में ग्राम शब्द का प्रयोग हमें मिलता है जिसके अन्तर्गत प्राचीन काल में तीन ग्राम माने जाने लगे। तथा वर्तमान समय में भी इनकी सख्या दो ही है रामायण काल में जाति शब्द का उल्लेख आया है। जिसको आधार मानकर भरत ने षडज तथा मध्यम दो ग्रामों को मिलाकर शुद्ध जातियां 7 बताई है तथा शुद्धविकृत तथा मिश्र जातियां 18 बताई है। रामायण कालीन मूर्च्छना को परवर्ती संगीत में भी माना गया है तथा सात स्वरों के क्रमिक आरोह–अवरोह को मूर्च्छना कहा है। स्वर का उल्लेख रामायण काल में मिलता है तथा इसके तीन प्रकार मन्द्र, मध्य तथा तार बतायें है। परवर्ती संगीत में भी स्वर के तीन स्थान बतायें है।

गायन के बाद वादन लिए जिन शब्दों का प्रयोग वाल्मीकि रामायण में हुआ है। उनका प्रयोग भी परवर्ती संगीत पर पड़ा है। रामायण में वादन के लिए लय, ताल, मात्रा आदि शब्दों का उल्लेख है। जिनका प्रयोग आज भी वैसे ही करते है। वाद्यों के अन्तर्गत जिन वाद्यों का उल्लेख हमें मिलता है उनमें कुछ वाद्यों तो आज भी वैसे ही प्रचलित है। नृत्य के अन्तर्गत रामायण में नृत आदि शब्दों का उल्लेख मिलता है जोकि वर्तमान समय में भी प्रचलित है।

इस प्रकार रामायण में पारिभाषिक शब्दों का जो प्रयोग हुआ है उनका कुछ प्रभाव तो परवर्ती संगीत पर पड़ा है। परवर्ती संगीत में आज भी इन पारिभाषिक शब्दों का प्रयोग हमें मिलता है। जो रामायण की देन है।

रामायण के श्लोकों की रचना की स्वर लिपि

नास्ति गंगासमं तीर्थं, नास्ति मातृसमो गुरूः।

ग ग ग ग रे प ग, म म म ग रे (म) ग–

नास्ति विष्णुसमो देवो नास्ति रामायणात् परम्।।

प प प मं ध प ग, ध प ग रे रे स नि़ध़ नि़ रे स......

नास्ति वेद समं शास्त्रं नास्ति शान्तिसंमसुखम्।

सानि़ध़नि़सग मममममम, गपपप पनिधनिप–स्वरमण्डल संधपगरेस

नास्ति शन्तिपरं ज्योतिर्नास्ति रामायणात् परम्।।

धपधध धसंधपप, धपगरेरे नि़ध़रेरेस

नास्ति क्षमासमं सारंनास्ति कीर्तिसमं धनम्।

ग ग गरे म म ग–, प प प प पनिधनि प–

नास्ति ज्ञानसमो लाभो नास्ति, रामायणात् परम।।

ध ध ध ध सं ध प प, गपधपधगरेरे, रेरेरेगरे ससरेस

रामायणं तुयः कुर्याच्छान्तात्मा प्रयतेन्द्रिय :।

ग ग ग– ग ग ग ग ग ग प ग–

स याति परमानंन्द यत्र गत्वा न शोचति।।

सरेरेरे स रेरे–स रेरे रे गरेसस

रामायणपरो नित्यं गंगस्नानपरायणः।

ग ग ग रे गा ग ग ग ग रे प गग

धर्मामार्गप्रवक्तरो मुक्ता एवं न संशयः।।

ग ग ग ध प ग रे रे रे रे रे ग रे रे सरेस

श्रुत्वा नरो रामकथामतिदीप्तोऽतिभक्तितः।

ग–मम ममम गममपम गग

ब्रह्मण : पदमासाद्य तत्रौव परिमोदते।।

पपप धपगग गग धपग रे रे स

तस्माच्छृणुध्वं विपेन्द्रा रामायणकथामृतम्।

पपपग पप–पग[ध]प–––

श्रोतृणां च परं श्राव्यं पवित्राणामनुत्तमम्।।

धध ध धस धपप धपग रे रे सस

सर्वदेवमयों रामः स्मृतश्चर्तिप्रणाशनः।।

ग ग ग ग रेपग– गपपपपपगधप

सद्भक्तवत्सलो देवो भक्त्या तुष्यति नान्यथा।

ध ध ध ध धसं धपप, धपग रेपग

रामायणमादिकाव्यं सर्ववेदार्थसम्मत्।।

ध ध ध ध ध ध ध पध, ध ध ध ध संध पप

सर्वपापहरं पुण्यं सर्वदुःखनिबर्हणम्।

पपपध पग गगगपग रे रे

समस्तपुण्यफलंद सर्वयज्ञफलप्रदम्।।

सगगगपग रे रे गग गपधप गरे गरेस

आलाप – ग– गपधप ग रे

सम पधनिपध मप ग रे ध प ग रे स

तौ राजपुत्रो कात्स्र्येन धर्म्यमाख्यानमुत्तमम।

गगग रे ग, रेग रेग–, स रे रे –रे स रेरे –––

वाचोविधेयं तत्सर्वे कृत्वा काव्यमनिन्दितौ।

म म म ग– मम, मम, म ग रे म ग––,

ऋषीणां च द्विजातीनां साधूनां च समागेम।

पपप – म प प प प प प सं घ प म म

यथोपदेश तत्त्वज्ञौ जगतुः सुसमाहितो।।

मममम म–म सरेरे– रे ग रे स स ––

आलाप

प–रेमगरेस–

पार्श्व संगीत – मगरेमगरे सनि़ प़ नि़ सरेस

तौ तु गान्धर्वतत्त्वज्ञौ स्थानमूर्च्छनकोविदौ।

ग–गगग रे मग म म म ग रे म ग

भ्रातरौ स्वरसम्पन्नौ गन्धर्वाविव रूपिणौ।।

रेरेरे सरेरे –– रे रे रे रे गरेस सस–

आलाप

सनि़प़नि़स

चिरनिर्वत्तमप्येतत् प्रत्यक्षमिव दर्शितम्।

गग ग ग रे ग ग, ग ग ग –रेप ग––

प्रविश्य तावुभौ सुष्ठु तथाभावमगायताम्।।

गमम म–म– गपम गगगम रे म ग–

सहितौ मधुरं रक्तं सम्पन्नं स्वरसम्पदा

सरेरे रेरे सरेरे स्ग रे रेगरेसस

ततस्तु वौ रामवच प्रचोदिता–

रेगगग रेगग मममग रेम ग

वगायतां मार्गविधनसम्पदा

गममम मगममममगरेमग–

स चापि राम : परिषद्गत् शनैः

ग पप प–गपपगधप ग–

वुंभूषया सक्तमना वभूव

ममम गमम गरे मग–

आलाप – ग––रे (म) ग––

पार्श्वसंगीत – मगरे मगरे सानि़ प़नि़ सरेस––

पाठयेगेये च मधुरं प्रमाणैस्त्रिभिरन्वितम।

रे ग रेग रे प ग ममम ग रेमग

जातिभी सप्तभियुक्तं तन्त्रीलयसमन्वितम्

गपप गपप–मममगरेमग

रसैः श्रृंगारकरूणहास्यरौद्रभयानकैः।

रे– गगगरे गगगरेग रे प ग –

वीरादिभी रसैर्युक्त काव्यमेतदगायताम्

सरेरेरे, सरेरे– सरेरेरेगरेससस–

आलाप– पमधपग– सगरेसधस––

(पार्श्वसंगीत) मगरे मगरे सनि़पनि़ समग–

सितार, बांसुरी मगरे मगरे सनि़ पनि़ स रे स–

सन्दर्भ सूची

1. भारतीय संगीत का इतिहास पृ. 148
2. वा. रा. 1.4.26–27–7.94.30–31
3. भरतकृत नाट्यशास्त्र पृ. 322
4. परांजपे, भारतीय संगीत का इतिहास पृ. 149
5. जोशी उमेश, भारतीय संगीत का इतिहास पृ. 487
6. जोशी उमेश, भारतीय संगीत का इतिहास पृ. 493
7. जोशी उमेश, भारतीय संगीत का इतिहास पृ. 494–495
8. जोशी उमेश, भारतीय संगीत का इतिहास पृ. 495–496
9. जोशी उमेश, भारतीय संगीत का इतिहास पृ. 496–497
10. संगीत शास्त्र दर्पण तृतीय भाग पृ. 146–147
11. कालिदास–साहित्य एवं वादन कला पृ. 118
12. भारतीय संगीत वाद्य पृ. 110
13. कालिदास–साहित्य एवं वादन कला पृ. 185
14. कालिदास–साहित्य एवं वादन कला पृ. 188–189
15. संगीत में ताल वाद्यों की उपयोगिता पृ. 118

16. सूर काव्य में संगीत लालित्य पृ. 65

17. नाट्यशास्त्र (भाग–4) पृ. 459

18. संगीत में ताल वाद्यों की उपयोगिता पृ. 118

19. नाट्यशास्त्र (भाग–4) पृ. 417

20. संगीत में ताल वाद्यों की उपयोगिता पृ. 119–120

21. संगीत रत्नाकर (भाग–3) पृ. 456

22. नाट्यशास्त्र (भाग–5) पृ. 405

23. संगीत में ताल वाद्यों की उपयोगिता पृ. 121

24. भारतीय तालों का शास्त्रीय विवेचन पृ. 141

25. नाट्यशास्त्र (भाग–4) पृ. 34/9,15 पृ. 405–406

26. संगीत में ताल वाद्यों की उपयोगिता पृ. 122

27. कालिदास साहित्य एवं संगीत कला पृ. 412–413

28. संगीत में ताल वाद्यों की उपयोगिता पृ. 126

29. संगीत में ताल वाद्यों की उपयोगिता पृ. 127

30. भारतीय संगीत वाद्य पृ. 76–77

31. संगीत में ताल वाद्यों की उपयोगिता पृ. 129

32. वही. पृ. 129

33. संगीत पत्रिका मार्च 1995 पृ. 27

34. वा. रा. 7.31.44

35. परांजपे, भारतीय संगीत का इतिहास पृ. 142

36. संगीत पत्रिका मार्च 1995 पृ. 28

37. रघुवंश, सर्ग 3, श्लोक 19

38. बुद्धचरित, प्रथम भाग, सर्ग 1 श्लोक 32

39. शिशुपाल वध, सर्ग 13, श्लोक 66

40. नैषधचरित, सर्ग 15 श्लोक 97

41. संगीत पत्रिका मार्च 1995 पृ. 29–30

42. रघुवंश, सर्ग 19, श्लोक 15–16, 19–36

43. कथासरितसागर, लम्बक 9, श्लोक 92

44. नैषधचरित, सर्ग 21 श्लोक 110
45. विक्रमांकदेवचरित सर्ग 8 श्लोक 87
46. रागतरंगिणी, तरंग चार, श्लोक 422
47. संगीत पत्रिका मार्च 1995 पृ. 34
48. विक्रमांचरित, सर्ग 2 श्लोक 24
49. रघुवंश, सर्ग 19 श्लोक 15–16, 19–36– बुद्धचरित, सर्ग 2 श्लोक 30
50. संगीत पत्रिका मार्च 1995 पृ. 31
51. संगीत पत्रिका मार्च 1995 पृ. 32

उपसंहार

प्रस्तुत पुस्तक में वाल्मीकि कृत रामायण के प्रत्येक पक्ष को लेकर समग्र रूप से कार्य करने का प्रयास किया गया है। किसी भी विषय में शोध करने से पहले उस विषय के बारे में पूरी तरह जान लेना जरूरी है। इसलिए सबसे पहले वाल्मीकि रामायण का परिचय देते हुए, रामायण एक विकसनशील काव्य के बारे में प्राप्त अलग–अलग धारणाओं से विवेचन करके विद्वानों के हवाले देते हुए अपना मत पेश किया गया है। तदोपरान्त वाल्मीकि रामायण का परिचय देते हुए। रामायण का महात्मय, तथा स्वरूप का वर्णन किया गया है। वाल्मीकि रामायण की रचना काल के बारे में प्राप्त अलग–अलग धारणाओं का विवेचन करके विभिन्न विद्वानों के हवाले देते हुए अपना मत पेश किया गया है। वाल्मीकि रामायण के पाठ एवं संस्करण के अन्तर्गत मुख्यता चार पाठ दाक्षिणात्य, गौड़ीय, पाश्चात्य तथा काश्मीरक बताये हैं और उनके संस्करणों का उल्लेख किया है। तदन्तर वाल्मीकि का परिचय के बारे में अलग–अलग धारणाओं से विवेचन किया गया है। वाल्मीकि रामायण की टीकाओं के अन्तर्गत 25 टीकाओं का उल्लेख दिया गया है। रामायण के काव्यात्मक सौन्दर्य की चर्चा करते हुए रामायण की कथा वस्तु के अन्तर्गत पात्र चित्रण और सातों काण्डों में वर्णित घटनाओं का विस्तृत वर्णन किया है। इसके बाद रामायण में वर्णित उपमा अलंकार का वर्णन तथा अनुष्टुप छन्द द्वारा वाल्मीकि की भाव सृष्टि का वर्णन किया है। अध्याय के अन्त में नौ रसों का कहां–कहां उल्लेख है के सन्दर्भों का वर्णन किया है।

रामायण में सांगीतिक तत्त्वों के अन्तर्गत पुस्तक में गायन, वादन तथा नृत्य के तत्त्वों का उल्लेख रामायण में वर्णित सांगीतिक उल्लेखों के आधार पर किया गया है। गायन के तत्त्वों में गान के लिए गायताम, गीत, गान्धर्व, गाथा, गायमानों, गीति, गायन्त, गायथा आदि शब्दों का उल्लेख मिला तथा गायन के प्रकारों में मूर्च्छना आदि पता चलता है और गान के सन्दर्भों के अन्तर्गत हमें रामायणकालीन गायन की स्थिति का पता चलता है। वादन के सन्दर्भों के अन्तर्गत रामायण में वर्णित चार प्रकार के वाद्यों के उल्लेख तथा उनके वादन सिद्धान्त का पता चलता है। नृत्य के अन्तर्गत, अप्सराओं का उल्लेख रामायण में पाया गया है जिसमें धृताची, विश्वाची, मेनका, रम्भा, सोमा, नाग दत्ता आदि का उल्लेख मिलता है। नृत्य के सन्दर्भ रामायण के लगभग सभी काण्डों में मिलते है जिनमें मुख्यतः देव गन्धर्वों के साथ इनके नृत्य के उल्लेख मिलते है। नृत्य के सिद्धान्तों में ऐसा कोई सन्दर्भ रामायण में नहीं मिलता जिससे हमें उस समय की नृत्य शैली का पता चले। रामायण में चार प्रकार के अन्तर्गत वीणा, विपंची अवनद्ध वाद्य के अन्तर्गत, दुन्दुभि, भेरी, पटह, नगाड़ा, पणव इत्यादि वाद्य, तथा सुषिर के अन्तर्गत शंख, बाँसुरी, और घन वाद्यों में घण्टा, घुँघरू आदि वाद्यों का वर्णन मिलता है। इस प्रकार यज्ञों में गाये जाने वाले गान को सामगान कहा जाता था। सामाजिक उत्सवों में मुख्यतः गन्धर्व गान का व्यवहार होता था। गन्धर्वों के अन्तर्गत, नारद, तुम्बरू, हा हा, हू हू, गोप आदि का वर्णन रामायण में है। रामायण कालीन संगीतकारों के अन्तर्गत, सूत, मागध, वन्दीगन आदि का उल्लेख पाया गया है। समाज में इनकी सम्मान जनित स्थिति थी तथा प्रत्येक उत्सवों में इनके द्वारा गान किया जाता था। रामायण में इन्हें राजश्रित मिला हुआ था तथा ये राज सभा में वेतन पर नियुक्त होते थे।

रामायण कालीन संगीत शिक्षा का सबसे बड़ा प्रमाण लव–कुश के गान से मिलता है। जिन्होंने मार्ग विधान शैली द्वारा शिक्षा ग्रहण की थी। रामायण में शिक्षा के अन्तर्गत शस्त्र विद्या, नैतिक शिक्षा, व्यावहारिक शिक्षा का उल्लेख मिलता है। रामायण कालीन संगीत शिक्षकों के साथ–साथ संगीत शास्त्रकार का श्रेय भी वाल्मीकि को ही जाता है। परवर्ती संगीत पर रामायण का जो प्रभाव पड़ा है। उसमें गायन, वादन तथा नृत्य तीनों ही सम्मिलित है। गायन के अन्तर्गत जिन तत्त्वों का वाल्मीकि ने वर्णन किया उनका परवर्ती संगीत में वैसा ही प्रयोग हम देखते हैं। वादन के अन्तर्गत जो वाद्य रामायण काल में बजाये जाते थे रामायण काल के बाद

के ग्रन्थकारों ने भी उनका उल्लेख किया है तथा आज भी हमें कुछ वाद्य ऐसे मिलते हैं जिनका प्रयोग रामायण काल में होता था, इन वाद्यों में नगाड़ा, घण्टा, बाँसुरी, नूपुर इत्यादि है। नृत्य के अन्तर्गत रामायण में हमें नृत्य की किसी शैली का उल्लेख नहीं मिलता लेकिन हम यह कह सकते है कि जो नृत्य आज प्रचलन में है वह रामायण कालीन नृत्य से अवश्य प्रभावित हुआ होगा।

पारिभाषिक शब्दावली का परवर्ती संगीत पर जो प्रभाव पड़ा है। वह सत्य रूप से आज भी हमें देखने को मिलते है। पुस्तक के अन्त में वर्तमान समय में रामायण का क्या प्रभाव हो सकता है। इस तथ्य को दृष्टि में रखकर रामायण के महत्त्व तथा संगीत सम्बन्धी श्लोकों की स्वर लिपि रचना दी गई है।

परिशिष्ट

पारिभाषिक शब्दों की सूची

अप्सराएँ–नर्तकियां रामायण में इन्हें अप्सराएँ कहा गया है।

अलम्बुषा–नर्तकी

अद्रिकृतस्थली–नर्तकी

आडम्बर–एक प्रकार का तत् वाद्य जिसका उल्लेख रामायण में आता है

उच्च स्वर–गायन में तीन प्रकार के स्वरों (मन्द्र, मध्य, तार) के तार स्वर को उच्च स्वर भी कहा जाता है

किन्नर–वादक रामायण में इन्हें किन्नर की संज्ञा दी गई है

कुशीलवी–रामायण में गायकों को कुशीलवी की संज्ञा दी गई

गन्धर्व–गायक, जिन्हें रामायण काल में गन्धर्व की संज्ञा दी है। गन्धर्वों के अन्तर्गत–विश्वाबसु, हा हा, हू हू, नारद, तुम्बरू, गोप आदि का उल्लेख रामायण में मिलता है

गायन–किसी चीज को लय और ताल बद्ध करके गाने की क्रिया को गायन कहते है। रामायण में गायन के लिए गेय, गायमानों, गीतस्य, गायताम, गान, गायकानां, गीतं, प्रगीत, गेयात आदि नामों का प्रयोग किया गया है।

गोप–देव गर्न्धव

घण्टा–एक प्रकार का घन वाद्य

चेलिका–एक प्रकार का अवनद्ध वाद्य

डिंडिम–एक प्रकार का अवनद्ध वाद्य

ताल–जिस आधार पर गायन, वादन और नृत्य होता है उसकी क्रिया को नापने को ताल कहते हैं।

तूर्य–वृन्दवादन

तुम्बरू–देव गन्धर्व

दुन्दुभि–एक प्रकार का अवनद्ध वाद्य

धृताची–नर्तकी

नट–नाट्य की विधा से जुड़े लोगों को रामायण में नट की संज्ञा दी गई है

नर्तक–नृत्य की विधा से जुड़े लोगों को नर्तक कहा जाता है

नाग दत्ता–नर्तकी

नाद–संगीत उपयोगी ध्वनि को नाद कहा गया है ये दो प्रकार का है (1) आहत नाद (2) अनाहत नाद

नारद–देव गन्धर्व

नुपूर–एक प्रकार का घन वाद्य

पणव–एक प्रकार का अवनद्ध वाद्य

पटह–एक प्रकार का अवनद्ध वाद्य

पाणिवादक–हाथों से ताल देकर गाने वालों को रामायण में पाणिवादक कहा गया है

पुण्डरीका–नर्तकी

वन्दीगण–गायकों की एक जाति जो राजाओं की स्तुतिगान करते थे

वंशी–एक प्रकार का सुषिर वाद्य

वामना–नर्तकी

विकृत स्वर–संगीत में कुल 12 स्वर माने गये हैं जिसमें 7 शुद्ध तथा 5 विकृत स्वर माने गये है

विपंची–एक प्रकार का तत् वाद्य जिसका उल्लेख रामायण काल में मिलता है

विश्रवाची–नर्तकी

विश्रवाबसु–देव गन्धर्व

वीणा–एक प्रकार का त्त वाद्य जिसका उल्लेख रामायण काल में मिलता है

भेरी–एक प्रकार का अवनद्ध वाद्य जो रामायण काल में रणवाद्य के नाम से भी जाना जाता था

मडडुक–एक प्रकार का अवनद्ध वाद्य जिसका उल्लेख रामायण काल में मिलता है

मागध–एक प्रकार के गायक जो राजाओं की वंशवली का यशोगान करते थे, रामायण काल में इन्हें मागध कहा गया है

मात्रा–काल या ताल के गिनने की क्रिया को मात्रा कहते हैं

मृदंग–एक प्रकार का अवनद्ध वाद्य जिसका उल्लेख रामायण में मिलता है

मिश्रकेशी–नर्तकी

मूर्च्छना–सात स्वरों के क्रमिक आरोह–अवरोह को मूर्च्छना कहा जाता है

मेनका–नर्तकी

रम्भा–नर्तकी

लय–गायन, वादन, अथवा नृत्य करने की जो गति होती है उसे लय कहते है यह तीन प्रकार की मानी गयी है विलम्बित, मध्य, द्रुत

शंख–एक प्रकार का सुषिर वाद्य रामायण में इसका उल्लेख मिलता है

स्वर–संगीत में 22 श्रुत्रियों में से बारह श्रुतियों को स्वर कहा गया है

सूत–गायकों की एक जाति जो राजाओं के सारथि भी होते थे। रामायण काल में सूत नाम से जाने जाते थे

सोमा–नर्तकी

हा–हा–देव गन्धर्व

हेमा–नर्तकी

त्रिस्थानकरणान्वितम–हृदय, कण्ठ और मूर्ध इन तीन स्थानों में मन्द्र, मध्यम, और तार स्वर के भेद से उच्चारित गायन को रामायण में त्रिस्थानकरणान्वितम की संज्ञा दी है

सन्दर्भ ग्रन्थ सूची

मूल ग्रंथ

- **दत्तिलम्,** दतिलकृत संपादक साम्बशिव शास्त्री, त्रिवेन्द्रम 1930
- **दत्तिलम्,** दत्तिलकृत संपादक मुकुन्द लाठ, मोती लाल बनारसी दास पब्लिशर्ज दिल्ली, प्रथम संस्करण 1988
- **नाट्यशास्त्र,** भरतकृत, अभिनवगुप्तकृत (भाष्य सहित), बड़ौदा 1956
- **नारदीय शिक्षा,** भटशोभाकरकृत व्याख्या सहित, गवर्नमैन्ट कॉलेज मैसूर 1949
- **नाट्यशास्त्र,** भरतमुनिकृत संपादक रविशंकर नागर, प्रथम भाग, परिमल पब्लिकेशन्स दिल्ली, तृतीय संस्करण 1994
- **नाट्यशास्त्र,** भरतमुनिकृत संपादक रविशंकर नागर, द्वितीय भाग, परिमल पब्लिकेशन्स दिल्ली, द्वितीय संस्करण 1988
- **नाट्यशास्त्र,** भरतमुनिकृत संपादक रविशंकर नागर, तृतीय भाग, परिमल पब्लिकेशन्स दिल्ली, द्वितीय संस्करण 1987
- **नाट्यशास्त्र,** भरतमुनिकृत संपादक रविशंकर नागर, चतुर्थ भाग, परिमल पब्लिकेशन्स दिल्ली, द्वितीय संस्करण 1989
- **बृहदेशी,** मतंग मुनिकृत संपादक प्रेमलता शर्मा, प्रथम भाग, मोतीलाल बनारसीदास पब्लिशर्ज प्रा. लि. दिल्ली, प्रथम संस्करण 1992

- **बृहदेशी,** मतंग मुनिकृत संपादक प्रेमलता शर्मा द्वितीय भाग, मोतीलाल बनारसीदास पब्लिशर्ज प्रा. लि. दिल्ली, प्रथम संस्करण 1994
- **राग विबोध,** पण्डित सोमनाथ–कृत, अडियार, 1945
- **स्वरमेलकलानिधि,** रामामात्यकृत संपादक रामास्वामी अय्यर, अन्नामलायी यूनिवर्सिटी 1932
- **संगीत पारिजात,** पं अहोबलकृत संपादक कलिवर वेदान्त बागीश, कलकता, 1937
- **संगीत रत्नाकर,** शारंगदेवकृत संपादक सुब्रहमण्य शास्त्री, भाग 2–5, अडियार, 1952–53
- **संगीत सार संग्रह,** नरहरि घनश्यामकृत संपादक स्वामी, प्रज्ञानानन्द, कलकत्ता, 1958
- **संगीत रत्नाकर,** शारंगदेवकृत संपादक सुभद्रा चौधरी, प्रथम खण्ड (प्रथम अध्याय), राधा पब्लिकेशन्स नई दिल्ली, प्रथम संस्करण 2000
- **संगीत रत्नाकर,** शारंगदेव संपादक सुभद्रा चौधरी. द्वितीय खण्ड (2–4 अध्याय), राधा पब्लिकेशन्स नई दिल्ली, प्रथम संस्करण, 2002
- **संगीत रत्नाकर**, शारंगदेवकृत संपादक सुभद्रा चौधरी, तृतीय खण्ड (5–6 अध्याय), राधा पब्लिकेशन्स नई दिल्ली, प्रथम संस्करण 2006
- **अग्रवाल राम प्रकाश,** वाल्मीकि और तुलसी साहित्यिक मूल्यांकन, प्रकाशन प्रतिष्ठान, सुभाष बाजार मेरठ 1966
- **उपाध्याय रामजी,** संस्कृत के महाकवि और काव्य, रामनारायण लाल बेनीमाधव प्रकाशक एवं पुस्तक विक्रेता इलाहाबाद (1965)
- **उपाध्याय कृष्ण देव,** हिन्दी साहित्य का बृहद इतिहास 16वां अध्याय (हिन्दी का लोक साहित्य), नागरीप्रचारिणी सभा काशी, स. 2017 वि.
- **उपाध्याय बलदेव,** संस्कृत वाङ्मय का बृहद इतिहास तृतीय खण्ड आर्षकाव्य (रामायण तथा महाभारत), उत्तर प्रदेश संस्कृत संस्थान लखनऊ, प्रथम संस्करण 2000
- **उपाध्याय बलदेव,** संस्कृत साहित्य का बृहद इतिहास, चतुर्थ खण्ड काव्य, उत्तर प्रदेश संस्कृत संस्थान लखनऊ, प्रथम संस्करण 1997
- **गुप्ता परमलाल,** हिन्दी के आधुनिक रामकाव्य का अनुशीलन, रचना प्रकाशन 45 डी खुलदाबाद इलाहाबाद 1973

- **गुप्त सुधीर कुमार,** रावणभाष्यम्, भारतीय मंदिर अनुसंधानशाला आर–2 विश्वविद्यालयपुरी जयपुर–4, प्रथम संस्करण 1967
- **गर्ग लक्ष्मी नारायण,** निबंध संगीत, संगीत कार्यालय हाथरस (उ. प्र.) प्रथम संस्करण 1978
- **जोशी उमेश,** भारतीय संगीत का इतिहास, मानसरोवर प्रकाशन प्रतिष्ठान उ. प्र. चतुर्थ संस्करण 1984
- **ठाकुर ओंकारनाथ,** प्रणव भारती, पं. ओंकारनाथ ठाकुर मेमोरियल एस्टेट मुम्बई, द्वितीय संस्करण 1997
- **डॉ. कुलश्रेष्ठ सुषमा,** कालिदास साहित्य एवं वादन कला, इस्टर्न बुक लिंकस जवाहर नगर दिल्ली, प्रथम संस्करण 1986
- **डॉ. कुलश्रेष्ठ सुषमा**, कालिदास साहित्य एवं संगीत कला, इस्टर्न बुक लिकंर्स दिल्ली 110007 प्रथम संस्करण 1988
- **डॉ. गुप्ता चित्रा,** संगीत में ताल वाद्यों की उपयोगिता, राधा पब्लिकेशन, दरियागंज नई दिल्ली–110002, प्रथम संस्करण 1992
- **डॉ. दूबे शुकन्तला,** काव्य रूपों के मूल स्त्रोत एवं उनका विकास, हिन्दी प्रकाशक पुस्तकालय
- **डॉ. मिश्र लालमणि,** भारतीय संगीत वाद्य, प्रकाशक–भारतीय ज्ञानपीठ 18 इन्स्टीटयूशनल एरिया, लोदी रोड, नई दिल्ली 1100013 प्रथम संस्करण 1973
- **डॉ. सेन अरुण कुमार,** भारतीय तालों का शास्त्रीय विवेचन, हिन्दी ग्रन्थ अकादमी भोपाल मध्यप्रदेश द्वितीय संस्करण 1989
- **पराशर राजर्षि**, रामायण का राष्ट्रवादी स्वरूप, माता–शिव देवी समृति मंदिर वस्ती गुंजा, जालंधर 1956
- **परांजपे शरच्चन्द्र श्रीधर,** भारतीय संगीत का इतिहास, चौखम्बा विद्या भवन वाराणसी, द्वितीय संस्करण, 1985
- **पालीवाल कृष्णदत्त,** भक्ति काव्य के साक्षात्कार, नई दिल्ली, भारतीय ज्ञान पीठ प्रथम संस्करण 2007
- **बृहस्पति कैलाश चन्द्रदेव,** संगीत चिन्तामणि, प्रथम खण्ड, संगीत कार्यालय हाथरस (उ. प्र.) तृतीय संस्करण, 1989

- **बृहस्पति कैलाश चन्द्र देव**, भरत का संगीत सिद्धान्त, बृहस्पति पब्लिकेशन्स नई दिल्ली, द्वितीय संस्करण 1989
- **बुल्के फादर कामिल,** रामकथा उत्पत्ति और विकास, हिन्दी परिषद प्रकाशन प्रयाग विश्वविद्यालय 1971
- **बृहस्पति कैलाश चंद्र देव,** नाट्यशास्त्र 28वां अध्याय स्वराध्याय (संस्कृत–भाष्य तथा हिन्दी टीका सहित), बृहस्पति पब्लिकेशन्स साहित्य संगीत संगम नई दिल्ली, प्रथम संस्करण 1986
- **भारती श्रीमति आशा,** हिन्दी रामकाव्य परम्परा विकास और प्रभाव, शारदा प्रकाशन नई दिल्ली, प्रथम संस्करण 1980
- **मिश्र विद्या,** वाल्मीकि रामायण एवं रामचरित्र मानस का तुलनात्मक अध्ययन, विश्वविद्यालय हिन्दी प्रकाशन लखनऊ विश्वविद्यालय 1963
- **मिश्र चतुर्भुज,** श्री अल्हा रामायण सातों काण्ड, खेम राज श्री कृष्णदासेन स्टीम प्रेस बम्बई 1933
- **मित्तल अंजलि,** भारतीय सभ्यता, संस्कृति एवं संगीत, कनिष्क पब्लिकेशन, डिस्ट्रीब्यूटर्स, नई दिल्ली, प्रथम संस्करण 2003
- **मदन पन्ना लाल,** संगीत कला का इतिहास, सत्य संगीत प्रकाशन होशियारपुर, प्रथम संस्करण 1970
- **व्यास शान्तिकुमार नानू राम,** रामायण कालीन संस्कृति, मार्तण्ड उपाध्याय मन्त्री, सस्ता साहित्य मण्डल, नई दिल्ली, प्रथम संस्करण 1958
- **वर्मा रामकुमार,** हिन्दी साहित्य का आलोचनात्मक विवेचन 750–1750, रामनारायण लाल प्रकाशक तथा पुस्तक विक्रेता इलाहाबाद 1958
- **विद्यालंकार चन्द्रमणि**, श्री मद्वाल्मीकि रामायण, प्रथम, खण्ड (बालकाण्ड तथा आयोध्या काण्ड), प्रतिभा प्रकाशन 13 कचहरी रोड देहरादून, प्रथम संस्करण 1951
- **शर्मा अमल कुमार दास,** विश्व संगीत का इतिहास, राजकुमार प्रकाशन प्रा. लि. नई दिल्ली, प्रथम संस्करण 1990
- **शर्मा द्वारका प्रसाद चतुर्वेदी,** श्री मद्वाल्मीकि रामायण (हिन्दी भाषा अनुवाद सहित) युद्ध काण्ड उत्तरार्द्ध–8, रामनारायण लाल, प्रकाशक और विक्रेता, इलाहाबाद, द्वितीय संस्करण 1950

- **शर्मा द्वारका प्रसार चतुर्वेदी,** श्री मद्वाल्मीकि रामायण (हिन्दी भाषा अनुवाद सहित) उत्तरकाण्ड पूर्वार्द्ध–9, रामनारायण लाल, प्रकाशक और विक्रेता, इलाहाबाद, द्वितीय संस्करण 1950
- **शर्मा द्वारका प्रसाद चतुर्वेदी,** श्री मद्वाल्मीकि रामायण (हिन्दी भाषा अनुवाद सहित) अरण्य काण्ड–4, रामनायारण लाल, प्रकाशक और विक्रेता, इलाहाबाद, द्वितीय संस्करण 1950
- **शर्मा द्वारका प्रसाद चतुर्वेदी,** श्री मद्वाल्मीकि रामायण (हिन्दी भाषा अनुवाद सहित) अयोध्या काण्ड–4, रामनायारण लाल, प्रकाशक और विक्रेता, इलाहाबाद, द्वितीय संस्करण 1950
- **शर्मा द्वारका प्रसाद चतुर्वेदी,** श्री मद्वाल्मीकि रामायण (हिन्दी भाषा अनुवाद सहित) बाल काण्ड–1, रामनायारण लाल, प्रकाशक और विक्रेता, इलाहाबाद, प्रथम संस्करण 1927
- **शर्मा द्वारका प्रसाद चतुर्वेदी,** श्री मद्वाल्मीकि रामायण (हिन्दी भाषा अनुवाद सहित) युद्ध काण्ड पूर्वार्द्ध–7, रामनायारण लाल, प्रकाशक और विक्रेता, इलाहाबाद, द्वितीय संस्करण 1950
- **शर्मा द्वारका प्रसाद चतुर्वेदी,** श्री मद्वाल्मीकि रामायण (हिन्दी भाषा अनुवाद सहित) सुन्दर काण्ड–6, रामनायारण लाल, प्रकाशक और विक्रेता, इलाहाबाद, द्वितीय संस्करण 1951
- **शर्मा द्वारका प्रसाद चतुर्वेदी,** श्री मद्वाल्मीकि रामायण (हिन्दी भाषा अनुवाद सहित) उत्तरकाण्ड उत्तरार्द्ध–10, रामनायारण लाल, प्रकाशक और विक्रेता, इलाहाबाद, द्वितीय संस्करण 1950
- **शर्मा द्वारका प्रसाद चतुर्वेदी,** श्री मद्वाल्मीकि रामायण (हिन्दी भाषा अनुवाद सहित) किष्किन्धा काण्ड–5, रामनायारण लाल, प्रकाशक और विक्रेता, इलाहाबाद, प्रथम संस्करण 1927
- **शर्मा द्वारका प्रसाद चतुर्वेदी,** श्री मद्वाल्मीकि रामायण (हिन्दी भाषा अनुवाद सहित) अयोध्या काण्ड पूर्वार्द्ध–2, रामनायारण लाल, प्रकाशक और विक्रेता, इलाहाबाद, प्रथम संस्करण 1927
- **शर्मा जगदीश,** वाल्मीकि रामायण और रामचरित्र मानस (सौन्दर्य का तुलनात्मक अध्ययन), भारतीय शोध–संस्थान गान्धी शिक्षण समिति (गुलाबपूरा) 1969
- **शर्मा जयनारायण,** ध्वनि सिद्धान्त की दृष्टि से वाल्मीकि रामायण का अध्ययन, बृह्मी साहित्यसदन होशियारपुर 1991

- **शर्मा पंकज माला**, सामगान उद्भव व्यवहार एवं सिद्धान्त, कात्यायन वैदिक साहित्य प्रकाशन चर्तुवेद निकेतन होशियारपुर, प्रथम संस्करण 1996
- **शास्त्री रामनारायण दत्त,** श्री मद्वाल्मीकि रामायण (हिन्दी भाषान्तर सहित प्रथम भाग) बालकाण्ड से किष्किन्धा काण्ड तक, गोविन्द भवन कार्यलय गीता प्रेस गोरखपुर, दसवां संस्करण सम्वत् 2048
- **शर्मा भगवत शरण,** भारतीय संगीत का इतिहास, पं. रविशंकर शर्मा 101 दुकानी स्ट्रीट खुजरा, प्रथम संस्करण 1981
- **शास्त्री रामनारायण दत्त,** श्री मद्वाल्मीकि रामायण (हिन्दी भाषान्तर सहित) द्वितीय भाग (सुन्दरकाण्ड से उत्तर काण्ड तक), गोविन्द भवन कार्यालय गीता प्रेस गोरखपुर दसवां संस्करण सम्वत् 2048
- **शर्मा स्वतन्त्र,** भारतीय संगीत का ऐतिहासिक विश्लेषण, टी. एन. भार्गव एण्ड सन्स न्यू कटरा इलाहाबाद, द्वितीय संस्करण 1995
- **शर्मा सुनीता,** भारतीय संगीत का इतिहास (आध्यात्मिक एवं दार्शनिक), संजय प्रकाशन 100/184 ब्लाक ए. दिल्ली, प्रथम संस्करण 1996
- **श्रीवास्तव धर्मावती,** प्राचीन भारत में संगीत (वैदिक काल से गुप्तकाल तक), भारतीय विद्या प्रकाशन वाराणसी, प्रथम संस्करण, 1967
- **सिंह शम्भू नाथ,** हिन्दी महाकाव्य का स्वरूप विकास, हिन्दी प्रचारक पुस्तकालय वाराणसी। द्वितीय संस्करण 1962
- **सिंह ठाकुर जयदेव,** भारतीय संगीत का इतिहास, संगीत रिसर्च अकादमी कलकत्ता, प्रथम संस्करण 1994

English Books

- **Einsten Alfred.** A Short History of Music, Dorset Press New York, Third Edition 1947
- **Krishnamachariar.** M, History of Classical Sanskrit Literature, Published Motilal Banarsidas Delhi 1989
- **Macdonell A,** A History of Sanskrit Literature, Published Motilal Banarsidas Delhi 1965
- **Pingle Bhavanral A,** History of Indian Music, Low Price Publications Delhi 10052 Reprinted in LPP 1999

- **Prajnananada Swami,** A Historical Study of Indian Music, Munshiran Manoharlal Publishers Pvt. Ltd. Second Edition 1981
- **Prajnananada Swami,** A History of Indian Music (vol-1), Rama Krishana Vedanta Math 19-A & B, Raja Raj Krishana Street Calcutta Second Edition 1997
- **Prajnananada Swami,** A History of Indian Music (vol-2), Rana Krishana Vedanta Math 19-A RB, Raja Raj Street Calcutta Second Edition 1998
- **Tagore Surinder Mohan,** A History of Hindu Music, Sanjay Parkashan New Delhi, 110002, Indian edition 2006
- **Tagore Surinder Mohan**, University History of Music, Mittal Publications Delhi 110035, 1986

पत्र–पत्रिकाएं

- **गर्ग लक्ष्मी नारायण,** संगीत, संगीत कार्यालय हाथरस (उ. प्र.) मार्च 1960
- **गर्ग लक्ष्मी नारायण,** संगीत, संगीत कार्यालय हाथरस (उ. प्र.) जुलाई 1971
- **गर्ग लक्ष्मी नारायण,** संगीत, भक्ति अंक, संगीत कार्यालय हाथरस (उ. प्र.) जनवरी, फरवरी 1977
- **गर्ग लक्ष्मी नारायण,** संगीत पत्रिका, संगीत कार्यालय हाथरस (उ. प्र.) मार्च 1995

शब्दकोश

- **राय रामकुमार,** वाल्मीकि रामायण कोश, चौखम्बा संस्कृत सीरिज ऑफिस वाराणसी, 1965
- **Kavi Rana Krishana,** Bhartakosh, Munshiram Manoharlal Publisher, Pvt., Ltd., Second Edition 1983